CBAC
WJEC

TGAU

CW01676757

Datblygiad UDA 1929–2000

John Wright, Steve Waugh
Golygydd: R. Paul Evans

Cyhoeddwyd dan nawdd Cynllun Adnoddau Addysgu a Dysgu CBAC

HODDER EDUCATION
AN HACHETTE UK COMPANY

Hoffai'r Cyhoeddwyr ddiolch i'r canlynol am roi caniatâd i atgynhyrchu deunyddiau o dan hawlfraint:

Cydnabyddiaeth ffotograffau

t.3 *b* © Bettmann/CORBIS, *g* © Llyfrgell y Gyngres, Adran Argraffiadau a Ffotograffau, Casgliad FSA/OWI, LC-USF33-020522-M2; **t.5** © Margaret Bourke-White/Time & Life Pictures/Getty Images; **t.7** © Casgliad Granger, NYC/TopFoto; **t.8** © AP/TopFoto; **t.9** © Bettmann/Corbis; **t.12** Casgliad Preifat/Peter Newark American Pictures/The Bridgeman Art Library; **t.15** *b* Trwy garedigrwydd gwefan Llyfrgell Franklin D. Roosevelt, fersiwn dyddiedig 2009, *g* © Archive Photos/Getty Images; **t.19** © Punch Limited/TopFoto; **t.21** © Bettmann/CORBIS; **t.22** © Bettmann/CORBIS; **t.23** © Bettmann/CORBIS; **t.26** Catechetical Guild; **t.29** Gyda chaniatâd Teulu Marcus/Llyfrgell y Gyngres, Adran Argraffiadau a Ffotograffau, LC-USZ62-75138; **t.30** *ch* © Llyfrgell y Gyngres, Adran Argraffiadau a Ffotograffau, LC-USZ62-117124, *d* LBJ ffoto llyfrgell gan Yoichi Okamoto; **t.31** © Punch Limited/Topham; **t.34** Cartŵn Herblock 1973, hawlfraint gan *The Herb Block Foundation*; **t.37** © Casgliad Everett/Rex Features; **t.38** © Susan Steinkamp/CORBIS; **t.39** © Patsy Lynch/Rex Features; **t.45** © Mary Evans Picture Library 2010; **t.46** © Casgliad Everett/Rex Features; **t.48** © Casgliad Everett/Rex Features; **t.49** © Bettmann/CORBIS; **t.50** © Henry Diltz/CORBIS; **t.51** © Mitchell Gerber/CORBIS; **t.53** © Bettmann/CORBIS; **t.55** Archifau Cenedlaethol UDA, NWDNS-179-WP-1563; **t.56** © H. Armstrong Roberts/CORBIS; **t.58** © AP/AP/Press Association Images; **t.60** © Bettmann/CORBIS; **t.63** © AP/Press Association Images; **t.64** Llyfrgell y Gyngres, Adran Argraffiadau a Ffotograffau, Casgliad FSA/OWI, LC-USF34-017417-E; **t.65** © AP/AP/Press Association Images; **t.67** Llyfrgell y Gyngres, Adran Argraffiadau a Ffotograffau, Casgliad The National Photo Company, LC-USZ62-59666; **t.68** Llyfrgell y Gyngres, Adran Argraffiadau a Ffotograffau, Casgliad FSA/OWI, LC-DIG-fsa-8a10410; **t.71** Archifau Cenedlaethol UDA, 111-SC-337901; **t.72** Llyfrgell y Gyngres, Adran Argraffiadau a Ffotograffau, Casgliad FSA/OWI, LC-USW3-034282-C; **t.73** © Bettmann/CORBIS; **t.77** © Bettmann/CORBIS; **t.79** © Bettmann/CORBIS; **t.81** © Holt Labor Library; **t.83** *y ddau* © Time & Life Pictures/Getty Images; **t.84** Jackson Daily News/Fred Blackwell/AP/Press Association Images; **t.86** © Casgliad Everett/Rex Features; **t.87** AP/Press Association Images; **t.88** © Central Press/Getty Images; **t.90** © Bettmann/CORBIS; **t.92** © Flip Schulke/Corbis; **t.93** © Popperfoto/Getty Images; **t.94** *b* © Ted Streshinsky/Corbis *g* © Casgliad David J. & Janice L. Frent/Corbis; **t.99** © Bettmann/CORBIS; **t.101** © Bettmann/CORBIS; **t.103** © Win McNamee/Getty Images; **t.104** © Topham Picturepoint/Press Association Images; **t.105** © George Burns/AP/Press Association Images; **t.113** © AP/Press Association Images; **t.116** Illingworth, Daily Mail 16 Awst 1941, gyda chaniatâd Llyfrgell Genedlaethol Cymru/© Solo Syndication; **t.119** Archifau Cenedlaethol UDA (80-G-16871); **t.120** CPhoM Robert F. Sargent/Adran Amddiffyn UDA; **t.124** © Time & Life Pictures/Getty Images; **t.126** Llyfrgell Harry S. Truman; **t.130** © Casgliad Hulton-Deutsch/CORBIS; **t.132** © Bettmann/CORBIS; **t.135** © Punch Limited/TopFoto; **t.141** © AP/Press Association Images; **t.142** © TopFoto; **t.144** Leslie Illingworth Daily Mail 29 Hydref 1962, The British Cartoon Archive, Prifysgol Kent/© Solo Syndication; **t.145** © Les Gibbard, atgynhyrchwyd gyda chaniatâd caredig Susannah Gibbard; **t.147** © Bettmann/CORBIS; **t.148** © Bettmann/CORBIS; **t.152** © Peter Heimsath/Rex Features; **t.153** © Reuters/Corbis; **t.157** © Sipa Press/Rex Features; **t.158** © JOHN GAPS III/AP/Press Association Images.

Cydnabyddiaethau

t.9 Ffynhonnell B: A.E. McIntyre, yn cael ei ddyfynnu yn J. Simkin, *Evidence and Empathy: America in the Twenties*, 1986; **t.10–11** Ffynhonnell A: Herbert Hoover, o *http://hoover.archives.gov*; **t.15** Ffynhonnell CH: Franklin D. Roosevelt, o *www.mhric.org/fdr/chat3.html*; **t.37** Ffynhonnell A: Ronald Reagan, yn cael ei ddyfynnu yn Harriet Ward, *World Powers* (1985); **t.40** Ffynhonnell B: Bill Clinton, o *http://www.historyplace.com/speeches/clinton.htm*; **t.82** Ffynhonnell C: Martin Luther King, cyfarfod torfol MIA, 5 Rhagfyr 1955; **t.87** Ffynhonnell B: Martin Luther King, 'Llythyr o Garchar Birmingham', 16 Ebrill 1963; **t.88** Ffynhonnell CH: Martin Luther King, 'Mae gen i freuddwyd', 28 Awst 1963; **t.89** Ffynhonnell DD: Martin Luther King, 'Rwyf wedi bod ar gopa'r mynydd', 3 Ebrill 1968; **t.95** Ffynhonnell B: Plaid y Pantherod Du, 'What We Want, What We Believe' – Y Rhaglen Deg Pwynt, Hydref 1966, o *www.spartacus.schoolnet.co.uk*; **t.102** Ffynhonnell A: Joint Center for Political and Economic Studies, Tabl yn dangos swyddogion du a etholwyd yn UDA 1970–2000; **t.103** Ffynhonnell CH: addasiad o *U.S. Census Survey*, data cyflogau wythnosol 1970–2000; **t.106** Ffynhonnell DD: Smokey Robinson, gwefan wikipedia Tamla Motown; **t.131** Ffynhonnell C: George Kennan, *The Sources of Soviet Conduct* (1947); **t.140** Ffynhonnell A: Doug Ramsey, yn cael ei ddyfynnu yn N. DeMarco, *Viet Nam 1939–1975* (1998); **t.142** Ffynhonnell CH: yn cael ei ddyfynnu yn C. Culpin, *Making History* (1996); **t.156** Ffynhonnell A: Newyddion BBC, 'Remembering the Iran hostage crisis', 4 Tachwedd 2004.

TGAU Hanes CBAC Datblygiad UDA 1929–2000

Addasiad Cymraeg o *WJEC GCSE History The Development of the USA 1929–2000*
Addasiad Cymraeg: Testun Cyf
Noddwyd gan Lywodraeth Cymru
Cyhoeddwyd dan nawdd Cynllun Adnoddau Addysgu a Dysgu CBAC

Archebion: cysylltwch â Bookpoint Ltd, 130 Milton Park, Abingdon, Oxon OX14 4SB. Ffôn: (44) 01235 827720. Ffacs: (44) 01235 400454. Mae llinellau ar agor 9.00–5.00, dydd Llun i ddydd Sadwrn, gyda gwasanaeth ateb negeseuon 24 awr. Ewch i'n gwefan yn www.hoddereducation.co.uk.

Cyhoeddwyd am y tro cyntaf yn 2011 gan Hodder Education, Cwmni Hachette UK, 338 Euston Road, London NW1 3BH

Rhif yr argraffiad 5 4 3 2 1
Blwyddyn 2015 2014 2013 2012 2011

Lluniau'r clawr *ch* Gorymdaith newyn, Columbus, Ohio, Mai 1935, *d* Ronald Reagan a Mikhail Gorbachev, Rhagfyr 1987, *y ddau* © Bettmann/Corbis

Darluniau gan Barking Dog Art a Tony Randell
Teiposodwyd mewn 11/13pt Minion gan Fakenham Prepress Solutions, Fakenham, Norfolk NR21 8NN
Argraffwyd yn Dubai

Mae cofnod catalog ar gyfer y teitl hwn ar gael gan y Llyfrgell Brydeinig

ISBN: 978 1444 14251 8

CYNNWYS

CYFLWYNIAD

Ynglŷn â'r cwrs

Yn ystod y cwrs hwn mae'n rhaid i chi astudio pedair uned:

- dwy astudiaeth fanwl (Unedau 1 a 2)
- un astudiaeth amlinellol (Uned 3)
- ymchwiliad i fater o ddadl neu wrthdaro hanesyddol (Uned 4).

Asesir yr unedau trwy dri phapur arholiad ac un asesiad dan reolaeth.

- Mae gennych ddwy awr i ateb y cwestiynau ar y ddwy astudiaeth fanwl, sef Unedau 1 a 2.
- Mae gennych un awr i ateb cwestiynau ar yr astudiaeth amlinellol, sef Uned 3.
- Yn yr asesiad mewnol mae'n rhaid i chi gwblhau tasg o dan reolaeth yn yr ystafell ddosbarth.

Ynglŷn â'r llyfr

Mae'r llyfr hwn yn ymdrin ag astudiaeth amlinellol Uned 3, 'Datblygiad UDA, 1929–2000'. Mae mewn tair adran, ac mae tair pennod ym mhob un.

Adran A: Bywyd yn newid yn UDA, 1929–2000

- Y prif ddylanwadau ar fywyd yn America rhwng 1929 ac 1945, gan gynnwys effeithiau Cwymp Wall Street, y Fargen Newydd ac effaith yr Ail Ryfel Byd.
- Y prif ddatblygiadau gwleidyddol ac economaidd yn UDA ar ôl 1945, gan gynnwys sut y newidiodd bywyd yn y 1950au, McCarthyaeth, y Goror Newydd a'r Gymdeithas Fawr, Sgandal Watergate a newidiadau mewnol Arlywyddion UDA er 1981.
- Datblygiadau cymdeithasol yn UDA 1945–2000, gan gynnwys newidiadau mewn diwylliant poblogaidd a diwylliant ieuenctid, mudiad y myfyrwyr a sut y newidiodd rôl menywod.

Adran B: Y newid mewn agweddau tuag at y cwestiwn hiliol yn UDA, 1929–2000

- Anghydraddoldeb o ran hil 1929–45 yn sgil y Dirwasgiad Mawr, y Fargen Newydd a'r Ail Ryfel Byd.
- Datblygiadau yn y 1950au a'r 1960au ym maes addysg a thrafnidiaeth, ynghyd â dylanwad unigolion allweddol.
- Cynnydd i Americanwyr du er y 1960au o ran deddfwriaeth a datblygiad y diwylliant du.

Adran C: UDA a'r byd ehangach, 1929–2000

- Newidiadau ym mholisi tramor UDA 1929–45; yn enwedig troi cefn ar ynysiaeth.
- Rhan UDA ar ddechrau'r Rhyfel Oer yn Ewrop a'r byd ehangach, a'i datblygiad.
- Rôl UDA yn yr ymgais am heddwch byd-eang er 1970, yn enwedig *détente*, ymdrechion Reagan a Gorbachev a rôl UDA yn Iran, Rhyfel y Gwlff ac Iraq.

Mae pob pennod yn:

- cynnwys gweithgareddau – mae rhai yn datblygu'r sgiliau hanesyddol sydd eu hangen arnoch, tra bod eraill yn enghreifftiau o gwestiynau arholiad sy'n rhoi'r cyfle i chi ymarfer sgiliau arholiad. Mae'r cwestiynau enghreifftiol wedi'u huwcholeuo mewn glas
- rhoi arweiniad cam wrth gam, enghreifftiau o atebion a chyngor ar sut y mae ateb mathau penodol o gwestiynau yn Uned 3.

Ynglŷn ag Uned 3

Mae arholiad Uned 3 yn brawf o'r canlynol:

- gwybodaeth a dealltwriaeth o'r datblygiadau allweddol ym mhob un o'r tair adran
- y gallu i ateb amrywiaeth o gwestiynau sy'n profi sgiliau a chwestiynau ffynhonnell.

Bydd y papur arholiad yn cynnwys cyfuniad o ffynonellau ysgrifenedig a darluniau:

- gall ffynonellau ysgrifenedig gynnwys dyfyniadau o ddyddiaduron, areithiau, llythyrau, cerddi, caneuon, bywgraffiadau, hunangofiannau, cofiannau, papurau newydd, gwerslyfrau hanes modern, safbwyntiau haneswyr, neu wybodaeth oddi ar y rhyngrwyd
- gall darluniau gynnwys ffotograffau, posteri, cartwnau neu baentiadau.

Mae'n rhaid i chi ateb y mathau canlynol o gwestiynau, sy'n gofyn i chi ddangos gwahanol sgiliau ysgrifennu a gwerthuso ffynhonnell:

- Deall ffynhonnell – gofyn i chi egluro neges neu negeseuon sydd yn y ffynhonnell.
- Disgrifio – gofyn i chi roi disgrifiad manwl, o ddigwyddiadau allweddol mewn cyfnod fel arfer.

- Newid neu barhad – defnyddio dwy ffynhonnell a'ch gwybodaeth eich hun yn eich eglurhad.
- Ffurfio barn – gofyn i chi ffurfio barn ar drobwynt neu bwysigrwydd neu lwyddiant digwyddiad, mudiad neu unigolyn penodol.
- Ysgrifennu traethawd drwy ddefnyddio strwythur – gofyn i chi amlinellu graddau newid neu ddiffyg newid trwy gydol y cyfnod 1929–2000.

Y papur arholiad

Isod ac ar dudalen 4 mae enghreifftiau o'r math o bapur arholiad y byddwch yn ei sefyll ar gyfer Uned 3. Bydd gennych awr i gwblhau **dau gwestiwn o Adran A** (o ddewis o dri) ac **un cwestiwn o Adran B** (o ddewis o dri). 50 yw uchafswm y marciau. Gallech ddefnyddio'r papur hwn i ymarfer ar ôl i chi orffen y cwrs.

Adran A

(Mae'r cwestiwn isod yn enghraifft o un o'r tri chwestiwn a fydd yn ymddangos yn Adran A, ac mae'n rhaid i chi ateb dau.)

1 Mae'r cwestiwn hwn yn ymwneud ag agweddau tuag at faterion hiliol yn newid yn UDA rhwng 1929 a 2000.
(cyfanswm o 20 marc)

Ffynhonnell A
Gorymdaith Klansmen drwy strydoedd Long Branch, New Jersey yn y 1920au hwyr

a Beth y mae Ffynhonnell A yn ei ddangos i chi am fudiad y KKK?
(2 marc)

b Disgrifiwch fudiad y Pŵer Du.
(4 marc)

c Defnyddiwch Ffynonellau B ac C a'ch gwybodaeth eich hun i egluro pam y newidiodd y ffordd y cafodd Americanwyr du eu trin ar drafnidiaeth gyhoeddus.
(6 marc)

Ffynhonnell B
Gorsaf fysiau yn Durham, Gogledd Carolina yn y 1950au cynnar

Cwestiwn deall ffynhonnell weledol yw hwn, sy'n gofyn i chi egluro'r neges neu'r negeseuon sydd yn y ffynhonnell. Am arweiniad pellach, edrychwch ar dudalen 22.

Cwestiwn **disgrifio** yw hwn sy'n profi eich dealltwriaeth o nodwedd allweddol drwy ddethol gwybodaeth briodol. Am arweiniad pellach, edrychwch ar dudalen 41.

Cwestiwn **newid neu barhad** yw hwn sy'n gofyn i chi nodi newid neu ddiffyg newid (parhad) a defnyddio eich gwybodaeth eich hun i'ch helpu i ddisgrifio ac egluro hyn, gan roi pob ffynhonnell mewn cyd-destun. Am arweiniad pellach, edrychwch ar dudalen 60.

Ffynhonnell C O gyfweliad gyda James Peck, Americanwr du a deithiodd ar y bws rhyddid cyntaf ym mis Mai 1961

Cerddais i mewn i ystafell aros y bobl wyn a mynd at y cownter cinio. Cawsom ein gwthio allan i'r stryd a dechreuodd chwe dyn daflu eu dyrnau ataf a fy nghuro â phibelli. Roeddwn i'n anymwybodol o fewn eiliadau.

ch Pa mor bwysig oedd Martin Luther King i'r mudiad hawliau sifil? *(8 marc)*

Cwestiwn **ffurfio barn** yw hwn sy'n gofyn i chi ffurfio barn ar bwysigrwydd neu lwyddiant digwyddiad, mudiad neu unigolyn penodol. Am arweiniad pellach, edrychwch ar dudalen 96.

Adran B

Atebwch **un** cwestiwn yn unig o'r adran hon.
(cyfanswm o 10 marc)

Naill ai:

2 I ba raddau y newidiodd cymdeithas America rhwng 1929 a 2000?
Efallai y byddwch eisiau trafod y canlynol yn eich ateb:

- *effeithiau'r Dirwasgiad*
- *effaith yr Ail Ryfel Byd*
- *newidiadau mewn diwylliant poblogaidd*
- *polisïau arlywyddol o'r 1970au*
- *unrhyw ffactorau perthnasol eraill.*

Neu:

3 I ba raddau yr oedd bywydau Americanwyr du wedi gwella rhwng 1929 a 2000?
Efallai y byddwch eisiau trafod y canlynol yn eich ateb:

- *sefyllfa Americanwyr du yn y 1930au*
- *effaith yr Ail Ryfel Byd*
- *y mudiad hawliau sifil*
- *y cynnydd a wnaed gan Americanwyr du erbyn 2000*
- *unrhyw ffactorau perthnasol eraill.*

Cwestiwn traethawd synoptig yw hwn sy'n ceisio ymdrin â'r holl gyfnod rydych wedi'i astudio. Eich nod yw amlinellu graddfa'r newid neu ddiffyg newid trwy gydol y cyfnod 1929–2000. Am arweiniad pellach, edrychwch ar dudalen 110.

Neu:

4 Pa mor bwysig oedd UDA ym materion y byd rhwng 1929 a 2000?
Efallai y byddwch eisiau trafod y canlynol yn eich ateb:

- *polisi ynysiaeth*
- *effaith yr Ail Ryfel Byd*
- *UDA a'r Rhyfel Oer*
- *yr ymgyrch am heddwch er 1970*
- *unrhyw ffactorau perthnasol eraill.*

1 Beth oedd y prif ddylanwadau ar fywyd yn America yn y cyfnod rhwng 1929 ac 1945?

Ffynhonnell A Ffotograff o 1937 o bobl ddu yn ciwio am gymorth o flaen poster enwog

Dioddefodd UDA yn fawr iawn yn sgil Cwymp Wall Street yn 1929. Arweiniodd at y Dirwasgiad Mawr yn y dinasoedd a chefn gwlad, gyda miliynau yn colli eu gwaith. Roedd Herbert Hoover, Arlywydd Gweriniaethol, yn mynd yn fwy amhoblogaidd bob dydd am nad oedd i'w weld yn gwneud fawr ddim i wella effeithiau'r Dirwasgiad (*Depression*). Collodd etholiad arlywyddol 1932 i Roosevelt a chyflwynodd ef y **Fargen Newydd** i helpu'r rhai a oedd wedi dioddef fwyaf yn sgil y Dirwasgiad. Fodd bynnag, roedd grwpiau ac unigolion amrywiol yn gwrthwynebu'r Fargen Newydd, yn enwedig y **Llys Goruchaf**. Adfywiodd yr Ail Ryfel Byd yr economi yn y pen draw a chael gwared ar ddiweithdra.

Mae'r bennod hon yn trafod y materion canlynol:

- Beth oedd effaith Cwymp Wall Street?
- Beth oedd yr 'Hoovervilles'?
- Pwy oedd y Gorymdeithwyr Bonws?
- Sut wnaeth Hoover geisio ymdrin â'r Dirwasgiad?
- Pam yr enillodd Roosevelt etholiad arlywyddol 1932?
- Beth oedd Bargen Newydd Roosevelt?
- Pam yr oedd rhai'n gwrthwynebu'r Fargen Newydd?
- Pa effaith gafodd yr Ail Ryfel Byd ar economi UDA?

TASG

Beth y mae Ffynhonnell A yn ei ddangos i chi am UDA yn y 1930au? (Am arweiniad ar sut i ateb y math hwn o gwestiwn, edrychwch ar dudalen 22.)

Arweiniad ar arholiadau

Drwy'r bennod hon, byddwch yn cael cyfle i ymarfer cwestiynau arholiad o wahanol arddull a rhoddir arweiniad manwl ar sut i ateb cwestiynau 1(a), 2(a) a 3(a) o Uned 3 y papur arholiad. Cwestiwn **deall ffynhonnell** yw hwn sy'n werth 2 farc.

Beth oedd effaith Cwymp Wall Street?

Yn ystod y 1920au, dechreuodd mwy a mwy o Americanwyr fuddsoddi mewn cyfranddaliadau ac roedd y prisiau'n dal i godi. Fodd bynnag, yn 1928, nid oedd y cyfranddaliadau'n codi fel yn y blynyddoedd blaenorol. Arweiniodd hyn at lai o hyder yn y farchnad a phrisiau cyfranddaliadau'n cwympo. Ar ôl i rai arbenigwyr ddechrau gwerthu eu cyfranddaliadau cyn i'w gwerth ostwng ymhellach yn ystod hydref 1929, aeth y buddsoddwyr bach i banig a brysio i werthu eu cyfranddaliadau eu hunain.

Dechreuodd y panig go iawn ar 19 Hydref 1929 gyda bron 3.5 miliwn o gyfranddaliadau'n cael eu prynu a'u gwerthu. Dechreuodd prisiau ostwng yn gyflym, a'r dydd Iau canlynol, 29 Hydref sef y 'Dydd Iau Du', daeth y cwymp mawr ar ôl i bron 13 miliwn o gyfranddaliadau gael eu masnachu. Collodd miloedd o fuddsoddwyr filiynau o ddoleri a chawsant eu troi'n fethdalwyr. Yr enw a roddwyd ar y digwyddiad hwn oedd Cwymp Wall Street – ar ôl y stryd lle'r oedd marchnad stoc UDA wedi'i lleoli.

Diweithdra

Roedd effaith Cwymp Wall Street yn syfrdanol. Erbyn diwedd 1929, roedd tua 2.5 miliwn o bobl yn ddi-waith yn UDA. Cynyddodd y ffigur hwn yn ddramatig rhwng 1929 ac 1932 oherwydd methiant economi UDA a'r gostyngiad mewn masnach byd. Aeth llawer o fusnesau i'r wal oherwydd bod llai o alw am nwyddau traul Americanaidd gartref a thramor.

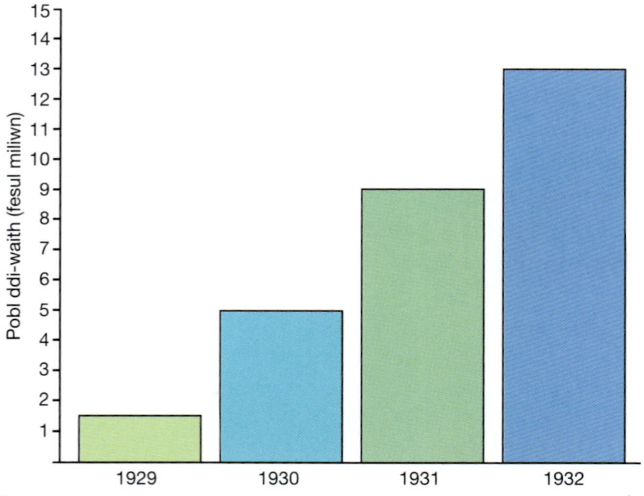

Twf diweithdra 1929–32

Dirwasgiad yn y dinasoedd

Dechreuodd ffatrïoedd gau yn fuan ar ôl i'r argyfwng ddechrau ym mis Hydref 1929. Roedd yn rhaid cynhyrchu llai neu roi'r gorau i gynhyrchu am nad oedd pobl yn gwario arian. Gwelodd y dinasoedd diwydiannol gynnydd cyflym mewn diweithdra ac erbyn 1933 roedd bron traean o'r gweithlu'n ddi-waith.

Wrth i bobl golli eu swyddi, roeddent hefyd yn colli eu cartrefi. Aeth rhai ati i adeiladu 'cartref' arall mewn lleoedd a alwyd yn **Hoovervilles** (gweler tudalen 8). Roedd llawer o'r bobl ddi-waith yn y dinasoedd yn cysgu ar y strydoedd. Symudodd rhai ar draws UDA fel **hobos**. Roeddent yn teithio ar drenau nwyddau yn chwilio am waith. Amcangyfrifwyd bod mwy na 2 filiwn o hobos yn 1932.

Pan ddechreuodd y Dirwasgiad, y gweithwyr du yn aml oedd y rhai cyntaf i'w diswyddo. Roedd 50 y cant ohonynt yn ddi-waith erbyn 1933.

Dirwasgiad yng nghefn gwlad

Aeth mwy o ffermwyr yn fethdalwyr oherwydd nad oeddent yn gallu gwerthu eu cynnyrch. Byddai bwyd yn aml yn cael ei adael i bydru yn y caeau. Gwaethygodd sychder 1931 broblemau'r ffermwyr wrth i brisiau isel a llai o gynnyrch olygu nad oedd unrhyw obaith o adennill costau.

Y taleithiau a ddioddefodd y sychder mwyaf oedd Oklahoma, Colorado, New Mexico a Kansas. Roedd dulliau ffermio gwael wedi disbyddu'r pridd, a throdd y pridd yn llwch yn ystod y sychder. Felly, pan ddaeth y gwynt, roedd stormydd o lwch ymhob man. Galwyd yr ardal hon a oedd tua 20 miliwn hectar, yn 'bowlen lwch'.

Gadawodd mwy na 1 miliwn o bobl eu cartrefi i chwilio am waith yn ardaloedd tyfu ffrwythau arfordir y gorllewin. Roedd ffermwyr a'u teuluoedd yn pacio popeth posibl, yn ei glymu i'w ceir neu wagenni, ac yn anelu am arfordir y gorllewin. Galwyd pobl o Oklahoma yn 'Okies' a'r rhai o Arkansas yn 'Arkies'. Roedd ffermwyr yn y gorllewin yn ddigon parod i gyflogi'r bobl hyn am eu bod yn gweithio am gyflogau isel iawn. Byddent yn gwersylla ar gyrion trefi ac yn chwilio am waith ble bynnag yr oedd gwaith ar gael. Roedd pobl leol yn aml yn eu casáu am eu bod yn mynd â'u swyddi.

Ffynhonnell A Ffotograff o hobos a thrên nwyddau yn y cefndir yn y 1930au cynnar

Ffynhonnell B O gofiant Dorothea Lange, *The Assignment I'll Never Forget: Migrant Mothers*, 1960. Yma, mae'n disgrifio cyfarfod un o'r gweithwyr mudol a oedd wedi cyrraedd California

Pan ofynnais i'r fenyw newynog ... dywedodd ei bod yn 32 oed. Dywedodd ei bod wedi bod yn byw ar lysiau wedi rhewi o gaeau cyfagos a'r adar yr oedd ei phlant wedi'u lladd. Roedd newydd werthu teiars ei char i brynu bwyd.

TASGAU

1. Beth y mae Ffynhonnell A yn ei ddangos i chi am y Dirwasgiad mewn dinasoedd? (Am arweiniad ar sut i ateb y math hwn o gwestiwn, edrychwch ar dudalen 22.)
2. Eglurwch pam y gwnaeth cymaint o Americanwyr fudo i arfordir y gorllewin yn ystod y 1930au cynnar.
3. A oedd Cwymp Wall Street yn drobwynt yn natblygiad economaidd America? (Am arweiniad ar sut i ateb y math hwn o gwestiwn, edrychwch ar dudalennau 75–6.)

Bywyd teuluol

Cafodd y Dirwasgiad effaith aruthrol ar fywyd teuluol.

- Roedd pobl ifanc yn amharod i briodi. Gostyngodd cyfanswm priodasau o 1.23 miliwn yn 1929 i 982,000 yn 1932. Gostyngodd y gyfradd genedigaethau hefyd.
- Roedd y gyfradd hunanladdiad wedi codi'n sylweddol o 12.6 hunanladdiad fesul 1,000 o bobl yn 1926 i 17.4 fesul 1,000 o bobl ar ei anterth yn 1932.
- Mewn rhai taleithiau, fel Arkansas, caewyd ysgolion am ddeg mis o'r flwyddyn oherwydd nad oedd digon o arian ar gyfer athrawon.
- Yn ôl y cylchgrawn *Fortune* nid oedd tua 25 y cant o'r boblogaeth yn derbyn incwm o gwbl erbyn 1932. Gan nad oedd system genedlaethol o nawdd cymdeithasol, roedd pobl ddi-waith a'u teuluoedd yn dibynnu ar elusennau fel y Groes Goch.

Beth oedd yr 'Hoovervilles'?

Ffynhonnell A Ffotograff o 'Hooverville' yn Seattle a oedd yn bodoli o 1932–41

Ar ôl colli eu cartrefi, symudodd yr Americanwyr di-waith i gyrion y trefi a'r dinasoedd, a chodi cartrefi o dun, pren a chardbord. Galwyd y cymunedau hyn yn 'Hoovervilles'. Roedd hyd yn oed Hooverville yn Central Park, Efrog Newydd. Yr Arlywydd Hoover oedd yn cael y bai am beidio â darparu nawdd a daeth yr enw dirmygus ar y 'pentrefi' yn boblogaidd. Amcangyfrifwyd bod cannoedd o filoedd o bobl ar draws UDA yn byw mewn Hoovervilles ar eu hanterth.

Nid oedd dŵr tap na systemau carthffosiaeth yn yr Hoovervilles ac achosodd hyn broblemau iechyd cyhoeddus i'r trefi a'r dinasoedd cyfagos. Roedd ymdrechion cyson i symud y trigolion ond roedd Hoovervilles yn bodoli tan 1941, pan gyflwynodd y llywodraeth bolisi i'w dinistrio.

Roedd termau eraill, eironig dros ben, a oedd yn defnyddio enw Hoover:

- 'Blancedi Hoover' – haenau o bapur newydd.
- 'Baneri Hoover' – pocedi trowsus dynion wedi'u troi tu chwith i ddangos nad oedd ganddynt arian.
- 'Wagenni Hoover' – ceir gyda cheffylau yn eu tynnu am fod eu perchenogion yn rhy dlawd i brynu petrol.

TASG

Beth y mae Ffynhonnell A yn ei ddangos i chi am Hoovervilles? (Am arweiniad ar sut i ateb y math hwn o gwestiwn, edrychwch ar dudalen 22.)

Pwy oedd y Gorymdeithwyr Bonws?

Cyn-filwyr o'r Rhyfel Byd Cyntaf oedd y Gorymdeithwyr Bonws a oedd wedi cael addewid y byddai bonws yn cael ei dalu iddynt yn 1945 am wasanaethu yn y rhyfel. Teimlai'r cyn-filwyr na allent ddisgwyl mor hir cyn cael eu talu. Ym mis Mai a mis Mehefin 1932, gorymdeithiodd Byddin Bonws, a oedd yn cynnwys dros 12,000 o gyn-filwyr di-waith a digartref o bob rhan o UDA, i Washington DC i ddangos eu cefnogaeth i'r mesur a fyddai'n galluogi i'r taliadau bonws gael eu talu'n gynnar.

Daeth y gorymdeithwyr â'u gwragedd a'u plant gyda nhw, ac adeiladu Hooverville y tu allan i'r brifddinas gan ddweud na fyddent yn symud tan i'r mesur gael ei basio. Yn ôl swyddogion y llywodraeth gwehilion cymdeithas oedden nhw. Byddai wedi costio $2.3 miliwn i dalu'r taliadau bonws i'r dynion hyn a theimlai'r Arlywydd Hoover bod hynny'n ormod. Darparodd y **Gyngres** arian i dalu am gludo'r gorymdeithwyr gartref, ond gwrthododd tua 5,000 adael. Mynnodd y llywodraeth bod y gweddill yn gomiwnyddion ac anfonwyd yr heddlu i'w clirio o'r hen adeiladau lle'r oeddent yn byw. Cafwyd gwrthdaro a lladdwyd dau gyn-filwr.

Yna, galwodd Hoover ar y fyddin i reoli'r sefyllfa. Dywedwyd wrth y lluoedd arfog am wasgaru'r Gorymdeithwyr Bonws a dinistriwyd yr Hooverville yn llwyr. Anafwyd mwy na 100 o bobl a bu farw plentyn o wenwyn nwy dagrau. Gwylltiodd hyn lawer o Americanwyr a oedd wedi'u hargyhoeddi fwy nag erioed nad oedd Hoover yn poeni dim.

Ffynhonnell B O gyfweliad gydag A. E. McIntyre, Comisiynydd Masnach Ffederal, a oedd yn dyst i'r ymosodiadau ar y Gorymdeithwyr Bonws

Roedd y Gorymdeithwyr Bonws yn dawel iawn. Pan ymddangosodd y fyddin dechreuodd y Gorymdeithwyr daro tuniau gwag a gweiddi 'dyma'n bydis ni'n dod'. Disgwyliodd y Gorymdeithwyr Bonws i'r fyddin gydymdeimlo â nhw. Roedd pob milwr yn gwisgo arfwisg lawn. Roedd gan bob un fwgwd nwy a bomiau nwy dagrau. Yn fuan, diflannodd pawb bron iawn o'r golwg gan fod bomiau nwy dagrau wedi ffrwydro. Roedd fflamau yn codi lle'r oedd y milwyr wedi rhoi'r adeiladau ar dân er mwyn gyrru'r Gorymdeithwyr allan.

TASGAU

1 Defnyddiwch Ffynonellau A a B a'ch gwybodaeth eich hun i ddisgrifio sut y cafodd y Gorymdeithwyr Bonws eu trin.

2 Gan weithio mewn parau, lluniwch ddwy gyfres wahanol o benawdau i gyd-fynd â Ffynhonnell A:

- un gan y llywodraeth
- un gan y Gorymdeithwyr Bonws.

Ffynhonnell A Milwyr yn gyrru'r Fyddin Bonws allan o Washington DC gyda nwy dagrau, Gorffennaf 1932

Sut wnaeth Hoover geisio ymdrin â'r Dirwasgiad?

Enillodd Hoover etholiad arlywyddol 1928 a bu'n arlywydd tan fis Mawrth 1933. Mae llawer o ddadlau ynglŷn ag ymdrechion Hoover i ymdrin â'r Dirwasgiad. Cafodd ei feirniadu ar y pryd ac yn ddiweddarach am beidio â gwneud digon i gynorthwyo'r rhai oedd wedi dioddef oherwydd y Dirwasgiad. Fodd bynnag, roedd wedi gwneud rhai pethau i geisio adfer yr economi, yn enwedig yn ei flynyddoedd olaf fel arlywydd.

Polisïau cynnar Hoover

Mae Hoover wedi cael ei feirniadu am adael i'r sefyllfa economaidd waethygu ar ôl 1930. Roedd yn benderfynol o **fantoli'r gyllideb** ac yn gwrthod benthyg arian. Gwnaeth Hoover y canlynol:

- Cadwodd yn gaeth at syniadau **laissez-faire** ac '**unigolyddiaeth rymus**' y Gweriniaethwyr. Ystyr unigolyddiaeth rymus oedd y gred bod unigolion yn gyfrifol am eu bywydau eu hunain heb help gan neb arall, gan gynnwys y llywodraeth. Roedd llwyddo neu fethu yn dibynnu ar eu hymdrechion eu hunain.
- Aeth i gyfarfod arweinwyr busnes a gofyn iddynt beidio â gostwng cyflogau na lefelau cynhyrchu.
- Pasiodd Ddeddf Toll Hawley-Smoot 1930, yn amddiffyn ffermwyr UDA drwy gynyddu **tollau mewnforio** ar nwyddau tramor. I dalu'r pwyth yn ôl, gwrthododd gwledydd eraill fasnachu gydag UDA.
- Cynorthwyodd y ffermwyr trwy basio Deddf Marchnata Amaethyddol 1930. Galluogodd y ddeddf hon i'r llywodraeth fenthyg arian i ffermwyr drwy grwpiau marchnata arbennig o'r enw mentrau cydweithredol a oedd yn ceisio pennu prisiau rhesymol i sicrhau bod ffermwyr yn gwerthu nwyddau am elw.
- Sefydlodd **asiantaethau cymorth**, er enghraifft Mudiad Cymorth Diweithdra'r Arlywydd er mwyn ceisio hyrwyddo a chydgysylltu ymdrechion cymorth lleol.
- Torrodd y trethi gan $130 miliwn.
- Llwyddodd i gael cefnogaeth y Gyngres i wario $1.8 biliwn am waith adeiladu newydd ac atgyweirio ffyrdd ac argaeau ar draws UDA.

Ffynhonnell A: Casgliad o ddatganiadau gan Hoover pan oedd yn arlywydd. Roedd y datganiadau hyn yn rhan o syniadau'r Blaid Weriniaethol

Polisïau Hoover yn 1932

Fodd bynnag, gan fod diweithdra yn parhau i godi yn 1931 ac 1932, roedd yn rhaid i Hoover dderbyn nad oedd ei bolisïau'n gweithio. Derbyniodd gefnogaeth y Gyngres i gyflwyno cyfres o fesurau eraill i ysgafnhau effeithiau'r argyfwng (gweler isod).

Mesur	Disgrifiad
Corfforaeth Ariannu Gwaith Ailadeiladu (Chwefror 1932)	Y cymorth ffederal mwyaf a roddwyd – $2 biliwn mewn benthyciadau ar gyfer banciau mewn trafferthion, cwmnïau yswiriant a rheilffyrdd. I bara dwy flynedd yn unig er mwyn 'cynyddu hyder' a sbarduno'r diwydiant a chreu swyddi.
Deddf Cymorth Brys (*ERA: Emergency Relief Act*) (Gorffennaf 1932)	Rhoddodd hyn $300 million i **lywodraethau'r taleithiau** i helpu pobl ddi-waith.
Deddf Banc Benthyciad Cartref (Gorffennaf 1932)	Nod y ddeddf hon oedd rhoi hwb i'r farchnad adeiladu tai a phrynu tai. Sefydlwyd deuddeg banc rhanbarthol gyda chronfa o $125 miliwn.

Pa mor llwyddiannus oedd polisïau Hoover?

Methodd mesurau Hoover i godi UDA allan o'r Dirwasgiad. Roedd yn ffaith bod ffigurau diweithdra yn parhau i godi. Roedd llawer o ddinasyddion UDA yn credu bod Hoover yn galon galed a difater. Slogan boblogaidd y cyfnod oedd '*In Hoover we trusted, now we are busted*'.

Ar y llaw arall, nid oedd Hoover yn fethiant llwyr:

- Roedd wedi perswadio llywodraethau'r taleithiau a llywodraethau lleol i gynyddu eu rhaglenni gwaith cyhoeddus a'u gwariant gan $1.5 biliwn.
- Dechreuodd weithredu polisïau a fabwysiadwyd wedyn gan Roosevelt – fel helpu banciau a pherchenogion tai.
- Yn ystod ei dymor o bedair blynedd yn y swydd, roedd ei wariant ffederal ar waith cyhoeddus yn uwch na'r deng mlynedd ar hugain blaenorol. Roedd y gwaith cyhoeddus pwysicaf a gyflawnwyd yn ystod y cyfnod hwn yn cynnwys Pont Bae San Francisco, Traphont Ddŵr Los Angeles ac Argae Boulder.

TASGAU

1 Beth y mae Ffynhonnell A yn ei awgrymu am bolisïau Hoover ar gyfer y Dirwasgiad? (Am arweiniad ar sut i ateb y math hwn o gwestiwn, edrychwch ar dudalen 22.)

2 Disgrifiwch bolisïau cynnar Hoover ar gyfer y Dirwasgiad. (Am arweiniad ar sut i ateb y math hwn o gwestiwn, edrychwch ar dudalennau 41–2.)

3 Astudiwch y tri mesur a gyflwynwyd gan Hoover yn 1932 (gweler y tabl uchod). Beth oedd pwrpas pob mesur?

4 a) Tynnwch lun o glorian.

- Ar yr ochr chwith gwnewch nodiadau ar lwyddiant Hoover wrth geisio ymdrin â'r Dirwasgiad.
- Ar yr ochr dde nodwch ei fethiannau.

Defnyddiwch eich clorian i'ch helpu i ateb y cwestiwn canlynol.

b) Pa mor llwyddiannus oedd Hoover wrth ddelio â'r problemau a achoswyd gan y Dirwasgiad rhwng 1929 ac 1932? (Am arweiniad ar sut i ateb y math hwn o gwestiwn, edrychwch ar dudalen 96.)

Pam yr enillodd Roosevelt etholiad arlywyddol 1932?

Ffynhonnell A Poster etholiad y Blaid Ddemocrataidd, 1932

Ym mis Tachwedd 1932, cafwyd etholiad arlywyddol rhwng Hoover a Franklin D Roosevelt. Enillodd Roosevelt o fwyafrif llethol – o'r pedwar deg wyth o daleithiau, dim ond chwech bleidleisiodd o blaid Hoover. Derbyniodd Hoover 15,759,000 pleidlais gyda Roosevelt yn derbyn 22,810,000. Roedd Roosevelt wedi ennill am fod Hoover a'i bolisïau yn amhoblogaidd ac roedd Roosevelt hefyd wedi addo'r Fargen Newydd, fel y gwelir yn y tabl isod.

TASGAU

1 Beth yw neges Ffynhonnell A?

2 Lluniwch ddau boster ar gyfer ymgyrch arlywyddol 1932, un i Hoover ac un i Roosevelt.

3 Eglurwch pam yr enillodd Roosevelt etholiad arlywyddol 1932.

Amhoblogrwydd Hoover	Apêl Roosevelt
• Roedd Hoover a'r Gweriniaethwyr yn cael eu beio am y Dirwasgiad. • Roeddent yn cael eu beio am fethu datrys effeithiau gwaethaf y Dirwasgiad. • Dim ond ychydig fisoedd oedd wedi mynd heibio ers triniaeth gas y Gorymdeithwyr Bonws. • Nid oedd gan Hoover unrhyw beth newydd i'w addo i'r pleidleiswyr. • Roedd cymorth a chynlluniau'r llywodraeth yn rhy fach. • Parhaodd banciau a busnesau i fethu a chollodd pobl bob hyder.	• Roedd y ffaith bod Roosevelt wedi goresgyn y salwch polio a dod yn wleidydd llwyddiannus wedi gwneud argraff ar lawer o bobl. • Roedd Roosevelt wedi creu ymdeimlad o obaith er mwyn torri'r cylch o ddigalondid. • Roedd yn cadw ei neges yn syml mewn cyfarfodydd ond yn cynnig dull llawer mwy mentrus: *'Dyma fy addewid i chi, ac i mi fy hun, y bydd bargen newydd ar gyfer pobl America.'* • Byddai'r Fargen Newydd hon yn cynnwys creu swyddi, cymorth i bobl ddi-waith a chymorth gan y llywodraeth i'r byd amaeth a diwydiant.

Beth oedd Bargen Newydd Roosevelt?

Yn ei araith ar ôl cael ei enwebu, roedd Roosevelt wedi addo Bargen Newydd i bobl America. Ac ef wedi ei ethol yn arlywydd, roedd hi nawr yn amser iddo roi ei addewid ar waith.

Ar ôl ei sefydlu'n arlywydd aeth Roosevelt ati ar unwaith. Credodd mai ei dasg oedd adennill y ffydd yr oedd y mwyafrif o Americanwyr wedi'i golli yn eu gwlad. Nodir amcanion y Fargen Newydd yn y tabl isod, amcanion a oedd yn seiliedig ar y 'tair R' yn Saesneg – cymorth (*relief*), adferiad (*recovery*) a diwygio (*reform*).

Cymorth	• Helpu i gael gwared ar dlodi. • Darparu bwyd ar gyfer y newynog. • Cymryd camau i atal pobl rhag colli eu cartrefi/ffermydd.
Adferiad	• Rhoi hwb i'r economi er mwyn creu swyddi i bobl.
Diwygio	• Sicrhau bod darpariaethau lles ar gyfer y dyfodol i helpu pobl ddi-waith, hen, sâl, anabl a digartref.

Amcanion y Fargen Newydd

Aeth Roosevelt ati i ddelio â phroblemau'r Dirwasgiad Mawr a chyflwynodd y llywodraeth lawer iawn o raglenni er mwyn adfer yr economi fregus. Daeth y cyfnod hwn, rhwng 9 Mawrth ac 16 Mehefin 1933, yn enwog fel cyfnod y Can Diwrnod. Ar 12 Mawrth 1933, dywedodd gyda'i dafod yn ei foch, 'Efallai mai nawr yw'r amser i fynd am ddiod'. Mae'r tabl ar dudalen 14 yn dangos elfennau pwysicaf Asiantaethau'r Wyddor neu *Alphabet Agencies*, sef y sefydliadau amrywiol a grëwyd gan Roosevelt yn ystod y Can Diwrnod.

Tasg bwysicaf Roosevelt ar ddechrau'r Can Diwrnod oedd atal yr argyfwng yn y byd bancio. Roedd dros 2000 o fanciau wedi cau yn y deuddeg mis cyn iddo gael ei ethol yn arlywydd. Roedd yn rhaid iddo adfer ffydd mewn bancio.

Caeodd Roosevelt y banciau i gyd am ddeg diwrnod ac eglurodd ei gynlluniau, ar y radio, gyda 60 miliwn o wrandawyr. Byddai'n caniatáu i'r banciau hynny oedd ag arian digonol i ailagor a byddai'r rhai heb arian digonol ar gau tan iddo ef a'i gynghorwyr lunio rhaglen achub. Rhoddodd sicrwydd i bobl fod arian yn fwy diogel yn y banc nag yn y cartref. Pan ailagorodd y banciau, nid oedd pobl yn awyddus i dynnu allan eu cynilion. Y sgwrs radio hon oedd y gyntaf o lawer o '**sgyrsiau o flaen y tân**'.

Ffynhonnell A O *The Roosevelt I Knew* gan Frances Perkins, 1946

Pan oedd yn darlledu, sylweddolais fod ei feddwl yn canolbwyntio'n llwyr ar ei wrandawyr. Wrth siarad byddai'n nodio ei ben a symud ei ddwylo mewn ystumiau syml, naturiol a rhwydd. Byddai ei wyneb yn gwenu ac yn goleuo fel pe bai'n eistedd wrth ddrws y ffrynt neu yn y gegin gyda nhw. Roedd pobl yn teimlo hyn ac yn meddwl amdano mewn ffordd gadarnhaol.

TASGAU

1 Dychmygwch eich bod yn llywodraethwr ar dalaith lle mae gweithwyr diwydiannol ac amaethyddol. Ysgrifennwch lythyr at yr Arlywydd Roosevelt yn nodi pam y bydd ei gynlluniau ar gyfer datrys y Dirwasgiad yn helpu'r bobl hyn.

2 Eglurwch pam yr oedd 'sgyrsiau o flaen y tân' Roosevelt mor bwysig. Efallai y byddwch am gyfeirio at Ffynhonnell A i gael gwybodaeth.

3 Disgrifiwch beth ddigwyddodd yn ystod y Can Diwrnod. (Am arweiniad ar sut i ateb y math hwn o gwestiwn, edrychwch ar dudalennau 41–2.)

Asiantaethau'r Wyddor

Deddf Addasu Amaethyddol (*AAA: Agricultural Adjustment Act*)	Sefydlwyd yr *AAA* i gynyddu prisiau fferm ac incwm ffermwyr. Er mwyn cyflawni hyn, byddai angen gostwng lefelau cynhyrchu. Wrth i lefelau cynhyrchu ostwng, byddai prisiau'n codi a byddai sefyllfa'r ffermwyr yn dechrau gwella. Mewn geiriau eraill, byddai'r llywodraeth yn talu ffermwyr i gynhyrchu llai. Lladdwyd mwy na 5 miliwn o foch a chafodd miloedd o hectarau o gotwm ei aredig yn ôl i'r tir. Erbyn 1936, roedd incwm un a hanner gwaith yn fwy nag yn 1933. Gwrthododd y Llys Goruchaf y Ddeddf yn 1936.
Corff Cadwraeth Sifil (*CCC: Civilian Conservation Corps*)	Sefydlwyd y *CCC* i greu swyddi ar gyfer llawer o'r dynion 18 i 25 oed a oedd yn hobos neu'n byw yn yr Hoovervilles. Trefnwyd gwaith ar eu cyfer mewn projectau cadwraeth (*conservation*), fel plannu coed i atal pridd rhag erydu. Byddent yn derbyn bwyd, dillad ac un ddoler y dydd. Erbyn mis Awst 1933, roedd tua 250,000 o ddynion yn y *CCC* ac erbyn 1941 roedd mwy na 2 filiwn wedi cael rhyw fath o waith gyda'r *CCC*.
Y Weinyddiaeth Gweithfeydd Sifil (*CWA: The Civil Works Administration*)	Sefydlwyd y *CWA* i greu swyddi cyhoeddus. Erbyn Ionawr 1934, roedd tua 4 miliwn o Americanwyr di-grefft yn bennaf yn cael eu cyflogi trwy'r *CWA*. Roedd rhai o'r gweithwyr yn adeiladu ffyrdd. Fodd bynnag, roedd rhai o'r swyddi'n destun jôc, fel dychryn adar oddi ar adeiladau neu sgubo dail mewn parciau. Yn 1935, daeth y Weinyddiaeth Cynnydd Gweithfeydd (*WPA: Works Progress Administration*) i gymryd lle'r *CWA*.
Deddf Bancio Brys (*EBA: Emergency Banking Act*)	Sefydlwyd yr *EBA* er mwyn adennill hyder yn y system bancio. Roedd rhan o'r Ddeddf yn atal banciau rhag buddsoddi adneuon cynilion (*savings deposits*) yn y **farchnad stoc**, gan ei bod yn rhy ansefydlog i sicrhau diogelwch y cronfeydd hynny.
Gweinyddiaeth Credyd Fferm (*FCA: Farm Credit Administration*)	Roedd yr *FCA* yn rhoi benthyciadau llog isel i ffermwyr i'w cynorthwyo i dalu eu dyledion a'u morgeisi. Elwodd ugain y cant o ffermwyr ar y cynllun.
Gweinyddiaeth Cymorth Brys Ffederal (*FERA: Federal Emergency Relief Administration*)	Darparodd y *FERA* $500 miliwn ar gyfer cymorth brys drwy grantiau i asiantaethau taleithiol a lleol. Mesur dros dro oedd hwn gan nad oedd Roosevelt yn awyddus i'w wrthwynebwyr feddwl bod y llywodraeth yn gwneud dim ond rhoi arian i bobl ddi-waith.
Gweinyddiaeth Adferiad Cenedlaethol (*NRA: National Recovery Administration*)	Roedd yr *NRA* yn pennu prisiau, cyflogau ac amodau gwaith teg fel uchafswm oriau ac **isafswm cyflog**. Er mwyn annog arweinwyr busnes i gydymffurfio â'r codau hyn, lansiodd yr *NRA* ymgyrch gyhoeddusrwydd, gan fabwysiadu eryr glas fel ei symbol. Gofynnodd i bobl brynu nwyddau gan fusnesau a oedd yn arddangos symbol yr eryr yn unig. Diddymwyd y Ddeddf a sefydlodd yr *NRA* gan y Llys Goruchaf yn 1935 (gweler tudalennau 18–19).
Gweinyddiaeth Gweithfeydd Cyhoeddus (*PWA: Public Works Administration*)	Gwariodd y *PWA* $3,300 miliwn ar waith cyhoeddus ar raddfa enfawr.
Corfforaeth Ail-lunio Ariannol (*RFC: Reconstruction Finance Corporation*)	Cyfrannodd Roosevelt $15 biliwn at asiantaeth Hoover (gweler tudalen 11). Roedd banciau a busnesau'n gallu defnyddio rhywfaint o'r arian i ail ddechrau buddsoddi.
Awdurdod Dyffryn Tennessee (*TVA: Tennessee Valley Authority*)	Nod y *TVA* oedd adfywio rhanbarth Dyffryn Tennessee a oedd yn un o ranbarthau mwyaf dirwasgedig UDA, gyda mwy na hanner y boblogaeth o 2.5 miliwn yn derbyn cymorth brys a difrod llifogydd blynyddol o $1.75 miliwn. Y *TVA* oedd yn gyfrifol am greu cyfres o argaeau i gynhyrchu trydan rhad a rheoli llifogydd er mwyn denu diwydiant i'r ardal. Roedd ganddo hefyd y pŵer i adeiladu ardaloedd hamdden, ynghyd â darparu cyfleusterau iechyd a lles. Yn y pen draw roedd gweithgareddau'r *TVA* yn cwmpasu saith talaith, ardal 104,000 cilometr sgwâr gyda phoblogaeth o 7 miliwn. Fodd bynnag, roedd peth gwrthwynebiad i'r *TVA* gan: • ffermwyr oedd â llifogydd ar eu tir • perchenogion busnesau mawr a oedd yn teimlo bod UDA yn symud tuag at fod yn dalaith sosialaidd.

Gweithgareddau a sefydliadau allweddol y Can Diwrnod

Ffynhonnell B Ffotograff a gymerwyd yn 1933 o weithwyr yn y Corff Cadwraeth Sifil (CCC)

Ffynhonnell C Carŵn a gyhoeddwyd mewn papur newydd yn 1933: 'Ysbryd y Fargen Newydd'

Ffynhonnell CH O un o sgyrsiau o flaen y tân Roosevelt, Mehefin 1933. Yma, mae'n siarad am gyflogau teg cyflogwyr

Os bydd pob cyflogwr ym mhob grŵp cystadleuol yn cytuno i dalu'r un cyflogau rhesymol i'w gweithwyr – am yr un oriau – oriau rhesymol – wedyn, ni fydd cyflogau uwch yn brifo'r un cyflogwr. Mae camau o'r fath yn well i'r cyflogwr na diweithdra a chyflogau isel, gan ei fod yn creu mwy o brynwyr ar gyfer ei gynnyrch. Dyna'r syniad syml sydd wrth wraidd y Ddeddf i Adfer Diwydiant.

TASGAU

4 Gan ddefnyddio'r wybodaeth yn y tabl ar dudalen 14, rhannwch asiantaethau'r wyddor yn dri grŵp: 1 Cymorth, 2 Adferiad, 3 Diwygio. Beth ydych chi'n ei sylwi am eich penderfyniadau?

5 Beth y mae Ffynhonnell B yn ei ddangos i chi am y CCC? (Am arweiniad ar sut i ateb y math hwn o gwestiwn, edrychwch ar dudalen 22.)

6 Defnyddiwch Ffynonellau C ac CH a'ch gwybodaeth eich hun i egluro sut yr oedd Roosevelt wedi helpu diwydiant.

7 Disgrifiwch fesurau'r Fargen Newydd a roddwyd ar waith i helpu'r byd amaeth. (Am arweiniad ar sut i ateb y math hwn o gwestiwn, edrychwch ar dudalennau 41–2.)

Yr ail Fargen Newydd

Erbyn diwedd 1934, roedd 10 miliwn o Americanwyr yn dal i fod yn ddi-waith. Ym mis Ionawr 1935, yn ei neges flynyddol i'r Gyngres, cyflwynodd Roosevelt ei ail Fargen Newydd, sef rhaglen ddiwygio gyffredinol i helpu ffermwyr, gweithwyr, pobl dlawd a'r di-waith.

Y Weinyddiaeth Cynnydd Gweithfeydd (*WPA: Works Progress Administration*)

Harry Hopkins oedd pennaeth y *WPA* (cyn-bennaeth y *FERA*, gweler tudalen 14) ac aeth ati i roi'r rhaglen ar waith yn gyflym. Yn y bôn, roedd y rhaglen yn darparu cyllid a phrojectau adeiladu, gan gynnwys ysbytai, ysgolion, meysydd awyr, porthladdoedd, ac ati, a chreu gwaith ar yr un pryd. Llwyddodd y *WPA* i:

- drefnu rhaglen gymorth $4.8 biliwn
- creu gwaith i athrawon di-waith
- creu cynlluniau gwasanaeth cymunedol i gyflogi artistiaid, awduron ac actorion.

Dywedodd Roosevelt fod y *WPA* yn 'gosod y llwyfan' – mewn geiriau eraill, roedd y llywodraeth yn gweithredu drwy ailgychwyn peiriannau'r economi.

Ffynhonnell D Cartŵn o 1935: 'Roosevelt cyfaill y tlawd'

Deddf Cysylltiadau Llafur Cenedlaethol (Deddf Wagner)

Roedd Roosevelt yn awyddus i amddiffyn hawliau'r gweithwyr. Roedd Deddf Wagner yn cynnal hawl gweithwyr i drefnu a mynd ati i **gyd-fargeinio**. Cynyddodd nifer aelodau'r **undebau llafur** o 3 miliwn yn 1933 i 9 miliwn chwe blynedd yn ddiweddarach. Hefyd, sefydlwyd Bwrdd Cysylltiadau Cenedlaethol o dan y Ddeddf, gan roi pŵer i weithwyr ddwyn achos yn erbyn cyflogwyr a oedd yn defnyddio arferion annheg, fel diswyddo gweithwyr a oedd yn ymuno â'r undeb.

Deddf Safonau Llafur Teg

Drwy'r Ddeddf hon:

- sefydlwyd isafswm cyflog ac uchafswm oriau ar gyfer holl weithwyr cyflogedig busnes a oedd yn ymwneud â masnach rhwng taleithiau
- derbyniodd 300,000 o weithwyr gyflogau uwch yn ei sgil a chwtogwyd wythnos waith dros 1 miliwn o weithwyr
- roedd cyflogi plant yn erbyn y gyfraith, ac eithrio ar ffermydd.

Deddf Nawdd Cymdeithasol

Efallai mai'r Ddeddf hon oedd diwygiad pwysicaf yr ail Fargen Newydd oherwydd, ar ôl pasio'r Ddeddf, roedd y llywodraeth o'r diwedd yn derbyn cyfrifoldeb llawn am gwrdd ag anghenion sylfaenol ei dinasyddion. Yn sgil y Ddeddf, trefnwyd:

- budd-daliadau pensiwn ar gyfer yr henoed, plant amddifad a phobl oedd wedi'u hanafu mewn damweiniau diwydiannol
- budd-daliadau diweithdra, a fyddai'n cael eu hariannu trwy roi treth ar gyflogresi'r cyflogwyr.

TASG

8 Beth y mae Ffynhonnell D yn ei ddangos i chi am yr ail Fargen Newydd? (Am arweiniad ar sut i ateb y math hwn o gwestiwn, edrychwch ar dudalen 22.)

Pa mor llwyddiannus oedd Bargen Newydd Roosevelt?

Er bod y Fargen Newydd wedi llwyddo i raddau helaeth, roedd hefyd wedi methu ac yn ddiffygiol ar adegau.

Rôl y llywodraeth a'r arlywydd

1. Llwyddodd y Fargen Newydd i adennill ffydd pobl yn y llywodraeth ar ôl dull *laissez-faire* Hoover.
2. Rhoddodd hwb i ddemocratiaeth gan sicrhau nad oedd cefnogaeth enfawr i wleidyddion adain dde.
3. Cynyddodd rôl y llywodraeth ganolog a'r arlywydd yn sylweddol.
4. Rhoddodd Roosevelt ormod o bŵer i'r llywodraeth ffederal a'r arlywyddiaeth. Dechreuodd y llywodraeth ffederal ymwneud yn uniongyrchol â meysydd a oedd wedi'u rheoli'n draddodiadol gan lywodraethau'r taleithiau.

Yr Economi

1. Daeth system fancio UDA yn fwy sefydlog yn sgil y Fargen Newydd ac aeth llawer llai o fusnesau i'r wal.
2. Atebion tymor byr yn unig gafwyd gan y Fargen Newydd ac ni lwyddodd i ddatrys problemau sylfaenol yr economi.
3. Gwellodd isadeiledd UDA yn sylweddol drwy ddarparu ffyrdd, ysgolion a gorsafoedd trydan.
4. Cymerodd economi UDA fwy o amser i wella na'r mwyafrif o wledydd Ewrop. Llithrodd y wlad yn ôl i ddirwasgiad ar ôl i Roosevelt ostwng cyllideb y Fargen Newydd yn 1937.

Diweithdra a gweithwyr diwydiannol

1. Dim ond swyddi tymor byr yr oedd Asiantaethau'r Wyddor yn eu cynnig. Ar ôl i'r swyddi hyn ddod i ben, roedd pobl yn ôl 'ar y dôl'. Hyd yn oed ar ei anterth yn 1937, roedd dros 14 miliwn o bobl o hyd yn ddi-waith. Yr Ail Ryfel Byd ddaeth â diweithdra i ben.
2. Darparodd Asiantaethau'r Wyddor waith i filiynau: syrthiodd ffigurau diweithdra o 24.9 miliwn ar ei anterth yn 1933 i 14.3 miliwn bedair blynedd yn ddiweddarach.
3. Cryfhaodd yr *NRA* a'r ail Fargen Newydd safle'r **undebau llafur** yn sylweddol gan orfodi'r cwmnïau mawr i drafod gyda nhw.
4. Roedd cyflogwyr dal i fod yn ddrwgdybus o'r undebau. Yn wir, daeth sawl streic i ben gyda thrais difrifol yn y 1930au.

Nawdd cymdeithasol

1. Yn sgil y Ddeddf Nawdd Cymdeithasol, daeth gwladwriaeth les i fod yn UDA, a oedd yn cynnwys pensiynau ar gyfer yr henoed a gweddwon a chymorth y wladwriaeth i bobl sâl ac anabl.
2. Dadleuodd rhai fod rhai mesurau nawdd cymdeithasol yn rhoi gormod o bwysau ar drethdalwyr ac yn annog pobl i fyw 'ar gefn' y wladwriaeth.

Americanwyr Du

1. Roedd llawer o asiantaethau'r Fargen Newydd yn gwahaniaethu yn erbyn pobl ddu. Ni fyddent yn cael cynnig gwaith, a byddai'r cyflogwyr yn eu trin yn wael neu'n rhoi llai o gyflog iddynt na'u cydweithwyr gwyn.
2. Derbyniodd tua 200,000 o Americanwyr du fudd-daliadau gan y *CCC* (gweler tudalen 14) ac Asiantaethau eraill y Fargen Newydd. Roedd llawer wedi elwa yn sgil rhaglenni clirio slymiau a phrojectau tai.
3. Ni wnaeth Roosevelt lawer i roi diwedd ar arwahanu a gwahaniaethu yn y De Eithaf.

Menywod

1. Ceisiodd rhai o lywodraethau'r taleithiau osgoi rhoi taliadau nawdd cymdeithasol i fenywod drwy gyflwyno amodau arbennig.
2. Cafodd rhai menywod swyddi amlwg yn y Fargen Newydd. Daeth Eleanor Roosevelt yn ymgyrchydd pwysig dros ddiwygio cymdeithasol. Frances Perkins (gweler Ffynhonnell A, tudalen 13) oedd y fenyw gyntaf i gael ei phenodi i swydd yn y cabinet fel Ysgrifennydd Llafur.
3. Mae'n wir bod rhai o godau Deddf Adfer Diwydiant Cenedlaethol 1933 yn mynnu bod menywod yn derbyn llai o dâl na dynion.
4. Dim ond 8,000 o fenywod gafodd eu cyflogi gan y *CCC* o gymharu â'r 2.75 miliwn a gyflogwyd i gyd.

TASGAU

9 Trefnwch y datganiadau ar y dudalen hon yn rhai sy'n nodi llwyddiant a methiannau'r Fargen Newydd.

10 Pa mor llwyddiannus oedd y Fargen Newydd? (Am arweiniad ar sut i ateb y math hwn o gwestiwn, edrychwch ar dudalen 96.)

Pam yr oedd rhai'n gwrthwynebu'r Fargen Newydd?

Roedd nifer o unigolion a grwpiau, yn ogystal â'r Llys Goruchaf, yn gwrthwynebu'r Fargen Newydd.

Unigolion

Beirniadwyd y Fargen Newydd gan unigolion a oedd yn credu nad oedd Roosevelt yn gwneud digon. Roedd ganddynt eu syniadau eu hunain ynghylch yr hyn y dylai ei wneud.

- Roedd Huey Long wedi bod yn Llywodraethwr ar Dalaith Louisiana. Honnodd nad oedd Roosevelt yn rhannu cyfoeth y genedl yn deg ac, o dan y slogan 'Rhannu Ein Cyfoeth', aeth ati i gyhoeddi ei gynlluniau ei hun. Denodd gefnogaeth eang ond fe'i lladdwyd gan feddyg am fod Long wedi chwalu ei yrfa.
- Beirniadodd y Tad Charles Coughlin y Fargen Newydd a dweud nad oedd hi'n gwneud digon. Galwodd Roosevelt yn 'wrth-Dduw' am nad oedd mewn gwirionedd yn cynorthwyo pobl mewn angen. Roedd dylanwad pennaf y Tad Coughlin yn deillio o'i ddarllediadau wythnosol pan fyddai dros 40 miliwn yn gwrando arno.
- Enillodd Dr Frances Townsend lawer o gefnogaeth gan yr henoed am nad oeddent wedi elwa llawer ar y Fargen Newydd yn 1934. Dechreuodd sefydliad o'r enw 'Old Age Revolving Pension Plan' neu'r clybiau Townsend, a oedd wedi denu 5 miliwn o aelodau erbyn 1935.

Gwrthwynebiad y gwleidyddion

Roedd llawer o grwpiau gwleidyddol amrywiol hefyd yn gwrthwynebu Roosevelt.

- Roedd y **Gweriniaethwyr** yn gwrthwynebu'r Fargen Newydd yn chwyrn. Nhw oedd gwrthwynebwyr traddodiadol y **Democratiaid** wrth gwrs, ond roedden nhw hefyd yn cynrychioli buddiannau teuluoedd cyfoethog a chorfforaethau busnes mawr America. Credai'r gwrthwynebwyr hyn fod Roosevelt yn gwneud gormod i helpu pobl ac yn newid rôl draddodiadol llywodraeth UDA.
- Sefydlwyd Cynghrair Rhyddid America yn 1934 i ddiogelu rhyddid unigolion a chafodd gefnogaeth dynion busnes cyfoethog; yn rhyfedd iawn, roedd dau o'r rhain, Alfred Smith a John Davis, wedi sefyll yn y gorffennol fel ymgeiswyr arlywyddol i'r Democratiaid. Credai'r Gynghrair fod y Fargen Newydd yn bygwth Cyfansoddiad UDA a rhyddid yr unigolyn.
- Roedd hyd yn oed aelodau o blaid y Democratiaid, sef plaid Roosevelt ei hun, yn gwrthwynebu'r Fargen Newydd. Roeddent yn cael eu hadnabod fel y Democratiaid Ceidwadol, ac roedd llawer ohonynt yn dod o'r De ac yn cynrychioli ardaloedd ffermio. Roeddent yn gryf yn erbyn Deddf Wagner (gweler tudalen 16) a oedd wedi rhoi mwy o bwerau i'r undebau llafur.

Ffynhonnell A Maniffesto ar gyfer y Blaid Weriniaethol yn 1936

Mae America mewn perygl. Am dair blynedd hirfaith mae gweinyddiaeth y Fargen Newydd wedi amharchu traddodiadau America ac wedi bradychu'r addewidion hynny a wnaed gan y Blaid Ddemocrataidd wrth ofyn am, ac wrth ennill cefnogaeth y cyhoedd. Mae hawliau a rhyddid dinasyddion America wedi'u difetha. Mae wedi codi llond gwlad o swyddfeydd newydd, eu llenwi gyda'i ffefrynnau, sefydlu biwrocratiaeth ganolog ac anfon llu o arolygwyr i boeni ein pobl.

Y Llys Goruchaf

Roedd y Llys Goruchaf yn gwrthwynebu rhai o fesurau Roosevelt ac un o'r rhesymau oedd mai barnwyr Gweriniaethol yn bennaf oedd yn perthyn i'r llys. Roedd hyn oherwydd mai dim ond un deg chwe blynedd o arlywyddion Democrataidd a gafwyd rhwng 1851 ac 1933, felly ni chafwyd llawer o gyfle i enwebu barnwyr Democrataidd.

O'r un deg chwe achos a oedd yn ymwneud ag Asiantaethau'r Wyddor a ddaeth gerbron y Llys Goruchaf yn 1935 ac 1936, nododd y barnwyr bod Roosevelt wedi gweithredu'n anghyfansoddiadol mewn un ar ddeg ohonynt. Mewn gwirionedd, roedd wedi defnyddio pwerau canolog neu ffederal nad oedd yn briodol o dan y Cyfansoddiad. Mae'r ddau achos isod yn dangos y gwrthwynebiad a oedd yn ei wynebu.

Achos y 'Cywion Ieir Sâl', 1935

Roedd yr achos hwn yn ymwneud â phedwar brawd, y Schechters, a oedd yn rhedeg busnes cadw ieir. Yn 1933, arwyddodd y Schechters reolau'r Weinyddiaeth

Adferiad Cenedlaethol (*NRA: National Recovery Administration*) a oedd wedi'i sefydlu gan y Ddeddf Adfer Diwydiannol Cenedlaethol (*NIRA: National Industry Recovery Act*). Roedd y rheolau hyn yn llywodraethu prisiau, cyflogau a chystadleuaeth deg. Yn 1935, aeth yr *NRA* â'r brodyr i'r llys am werthu llwyth o gywion ieir oedd ag afiechyd ac nad oedd yn addas i'w bwyta gan bobl. Apeliodd y Schechters i'r Llys Goruchaf. Dyfarnodd y llys fod yr *NIRA* yn anghyfreithlon oherwydd bod ei gweithgareddau yn anghyfansoddiadol. Roedd y Ddeddf wedi rhoi pwerau anaddas i'r llywodraeth ffederal i ymyrryd mewn materion taleithiol, sef talaith Efrog Newydd yn yr achos hwn. Yn sgil hynny, diddymwyd 750 o godau ymarfer yr *NRA* ar unwaith.

Achos *UDA v Butler*, 1936

Yn yr achos hwn datgelodd y Llys Goruchaf fod y Ddeddf Addasu Amaethyddol yn anghyfreithlon. Penderfynodd y barnwyr bod rhoi cymorth i ffermwyr yn fater i lywodraeth pob talaith, nid y llywodraeth ffederal. O ganlyniad i hyn daeth pob cymorth i ffermwyr i ben.

Ymdrechion Roosevelt i ddiwygio

Ar ôl ei fuddugoliaeth fawr yn etholiad arlywyddol 1936, penderfynodd Roosevelt fod y cyhoedd o blaid y Fargen Newydd. Felly, ym mis Chwefror 1937, eglurodd ei fwriad i ddiswyddo barnwyr dros 70 oed yn y Llys Goruchaf, a phenodi rhai iau a oedd yn cefnogi ei bolisïau i gymryd eu lle.

Methodd yr ymdrechion hyn am ddau reswm. Yn gyntaf, roedd llawer yn ystyried bod hyn yn anghyfansoddiadol. Roeddent yn credu bod yr Arlywydd yn ceisio dinistrio grym y Llys Goruchaf drwy ei lenwi â'i gefnogwyr ei hun. Yn ail, nid oedd Roosevelt wedi ymgynghori ag uwch aelodau o'i blaid ei hun ac roedd llawer o Ddemocratiaid Ceidwadol yn gwrthwynebu ei gynlluniau.

Fodd bynnag, ym mis Mawrth/Ebrill 1937, cafodd y penderfyniad ar achos y 'Cywion Ieir Sâl' ei wrthdroi, a derbyniwyd Deddf Nawdd Cymdeithasol Roosevelt gan gyflwyno pensiynau i'r henoed ac yswiriant diweithdra (gweler tudalen 16). Ar y llaw arall, roedd yr holl bennod wedi niweidio enw da Roosevelt ac roedd wedi colli cefnogaeth rhai aelodau o'i blaid ei hun.

Ffynhonnell B Cartŵn o 1936 yn dangos Roosevelt yn taflu lasŵ am farnwr Llys Goruchaf

THE LINE OF LEAST RESISTANCE

TASGAU

1. Disgrifiwch wrthwynebiad unigolion i'r Fargen Newydd. (Am arweiniad ar sut i ateb y math hwn o gwestiwn, edrychwch ar dudalennau 41–2.)
2. Eglurwch pam yr oedd nifer o Weriniaethwyr yn gwrthwynebu'r Fargen Newydd. Efallai y byddwch am droi at Ffynhonnell A am wybodaeth.
3. Beth y mae'r wybodaeth yn Ffynhonnell B yn ei ddangos i chi am berthynas Roosevelt â'r Llys Goruchaf? (Am arweiniad ar sut i ateb y math hwn o gwestiwn, edrychwch ar dudalen 22.)
4. Lluniwch eich map meddwl eich hun gan ddangos y rhesymau pam yr oedd gwrthwynebiad i'r Fargen Newydd. Rhowch eich rhesymau yn nhrefn y cloc, gan ddechrau gyda'r rheswm pwysicaf ar 12 o'r gloch.
5. Pa mor llwyddiannus oedd y gwrthwynebiad i'r Fargen Newydd? (Am arweiniad ar sut i ateb y math hwn o gwestiwn, edrychwch ar dudalen 96.)

Pa effaith gafodd yr Ail Ryfel Byd ar economi UDA?

Ar 7 Rhagfyr 1941, lansiodd y Japaneaid ymosodiad ar lynges yr Americanwyr yn Pearl Harbor, gan ladd 2,400 o Americanwyr. Ymhen pedwar diwrnod, roedd UDA yn rhyfela yn erbyn Japan a'r Almaen. Arweiniodd yr Ail Ryfel Byd at newidiadau economaidd pwysig.

Rôl y llywodraeth yn newid

Newidiodd y Fargen Newydd rôl y llywodraeth ffederal yn sylweddol yn yr economi (gweler tudalennau 13–17). Newidiwyd pethau ymhellach yn ystod y rhyfel. Er enghraifft, yn 1942, sefydlodd Roosevelt Fwrdd Cynhyrchiant Rhyfel o dan y **diwydiannwr** William Knusden, er mwyn trefnu a darparu ar gyfer anghenion rhyfel ac anghenion y lluoedd arfog yn arbennig. Er mwyn annog cefnogaeth i'r rhyfel, sefydlodd y llywodraeth gynlluniau fel y Swyddfa Amddiffyn Dinasyddion, a oedd yn gofyn i Americanwyr roi 'awr y dydd i UDA'. Erbyn 1945, roedd y llywodraeth yn cyflogi bron 4 miliwn o weithwyr, bron dwywaith cymaint ag yn 1941.

Busnesau mawr ac ymdrech y rhyfel

Roedd Roosevelt yn benderfynol o fanteisio ar brif ddynion busnes UDA i ddarparu ar gyfer anghenion y rhyfel. Diwydiannwr blaenllaw oedd yn rhedeg y Bwrdd Cynhyrchiant Rhyfel tra bod Henry J Kaiser, diwydiannwr pwysig arall, wedi cyfrannu'n sylweddol at waith Awdurdod Dyffryn Tennessee (gweler tudalen 14). Gofynnodd Roosevelt am gyngor diwydianwyr eraill ar ateb gofynion cynhyrchiant yn ystod y rhyfel a phennu targedau, gan adael iddynt benderfynu pa gwmnïau fyddai'n addas i gynhyrchu nwyddau penodol. Er enghraifft, ***General Motors*** oedd yn gyfrifol am gynhyrchu'r gynau peiriant trwm a miloedd o gynhyrchion rhyfel eraill. Yn wir, aeth y mwyafrif o gontractau i'r cwmnïau mawr. O ganlyniad, roedd y cwmnïau yn gwneud llawer o arian.

Ffynhonnell A O ddyddiadur Henry Stimson, Ysgrifennydd Rhyfel UDA, 1941

Wrth fynd i ryfel mewn gwlad gyfalafol, mae'n rhaid i fusnesau allu elwa o'r broses neu fydd busnes ddim yn gweithio.

Cynhyrchiant yn ystod y rhyfel

Daeth UDA yn arfdy i **bwerau'r Cynghreiriaid**. Credai Roosevelt, er mwyn ennill rhyfel fodern, roedd yn rhaid i chi gael mwy o bopeth na'ch gwrthwynebwyr. Ehangodd diwydiannau traddodiadol fel glo, haearn, dur ac olew yn sylweddol oherwydd cytundebau'r llywodraeth.

Yn 1939, roedd gan UDA awyrlu bach iawn – 300 awyren yn unig. Yn 1944, llwyddodd UDA i adeiladu 96,000 o awyrennau mewn blwyddyn, mwy na'r Almaen a Japan gyda'i gilydd. Rhwng 1941 ac 1945, cynhyrchodd ffatrïoedd America 250,000 o awyrennau, 90,000 o danciau, 350 o longau rhyfel bach, 200 o longau tanfor a 5,600 o longau masnach. Yn wir, erbyn 1944 roedd UDA yn cynhyrchu hanner o arfau'r byd bron.

Y gweithlu

Yn sgil **consgripsiwn** (gwasanaeth milwrol gorfodol), galwyd tua 16 miliwn o ddynion a menywod Americanaidd i luoedd arfog UDA. Felly, roedd angen llawer mwy o weithwyr ar y ffrynt cartref. O ganlyniad, daeth y broblem ddifrifol o ddiweithdra a achoswyd gan y Dirwasgiad i ben. Yn 1939, roedd 9.5 miliwn o bobl yn ddi-waith. Erbyn 1944, roedd y ffigur wedi gostwng i 670,000. Roedd 14 miliwn o bobl yn gweithio mewn ffatrïoedd. Er enghraifft, cyflogodd *General Motors* 750,000 o weithwyr ychwanegol yn ystod y rhyfel. **Mudodd** bron 4 miliwn o weithwyr, llawer ohonynt yn Americanwyr du, o ardaloedd gwledig y De i ardaloedd diwydiannol y Gogledd.

Mae'n debyg mai byd gwaith menywod welodd y newid mwyaf. Er bod 12 miliwn o fenywod eisoes yn gweithio yn UDA, ymunodd 7 miliwn arall â'r gweithlu, mewn swyddi nad oeddent ar gael iddynt yn y gorffennol. Er enghraifft, menywod oedd un o bob tri gweithiwr yn y maes awyrennau, a menywod oedd hanner y gweithlu yn y maes electroneg ac **arfau rhyfel** hefyd.

Manteision cyffredinol

O'r holl wledydd a oedd yn rhan o'r Ail Ryfel Byd, UDA oedd yr unig un i gryfhau'n economaidd.

- Sefydlwyd mwy na hanner miliwn o fusnesau newydd.
- Mwynhaodd ffermwyr America amserau llawer gwell wrth i UDA allforio bwyd i helpu ei chynghreiriaid.

Cododd llywodraeth UDA yr arian i ariannu'r rhyfel drwy godi trethi a gwerthu **bondiau** i'r cyhoedd. Wrth brynu'r bondiau, rhoddwyd sicrwydd y byddai'r arian yn cael ei dalu'n ôl ar ôl cyfnod penodol yn ogystal â chyfradd llog gwarantedig. Erbyn diwedd y rhyfel, roedd Americanwyr wedi prynu bondiau gwerth $129 biliwn i gyd.

Ffynhonnell B Poster llywodraeth UDA yn hysbysebu bondiau rhyfel, Rhagfyr 1941. Mae'r slogan yn dweud, 'Prynwch fondiau a stampiau Amddiffyn nawr'

TASGAU

1 Astudiwch Ffynhonnell A. Beth yw'r hwb i fusnesau y mae Stimson yn ei awgrymu?

2 Beth y mae Ffynhonnell B yn ei ddangos i chi am fondiau'r llywodraeth? (Am arweiniad ar sut i ateb y math hwn o gwestiwn, edrychwch ar dudalen 22.)

3 Eglurwch pam yr oedd diweithdra wedi gostwng yn ystod y rhyfel.

4 A oedd yr Ail Ryfel Byd yn drobwynt yn adferiad economi UDA? (Am arweiniad ar sut i ateb y math hwn o gwestiwn, edrychwch ar dudalennau 75–6.)

5 Beth oedd y ffactor pwysicaf a newidiodd economi UDA rhwng 1929 ac 1945? Efallai y byddwch eisiau trafod y canlynol yn eich ateb:

- y Dirwasgiad
- gweinyddiaeth Hoover
- y Fargen Newydd
- yr Ail Ryfel Byd

unrhyw ffactorau perthnasol eraill.

(Am arweiniad ar sut i ateb y math hwn o gwestiwn, edrychwch ar dudalennau 108–10.)

Arweiniad ar arholiadau

Mae'r adran hon yn rhoi arweiniad ar sut i ateb cwestiynau 1(a), 2(a) a 3(a) o Uned 3. Mae'n gwestiwn **deall ffynhonnell** sy'n werth 2 farc.

Cwestiynau 1(a), 2(a), 3(a) – deall ffynhonnell (gallai'r ffynhonnell fod yn ffotograff, cartŵn, map, graff neu'n ddarn ysgrifenedig).

Beth y mae Ffynhonnell A yn ei ddangos i chi am fywyd rhai Americanwyr yn y 1930au cynnar?

Ffynhonnell A Cartrefi dros dro yn Efrog Newydd yn y 1930au cynnar

Cyngor ar sut i ateb

Cwestiwn dod i gasgliad yw hwn sy'n ymwneud â deall ffynhonnell.

- Gofynnir i chi **dynnu gwybodaeth berthnasol** o'r ffynhonnell.
- Gallwch hefyd **ddefnyddio'r pennawd sydd wedi'i ysgrifennu uwchben y ffynhonnell** sy'n ceisio rhoi mwy o wybodaeth i chi.
- Dylech roi **sylwadau ar y wybodaeth y gallwch ei thynnu** o'r ffynhonnell a'r pennawd yn unig.
- I gael marciau llawn bydd angen i chi **nodi o leiaf ddau bwynt perthnasol** sydd wedi'u datblygu a'u cefnogi'n dda.

Ymateb yr ymgeisydd

Mae Ffynhonnell A yn dangos bod llawer o Americanwyr yn byw o dan amodau gwael mewn cartrefi dros dro. Roedd y rhain wedi'u gwneud o amrywiaeth o ddeunyddiau ac yn syml iawn. Dim ond ychydig o eiddo sydd ganddynt. Digwyddodd hyn yn ystod y Dirwasgiad yn y 1930au cynnar.

Sylw'r arholwr

Mae'r ymgeisydd wedi gwneud nifer o sylwadau dilys sy'n seiliedig ar y ffynhonnell, gan ddefnyddio'r ffotograff a'r wybodaeth ysgrifenedig uwchben. Mae'n deall yn glir fod y ffynhonnell yn dangos yr amgylchiadau truenus yr oedd llawer o Americanwyr yn gorfod eu hwynebu yn ystod y Dirwasgiad yn y 1930au cynnar. Mae hwn yn ateb cynhwysfawr sy'n haeddu'r marciau uchaf (2).

2 Beth oedd y prif ddatblygiadau gwleidyddol ac economaidd yn UDA ar ôl 1945?

Ffynhonnell A Ffotograff o deulu o UDA yn y 1950au

TASG

Beth y mae Ffynhonnell A yn ei ddangos i chi am fywyd yn UDA yn y 1950au?
(Am arweiniad ar sut i ateb y math hwn o gwestiwn, edrychwch ar dudalen 22.)

Yn y blynyddoedd rhwng 1945 a 2000 gwelodd UDA ddatblygiadau gwleidyddol ac economaidd sylweddol. Symudodd llawer o Americanwyr dosbarth canol o ganol y dinasoedd i'r maestrefi ac roedd nifer ohonynt yn byw'n dda iawn. Yn wleidyddol, daeth y 'Bygythiad Coch' a McCarthyaeth y 1950au i ben a gwelwyd twf Goror Newydd Kennedy a Chymdeithas Fawr Johnson yn y 1960au. Sgandal Watergate oedd pwnc llosg y 1970au, ond dilynwyd hyn gan newidiadau mewnol pwysig yr Arlywydd Reagan, Bush yr hynaf a Clinton.

Mae'r bennod hon yn trafod y materion canlynol:

- Sut y newidiodd bywyd yn y 1950au?
- Beth oedd y Bygythiad Coch?
- Beth oedd McCarthyaeth a pham y daeth i ben?
- Pa newidiadau a gyflwynwyd gan y Goror Newydd a'r Gymdeithas Fawr?
- Mesurau allweddol y Goror Newydd a'r Gymdeithas Fawr
- Beth oedd prif nodweddion sgandal Watergate?
- Effeithiau'r sgandal
- Pa newidiadau mewnol a gyflwynwyd gan yr Arlywydd Reagan, Bush yr hynaf a Clinton?

Arweiniad ar arholiadau

Drwy'r bennod hon, byddwch yn cael cyfle i ymarfer cwestiynau arholiad o wahanol arddull a rhoddir arweiniad manwl ar sut i ateb cwestiynau 1(b), 2(b) a 3(b) o Uned 3 y papur arholiad. Cwestiwn **disgrifio** yw hwn sy'n werth 4 marc.

Sut y newidiodd bywyd yn y 1950au?

Ar ôl marwolaeth annisgwyl yr Arlywydd Roosevelt ar 12 Ebrill 1945, sefydlwyd yr Is-arlywydd Harry Truman yn arlywydd newydd. Cyflwynodd raglen o ddatblygiad economaidd a nawdd cymdeithasol o'r enw y Fargen Deg. Yn ei **Araith Cyflwr yr Undeb** i'r Gyngres yn 1949, dywedodd Truman, " Mae gan bob rhan o'n poblogaeth a phob unigolyn yr hawl i ddisgwyl bargen deg gan ei lywodraeth." Parhaodd Eisenhower, ei olynydd, gyda'r polisi hwn gan arwain at ffyniant y 1950au.

Maestrefi

Roedd maestrefi'n ddatblygiad newydd yn y 1950au. Symudodd llawer o deuluoedd dosbarth canol o ganol y dinasoedd i gartrefi newydd yn y maestrefi. Roedd creu maestrefi ar draws yr Unol Daleithiau yn rhan ganolog o'r ymgyrch i greu'r teulu Americanaidd delfrydol, a chyfrannodd y llywodraeth ffederal yn uniongyrchol at y mudo torfol o'r dinasoedd. Roedd nifer o resymau'n gyfrifol am hyn:

- Roedd y maestrefi yn ymgorfforiad o'r 'Freuddwyd Americanaidd' i lawer o barau ifanc yn America ar ôl y rhyfel. Gallent brynu eu cartrefi eu hunain a magu eu plant yno ymhell o erchyllterau bywyd y ddinas.
- Roedd tai ar gael am brisiau rhesymol a gallai parau dosbarth canol a oedd newydd briodi fforddio eu prynu drwy forgeisi llog isel.
- Roedd gan y rhan fwyaf o deuluoedd o leiaf un car a oedd yn golygu nad oedd pobl yn gorfod byw yn agos i'w gweithle.
- Roedd twf economaidd a chyfoeth y blynyddoedd ar ôl y rhyfel yn golygu bod y tai newydd hyn a nwyddau traul yn fforddiadwy i fwy a mwy o Americanwyr.
- Rhwng 1945 ac 1960, yn sgil y '***baby boom***' cafwyd cynnydd yn y boblogaeth o tua 40 miliwn a chynyddodd hyn y galw am gartrefi newydd. Cynyddodd nifer y rhai oedd yn berchen ar gartrefi o 23,600,000 yn 1950 i 32,800,000 yn 1960.

Erbyn 1960, roedd dros 20 y cant o deuluoedd America yn byw mewn cartrefi a oedd wedi'u hadeiladu yn y 1950au. Roedd y cartrefi hyn yn cynnwys yr holl gyfleusterau modern fel setiau teledu, peiriannau golchi dillad ac oergelloedd. Roedd bod yn berchen ar gar neu beiriant chwarae recordiau, neu hyd yn oed bwll nofio, wedi dod yn symbolau statws pwysig yn y maestrefi. Pan ddyfeisiwyd y transistor i gymryd lle falfiau mawr a drud mewn setiau radio a theledu, cafwyd chwyldro yn nulliau cynhyrchu cylchedau trydanol. Erbyn 1960, roedd gan 90 y cant o gartrefi set deledu a newidiodd hynny batrwm bywyd pob dydd.

Er hynny, roedd llawer o'r menywod nad oeddent yn gallu mynd allan i weithio yn teimlo'n unig a diflas yn eu cartrefi maestrefol newydd ac yn chwilio am gwmni. Aethant ati i drefnu **partïon Tupperware** lle'r oedd cyfle i gyfarfod am goffi a phrynu nwyddau i'r gegin. Roedd un awdur o'r cyfnod, Lewis Mumford, yn feirniadol iawn o'r maestrefi.

Ffynhonnell A Tabl yn cymharu'r canran o deuluoedd o America a oedd yn berchen ar nwyddau traul yn 1950 ac 1956

	Ceir	Setiau teledu	Oergelloedd	Peiriannau golchi
1950	60.0 	26.4 	86.4 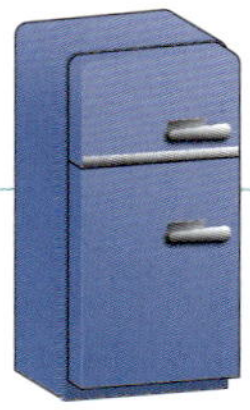	71.9 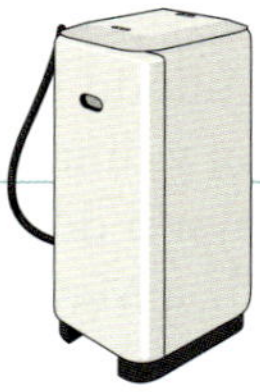
1956	73.0	81.0	96.0	86.8

Cyfoeth

Mae'r ystadegau (gweler Ffynhonnell A ar dudalen 24) yn awgrymu cymdeithas gefnog a oedd yn mynd yn fwy cyfoethog. Roedd sawl rheswm dros hyn:

- Gwariwyd $100 biliwn, sef yr arian a gynilwyd gan yr Americanwyr yn ystod yr Ail Ryfel Byd. Gwariwyd llawer o'r arian hwn ar nwyddau traul, yn enwedig setiau teledu a cheir.
- Cynyddodd hurbwrcasu, sef credyd defnyddwyr, 800 y cant rhwng 1945 ac 1957.
- Roedd y gweithlu mor effeithlon erbyn hyn fel bod modd cynhyrchu nwyddau traul yn rhatach, ac roedd hyn yn cadw'r prisiau'n isel.
- Roedd y twf yn y boblogaeth (gweler tudalen 24) hefyd yn cynyddu'r galw am nwyddau.
- Yn olaf, roedd Rhyfel Korea (1950–53) a'r **Rhyfel Oer** parhaus wedi cadw diwydiannau America yn brysur yn cynhyrchu arfau newydd ac arweiniodd hynny at archebion mawr ar gyfer diwydiannau fel dur, glo a nwyddau electronig.

Yn 1960, roedd safon byw'r Americanwr cyffredin dair gwaith yn well na'r Prydeiniwr cyffredin. Roeddent yn cael eu hannog i wario a daeth siopa yn weithgaredd hamdden poblogaidd. Cynyddodd cyflogau cyfartalog gweithwyr ffatri o $55 yr wythnos yn 1950 i $80 yn 1959.

Roedd byd y ffilm a chylchgronau yn cyhoeddi llwyddiant America i filiynau o bobl genfigennus ar draws y byd. Honnwyd bod yr uwchfarchnadoedd mawr, traffyrdd newydd, ceir mawr gydag esgyll a chrôm, a gemau teledu i gyd yn symbolau o economi lwyddiannus a chymdeithas rydd.

Ffynhonnell B Gan William E. Leuchtenberg, *A Troubled Feast, American Society Since 1945*, a gyhoeddwyd yn 1973

Pan ddychwelodd Golygydd y 'U.S. News and World Report' a oedd wedi'i leoli ym Mharis i'r Unol Daleithiau yn 1960 ar ôl bod dramor am ddeuddeg mlynedd, roedd wedi'i syfrdanu gan y newidiadau. Roedd wedi bod yn byw yn Ffrainc lle mai dim ond un teulu o bob deg oedd â bath a dŵr poeth ac roedd yn dychwelyd i wlad lle'r oedd gan o leiaf un teulu o bob deg bwll nofio mewn rhai ardaloedd o Galifornia. Gydag incwm yn uwch nag erioed roedd cyfle i ddefnyddwyr fynd i ganolfannau siopa gyda cherddoriaeth gefndir ac uwchfarchnadoedd gyda rhes ar ôl rhes o gartwnau lliwgar iawn.

Yr 'America arall'

Er hynny, nid oedd pob Americanwr yn rhannu'r cyfoeth newydd hwn.

- Roedd llawer o Americanwyr, gan gynnwys Americanwyr du, yn parhau'n rhan o isddosbarth nad oedd yn gallu rhannu'r ffyniant. Yn 1959, roedd 29 y cant o'r boblogaeth yn byw o dan y ffin tlodi.
- Roedd yr ardal lle'r oedd pobl yn byw hefyd yn effeithio ar eu hincwm. Roedd pobl yn nhaleithiau'r de yn arbennig ymhell y tu ôl i bobl y gogledd neu arfordir y gorllewin.
- Nid oedd gwasanaeth iechyd gwladol ar gael a chododd cost gofal meddygol yn gyflym iawn. Roedd UDA ymhell y tu ôl i lawer o wledydd Ewropeaidd o ran darparu pensiynau a gwasanaethau lles da.

Ffynhonnell C Rhan o araith gan Adlai Stevenson, Seneddwr Democrataidd, yn 1952

Sut y gallwn ni siarad am ffyniant â phobl sâl sy'n methu fforddio'r gofal meddygol priodol? Sut y gallwn ni siarad am ffyniant â channoedd o filoedd sy'n methu dod o hyd i le priodol i fyw am bris rhesymol? A sut y gallwn ni siarad am ffyniant â chyfran-gnydwyr sy'n byw ar dir gwael, neu drigolion y ddinas lle y mae chwech yn rhannu ystafell mewn adeilad o fflatiau a'r stryd llawn sbwriel yn iard chwarae i'w plant? I'r bobl hyn, yr 11 miliwn o deuluoedd yn y genedl hon sydd ag incwm o lai na $2,000 y flwyddyn, mae ffyniant cenedlaethol yn gwbl annigonol.

TASGAU

1. Disgrifiwch brif nodweddion bywyd yn y maestrefi yn y 1950au. (Am arweiniad ar sut i ateb y math hwn o gwestiwn, edrychwch ar dudalennau 41–2.)
2. Eglurwch pam y symudodd pobl i'r maestrefi yn y 1950au.
3. Defnyddiwch y wybodaeth yn Ffynonellau B ac C a'ch gwybodaeth eich hun i egluro pam y daeth cymdeithas UDA yn fwy cyfoethog yn ystod y 1950au a'r 1960au. (Am arweiniad ar sut i ateb y math hwn o gwestiwn, edrychwch ar dudalennau 60–2.)

Beth oedd y Bygythiad Coch?

Ar ddiwedd y 1940au a dechrau'r 1950au roedd ofn comiwnyddiaeth ar gynnydd yn UDA, neu ofn y **Bygythiad Coch**. Roedd yr ofn wedi codi yn sgil digwyddiadau o fewn ffiniau America ac yng ngweddill y byd.

Effaith y Rhyfel Oer

Roedd ofn comiwnyddiaeth wedi datblygu yn UDA yn y blynyddoedd ar ôl y **Chwyldro Bolsieficaidd** yn Rwsia yn 1917. Er bod UDA a'r **Undeb Sofietaidd** yn gynghreiriaid yn ystod yr Ail Ryfel Byd, roedd Americanwyr yn dal i ddrwgdybio comiwnyddiaeth. Yn y blynyddoedd ar ôl 1945 datblygodd 'rhyfel oer' rhwng UDA a'r Undeb Sofietaidd. Arweiniodd hyn at fwy o ofn a chasineb tuag at gomiwnyddiaeth ymysg y mwyafrif o Americanwyr. Dyma oedd y Bygythiad Coch. Ni ddangoswyd unrhyw oddefgarwch tuag at gomiwnyddion nac at bobl â thueddiadau comiwnyddol, a byddent yn y diwedd yn colli eu hawliau gwleidyddol yn ogystal â hawliau eraill. Daeth '*Better Dead than Red*' yn slogan boblogaidd.

Am fod y Sofietiaid yn rheoli gwledydd Dwyrain Ewrop yn y blynyddoedd ar ôl yr Ail Ryfel Byd, cynyddodd y pryder y byddai comiwnyddiaeth yn ehangu ymhellach yn Ewrop. Fodd bynnag, gyda llwyddiant y Blaid Gomiwnyddol yn China yn 1949 gwelwyd bod 'perygl' comiwnyddiaeth yn fygythiad byd-eang. Pan aeth Gogledd Korea gomiwnyddol, gyda chefnogaeth China a'r Undeb Sofietaidd, ati i oresgyn De Korea yn 1950, cadarnhawyd yr holl bryderon hyn. Arweiniodd hyn at don o hysteria gwrth-gomiwnyddol yn UDA.

Ffynhonnell A Clawr blaen y llyfr comig propaganda *Is This Tomorrow*, a gyhoeddwyd yn America yn 1947

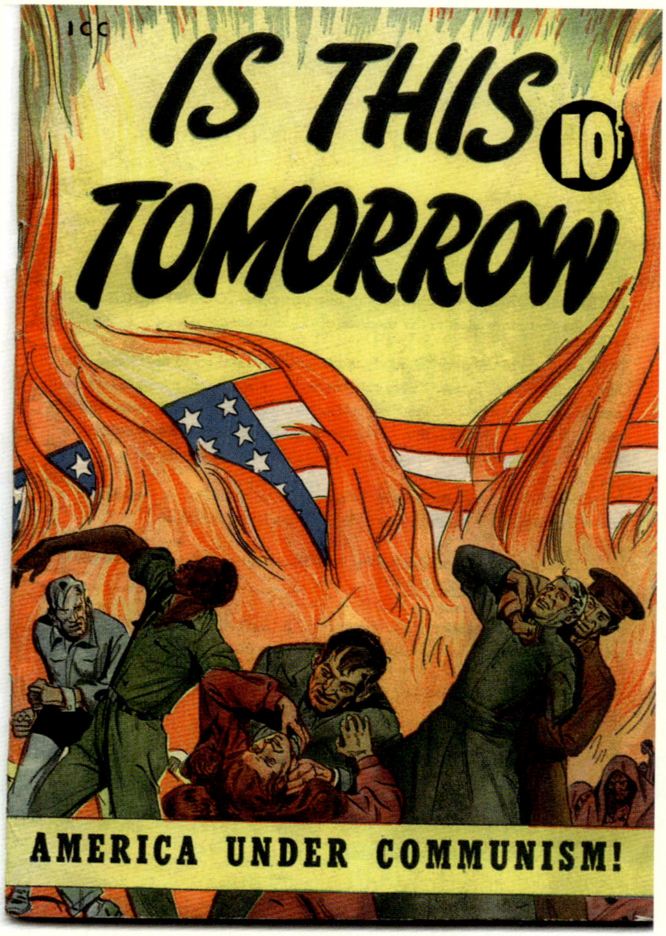

Y Bygythiad Coch, 1945–50

Cynyddodd ofn comiwnyddiaeth yn sgil yr hyn a ddigwyddodd yn UDA yn y blynyddoedd ar ôl 1945.

Roedd yr Arlywydd Truman yn casáu comiwnyddiaeth a siaradai'n aml am y 'gelyn mewnol' – sef o fewn ffiniau UDA – ac roedd gan gyfarwyddwr y Biwro Ymchwilio Ffederal (***FBI**: Federal Bureau of Investigation*), J. Edgar Hoover, syniadau gwrth-gomiwnyddol cryf. Ef oedd yn bennaf gyfrifol am y Rhaglen Teyrngarwch Gweithwyr Ffederal (*FELP: Federal Employee Loyalty Programme*) a ddefnyddiodd i ymchwilio i weithwyr cyflogedig y llywodraeth i weld a oeddent yn aelodau o'r Blaid Gomiwnyddol.

Ffynhonnell B J Edgar Hoover yn siarad yn 1947

Nid plaid wleidyddol yw comiwnyddiaeth, mewn gwirionedd. Mae'n ffordd o fyw, ffordd ddrwg a milain o fyw. Mae'n amlygu cyflwr tebyg i glefyd sy'n lledaenu fel haint, ac yn union fel haint mae angen cwarantin i warchod y genedl.

Deg Hollywood

Yn ddiweddarach yn 1947, aeth Pwyllgor Gweithgareddau An-Americanaidd y Tŷ (*HUAC: House Un-American Activities Committee*) ati i edrych a oedd comiwnyddiaeth yn treiddio i'r diwydiant ffilm. Roedd pryder bod ffilmiau yn cael eu defnyddio i ledaenu neges gomiwnyddol. Roedd yn rhaid i ddeg o awduron a chyfarwyddwyr roi tystiolaeth o flaen *HUAC* a gofynnwyd iddynt a oeddent erioed wedi bod yn aelodau o'r Blaid Gomiwnyddol. Gan iddynt wrthod ateb a phledio'r **Pumed Gwelliant**, fe'u cafwyd yn euog o ddirmygu'r Gyngres. Diswyddwyd **Deg Hollywood** ac fe'u carcharwyd am flwyddyn.

Achosion Hiss a Rosenberg

Yn dilyn achosion llys Hiss a Rosenberg, cynyddodd ofn comiwnyddiaeth.

Yn 1948, hysbyswyd Richard Nixon, aelod blaenllaw o *HUAC*, gan Whittaker Chambers, golygydd cylchgrawn *Time* a chyn-gomiwnydd, fod Alger Hiss, a oedd yn aelod uchel o Adran Wladol UDA, yn ysbïwr. Roedd Hiss wedi gweithio i farnwr y Llys Goruchaf, ac yn 1948 roedd yn gweithio i sefydliad heddwch. Cafodd Hiss ei groesholi a'i ddifrïo gan Nixon, ond nid oedd llawer o dystiolaeth i brofi ei fod yn ysbïwr.

Yn ddiweddarach y flwyddyn honno, gwahoddwyd Nixon ac un o'i gynorthwywyr i fferm Chambers. Aeth Chambers â Nixon a'i gynorthwyydd i gae o bwmpenni lle tynnodd dop un bwmpen i ffwrdd a thynnu allan rôl o ficroffilm. Roedd y ficroffilm yn dal dogfennau'r llywodraeth, ac roedd rhai ohonynt wedi'u copïo ar deipiadur Hiss. 'Papurau Pwmpen' oedd yr enw a roddwyd ar y dogfennau ac yn 1950, rhoddwyd Hiss ar brawf am ddweud celwydd ac fe'i ddedfrydwyd i bum mlynedd yn y carchar. Cafodd Nixon enw am erlid comiwnyddion yn ddidostur.

Ffrwydrodd yr Undeb Sofietaidd ei bom atomig cyntaf ym mis Awst 1949, flynyddoedd yn gynt na'r disgwyl ym marn yr Americanwyr, a chredent na ellid fod wedi gwneud hyn mor gyflym oni bai am ysbiwyr. Yn yr un mis, arestiwyd Julius Rosenberg ac Ethel, ei wraig, ar amheuaeth o ysbïo ac yna fe'u rhoddwyd ar brawf a'u cyhuddo o gynllwynio i ysbïo. Roedd y pâr yn gyn-aelodau o'r Blaid Gomiwnyddol ond nid oedd ganddynt unrhyw gysylltiadau â'r blaid erbyn 1949. Fodd bynnag, honnodd y Llywodraeth eu bod yn bwriadu rhoi cyfrinachau atomig i'r Undeb Sofietaidd. Cafwyd y ddau yn euog ac fe'u dedfrydwyd i farwolaeth, a chawsant eu dienyddio ar y diwrnod hwnnw ym mis Mehefin 1953.

Ym mis Medi 1950, ar adeg achos Hiss ac yn syth ar ôl achos Rosenberg a'r pryder am Korea, pasiodd y Gyngres Ddeddf Diogelwch Mewnol McCarran, a oedd yn golygu:

- Bod yn rhaid i'r Blaid Gomiwnyddol gofrestru yn yr adran gyfiawnder er mwyn sicrhau y gellid monitro'r blaid a'i haelodau'n ofalus.
- Pe bai rhyfel, gellid dal pobl yr amheuwyd eu bod yn gomiwnyddion mewn gwersylloedd cadw.
- Sefydlwyd Bwrdd Rheoli Gweithgareddau Tanseiliol i gadw llygad ar weithgareddau comiwnyddol yn UDA.
- Nid oedd comiwnyddion yn cael gweithio mewn ffatrïoedd arfau.

TASGAU

1. Beth yw neges Ffynhonnell A?
2. Eglurwch pam y datblygodd y Bygythiad Coch yn UDA ar ôl 1945. Gallech ddefnyddio gwybodaeth o Ffynhonnell B.
3. Disgrifiwch y digwyddiadau a arweiniodd at arestio Hiss a Rosenberg. (Am arweiniad ar sut i ateb y math hwn o gwestiwn, edrychwch ar dudalennau 41–2.)
4. Lluniwch fap meddwl yn dangos y prif resymau pam yr oedd ofn comiwnyddiaeth ar gynnydd yn UDA yn y blynyddoedd ar ôl 1945.

Beth oedd McCarthyaeth a pham y daeth i ben?

Gyda'r pryderon ar eu hanterth, yn 1950 daeth **seneddwr** i'r amlwg gan lwyddo i greu hysteria am gomiwnyddiaeth mewn cyfnod byr iawn. Y Seneddwr Joseph McCarthy o Wisconsin oedd hwn. Ef oedd symbol y croesgadwyr a oedd yn casau'r cochion, a rhoddodd ei enw i'r oes, sef McCarthyaeth.

Ar 9 Chwefror 1950, mewn araith gan McCarthy i'r **Gweriniaethwyr** yng Ngorllewin Virginia, dywedodd fod ganddo enwau 205 o gomiwnyddion a oedd yn gweithio i'r **Adran Wladol**, sef adran a oedd yn ymdrin â materion tramor.

Ffynhonnell A O araith y Seneddwr Joe McCarthy, Ionawr 1950

Er nad oes gennyf yr amser i enwi'r holl ddynion yn yr Adran Wladol sydd wedi'u henwi yn aelodau o'r Blaid Gomiwnyddol ac aelodau o gylch o ysbiwyr, mae gennyf yn fy llaw restr o 205 o ddynion y mae'r Ysgrifennydd Gwladol yn gwybod sy'n aelodau o'r Blaid Gomiwnyddol ac sy'n dal i weithio a llunio polisi'r Adran Wladol.

Penodwyd McCarthy yn Gadeirydd Pwyllgor y Llywodraeth ar Weithredoedd y Senedd a rhoddodd hyn y rhyddid iddo ymchwilio i gyrff gwladol a chyfweld â miloedd o unigolion am eu credoau gwleidyddol. Ei nod oedd cael gwared ar gomiwnyddion o'r llywodraeth, a llwyddodd ei wrandawiadau a'i ddatganiadau cyhoeddus i chwalu bywydau llawer o bobl.

Ni fyddai McCarthy'n cyflwyno fawr ddim tystiolaeth – byddai'r cyhuddiad yn ddigon. Fodd bynnag, enillodd gefnogaeth enfawr ar draws UDA ac mae'n glir bod ei weithgareddau yn 1952 wedi cyfrannu at fuddugoliaeth arlywyddol y Blaid Weriniaethol. Parhaodd McCarthy i erlid comiwnyddion ac, yn hwyr yn 1952, aeth ei ymchwilwyr ati i chwilio'r llyfrgelloedd i weld a oedd unrhyw lyfrau gwrth-Americanaidd ynddynt a allai fod wedi'u hysgrifennu gan gomiwnyddion. O ganlyniad i'r chwilio, tynnwyd llawer o'r llyfrau hyn oddi ar y silffoedd.

Cwymp McCarthy

Daeth McCarthyaeth i ben yn raddol yng nghanol y 1950au am sawl rheswm.

- Seliodd McCarthy ei dynged ei hun pan ddechreuodd amau diogelwch y fyddin. Roedd ei ymchwiliadau'n cael eu darlledu ar y teledu o fis Ebrill i fis Mehefin 1954 ac o ganlyniad, gwelodd Americanwyr am y tro cyntaf wir natur y dyn. Nid oedd byth yn cyflwyno unrhyw dystiolaeth gadarn ond yn dibynnu llawer ar sïon a thwyll. Hefyd, roedd McCarthy yn ymosodol iawn wrth holi'r tystion – teimlai rhai ei fod yn eu bwlio wrth eu croesholi. Ar y llaw arall, roedd twrnai'r fyddin, Joseph Welch, yn dawel a phwyllog yn yr achos, yn wahanol i McCarthy. Gwelwyd bod yr honiadau yn erbyn y fyddin yn ddi-sail ac roedd McCarthy ei hun nawr yn wynebu sawl her.
- Roedd rhaglen deledu eisoes wedi'i darlledu ym mis Mawrth 1954 yn condemnio McCarthy. Aeth Ed Murrow (gweler Ffynhonnell B), newyddiadurwr uchel ei barch, ati i gynhyrchu rhaglen yn seiliedig yn gyfan gwbl bron iawn ar eiriau McCarthy a dangosodd hyn yn glir natur sarhaus yr holl honiadau di-sail.
- Dechreuodd newyddiadurwyr eraill ymosod ar McCarthy ac, o'r diwedd, roedd pobl oedd yn arfer ei ofni nawr yn hyderus i ddweud eu dweud yn agored.
- Ym mis Rhagfyr 1954, cafodd McCarthy gerydd cyhoeddus gan y **Senedd** am ddirmygu is-bwyllgor etholiadau'r Senedd, am gam-drin seneddwyr penodol ac am sarhau'r Senedd yn ystod y gwrandawiadau a oedd wedi ei gondemnio. Yna, collodd McCarthy gadeiryddiaeth Pwyllgor Gweithredoedd y Senedd ac arweiniodd hyn at ddiwedd ei bŵer. I lawer, nid oedd ei farwolaeth yn 1957 yn achos galar.

Ffynhonnell B Ed Murrow, newyddiadurwr blaenllaw yn America, 9 Mawrth 1954, yn ymosod ar McCarthyaeth

Mae'r ffin rhwng ymchwilio ac erlid yn un denau iawn ac … mae McCarthy wedi croesi'r ffin dro ar ôl tro. Nid dyma'r amser i'w wrthwynebwyr gadw'n dawel.

Effeithiau McCarthyaeth

Roedd y cyfnod byr pan fu McCarthy yn 'Gadfridog Canfod Comiwnyddion' wedi rhannu UDA a pharhaodd ei ddylanwad ar ei ôl.

- Daeth y geiriau Saesneg '*red*', '*pinko*', '*commie*' a '*lefty*' i olygu rhywun a oedd yn wleidyddol amheus ac anwlatgar ac felly'n fygythiad i UDA.
- Roedd McCarthy wedi creu hinsawdd o ofn. Roedd llawer o ysbïo ar gymdogion, ac roedd ffilmiau gan y llywodraeth yn annog pobl i roi gwybod am unrhyw un a oedd, o bosibl, yn cefnogi'r comiwnyddion.
- Roedd unrhyw un a oedd yn ceisio newid UDA – er enghraifft, cyflwyno **hawliau sifil** i Americanwyr du – yn cael eu hystyried yn gomiwnyddion.
- Ni ddiflannodd y casineb tuag at gomiwnyddiaeth yn llwyr mewn gwirionedd.

TASGAU

1. Defnyddiwch Ffynonellau A a B a'ch gwybodaeth eich hun i egluro sut yr oedd agweddau tuag at fygythiad comiwnyddiaeth wedi newid erbyn canol y 1950au. (Am arweiniad ar sut i ateb y math hwn o gwestiwn, edrychwch ar dudalennau 60–2.)
2. Lluniwch boster arddull McCarthy yn rhybuddio Americanwyr am y peryglon o ledaenu comiwnyddiaeth yn UDA.
3. Beth yw'r neges yn Ffynhonnell C?
4. Eglurwch pam y collodd McCarthy gefnogaeth yng nghanol y 1950au.
5. 'COCHION DAN Y GWELY': dyma bennawd gwrth-gomiwnyddol enwog o'r 1950au yn UDA. Gan weithio gyda phartner, lluniwch dri neu bedwar pennawd gwrth-gomiwnyddol arall.
6. Disgrifiwch effeithiau McCarthyaeth ar bobl UDA. (Am arweiniad ar sut i ateb y math hwn o gwestiwn, edrychwch ar dudalennau 41–2.)

Ffynhonnell C Cartŵn am McCarthy gan Edwin Marcus, 1954

Pa newidiadau a gyflwynwyd gan y Goror Newydd a'r Gymdeithas Fawr?

Yn y 1960au cyflwynodd yr Arlywydd Kennedy a'r Arlywydd Johnson gyfres o newidiadau pwysig i gymdeithas UDA, sef y **Goror Newydd** a'r **Gymdeithas Fawr**.

Kennedy a'r Goror Newydd

Enillodd Kennedy ymgyrch etholiad arlywyddol 1960 ac ef oedd yr arlywydd tan ei lofruddiaeth yn 1963. Yn ei araith wrth gael ei dderbyn yn arlywydd, cyfeiriodd at y 'Goror Newydd'.

Yn y lle cyntaf, y cwbl oedd hyn oedd slogan i geisio uno ac ysgogi pobl America ac ennill eu cefnogaeth. Fodd bynnag, yn fuan datblygodd yn rhaglen o ddiwygiadau a newid yr oedd Kennedy yn gobeithio eu defnyddio i wneud UDA yn gymdeithas fwy teg drwy roi hawliau cyfartal i'r holl bobl ddu, a'u helpu i symud yn eu blaenau. Gobeithiai y byddai'r enw – Goror Newydd – yn ysbrydoli pobl yn hytrach na denu gwrthwynebiad. Uwchlaw popeth roedd am wneud UDA yn lle mwy teg a gwell a gofynnodd i'w gyd-Americanwyr ymuno â'r 'Goror Newydd' gydag ef.

Gwrthwynebiad i'r Goror Newydd

Roedd Kennedy yn wynebu gwrthwynebiad i'w syniadau yn y Gyngres.

- Nid oedd ei sefyllfa ei hun fel arlywydd yn gadarn gan iddo ennill o fwyafrif bach yn unig yn ymgyrch arlywyddol 1960.
- Teimlai nifer o aelodau hŷn y Gyngres ei fod yn rhy ifanc a dibrofiad ac roeddent yn drwgdybio ei benodiadau '***Brains Trust***'.
- Roedd rhai yn ddrwgdybus o natur radical y 'Goror Newydd' a pha mor gyflym yr oedd pethau'n newid ac yn ei weld yn rhaglen **sosialaidd**.
- Ef oedd yr arlywydd Pabyddol cyntaf. Roedd hyn eto'n creu drwgdybiaeth ymysg y gwleidyddion Protestannaidd mwy traddodiadol.
- Daeth y gwrthwynebiad mwyaf gan Gyngreswyr y De, hyd yn oed Democratiaid, a oedd yn aelodau o'i blaid ei hun, nad oedd yn hoffi ei ymrwymiad i hawliau sifil. Roeddent yn credu y byddai hawliau cyfartal i bobl ddu America yn golygu colli pleidleisiau pobl wyn yn y De.

Er ei hawddgarwch a'i garisma, cafodd Kennedy drafferth wrth ymdrin â'r Gyngres a gwrthodwyd llawer o'i fesurau. Fodd bynnag, llwyddodd i gynyddu nawdd cymdeithasol, codi'r isafswm cyflog a sefydlu cynlluniau hyfforddi ar gyfer y di-waith. Roedd ei farwolaeth gynnar yn golygu na fu'n bosibl iddo gwblhau ei raglen ddiwygio.

Y Gymdeithas Fawr

Roedd Lyndon Johnson yn arlywydd rhwng 1963 ac 1968. Camfarnwyd ac anghofiwyd am ei lwyddiannau ef oherwydd enw da Kennedy a'r sylw a roddwyd i rôl UDA yn y rhyfel yn Viet Nam.

Penderfynodd Johnson barhau â gwaith Kennedy a datblygu'r gwaith ymhellach. Yn ei araith gyntaf fel arlywydd siaradodd am 'Gymdeithas Fawr' a fyddai'n mynd i ryfel yn erbyn tlodi. I wneud hyn roedd yn bwriadu gwella iechyd pobl dlawd a'r henoed drwy ddarparu gwell deiet ac amodau byw iddynt. Galwodd am 'roi diwedd ar anghyfiawnder hiliol ar unwaith', yn enwedig gwahaniaethu ar sail hil ym maes cyflogaeth ac addysg. Aeth Johnson i'r afael â meysydd nad oedd Kennedy wedi gallu eu gwella, fel gofal meddygol i bobl dlawd.

Roedd Johnson yn wleidydd profiadol a oedd yn gwybod sut i gyflawni pethau a sut i daro bargen gyda'r Gyngres. Ef oedd yr arlywydd mwyaf llwyddiannus erioed bron o safbwynt pasio mesurau drwy'r Gyngres. Hefyd, fel Deheuwr roedd yn gwybod sut i ddelio â Democratiaid y De a threchu'r gwrthwynebwyr – yn enwedig y gwrthwynebiad i hawliau sifil. Credai rhai bod y ffaith ei fod yn chwe throedfedd pum modfedd o daldra yn ei helpu i ddwyn perswâd ar bobl.

Gwrthwynebiad i'r Gymdeithas Fawr

Yn union fel Kennedy a'i bolisïau, roedd Johnson hefyd yn wynebu gwrthwynebiad grymus i fesurau'r Gymdeithas Fawr. Ond roedd llawer o'r gwrthwynebiad wedi'i gamgyfeirio, oherwydd yr agweddau tuag at rôl UDA yn y rhyfel yn Viet Nam.

- Roedd y Gweriniaethwyr yn cyhuddo Johnson o wastraffu arian ar raglenni lles a thanseilio 'unigolyddiaeth rymus'. Fe'i cyhuddwyd o orwario ar raglenni lles.
- Fe'i cyhuddwyd o beidio â gwneud digon i fynd i'r afael â phroblemau canol dinasoedd. Yn 1967, cafwyd terfysgoedd difrifol mewn sawl dinas, gydag un yn para chwe diwrnod yn Watts, rhanbarth du Los Angeles (gweler tudalen 101).
- Y broblem fwyaf i Johnson oedd rôl cynyddol UDA yn rhyfel Viet Nam. Roedd hyn yn gostus, ac yn golygu bod arian yn cael ei wario ar y rhyfel yn hytrach na'r Gymdeithas Fawr, gan arwain at fwy a mwy yn beirniadu Johnson ei hun (gweler tudalen 52). Roedd ei fuddugoliaeth wych yn etholiad 1964 fel petai yn y gorffennol pell gan fod llawer o Americanwyr yn dathlu ei benderfyniad i beidio â cheisio cael ei ailethol yn arlywydd yn 1968.

Ffynhonnell A Cartŵn yn dangos yr Arlywydd Johnson a'r Gymdeithas Fawr o'r cylchgrawn Prydeinig, *Punch*, 1967. Mae'n ei ddangos yn chwalu'r 'Gymdeithas Fawr'

The Train Robbery

TASGAU

1. Disgrifiwch nodau Goror Newydd Kennedy. (Am arweiniad ar sut i ateb y math hwn o gwestiwn, edrychwch ar dudalennau 41–2.)
2. Eglurwch pam yr oedd gwrthwynebiad i'r Goror Newydd.
3. Pa mor llwyddiannus oedd polisi'r Goror Newydd? (Am arweiniad ar sut i ateb y math hwn o gwestiwn, edrychwch ar dudalen 96.)
4. Disgrifiwch Gymdeithas Fawr Johnson. (Am arweiniad ar sut i ateb y math hwn o gwestiwn, edrychwch ar dudalennau 41–2.)
5. Beth yw'r neges yn Ffynhonnell A?
6. Lluniwch dabl gyda dwy golofn o dan y penawdau 'tebyg' a 'gwahanol'. Llenwch y tabl gan ddangos beth oedd yn debyg a beth oedd yn wahanol rhwng y gwrthwynebiad i bolisïau Kennedy a Johnson.

Mesurau allweddol y Goror Newydd a'r Gymdeithas Fawr

	Y Goror Newydd
Hawliau sifil	**1** Penododd Kennedy bum barnwr ffederal, gan gynnwys Thurgood Marshall. Americanwr du oedd Marshall ac roedd yn ymgyrchydd blaenllaw dros hawliau sifil. **2** Dywedodd Kennedy y byddai'n cymryd camau cyfreithiol yn erbyn talaith Louisiana am wrthod ariannu ysgolion lle nad oedd arwahanu. **3** Ym mis Hydref 1962, anfonodd Kennedy 23,000 o filwyr y llywodraeth i sicrhau y gallai'r myfyriwr du, James Meredith, astudio ym Mhrifysgol Mississippi (gweler tudalen 80). **4** Cyflwynwyd Mesur Hawliau Sifil gan Kennedy i'r Gyngres ym mis Chwefror 1963. Ei nod oedd rhoi cydraddoldeb i bobl ddu o ran tai ac addysg, ond cafodd ei orchfygu gan y Gyngres.
Yr economi	**1** Penderfynodd Kennedy yn fwriadol i beidio â mantoli'r gyllideb er mwyn cynyddu twf economaidd a lleihau diweithdra. **2** Cyflwynodd doriadau cyffredinol yn y trethi. Trwy gynyddu gwariant byddai mwy o nwyddau'n cael eu gwerthu. **3** Trefnwyd gwaith cyhoeddus hefyd a oedd yn costio $900 miliwn. Dechreuodd y llywodraeth ffederal gyfres o brojectau, fel ffyrdd newydd ac adeiladau cyhoeddus. **4** Rhoddwyd grantiau i gwmnïau uwch-dechnoleg i fuddsoddi mewn offer uwch-dechnoleg er mwyn hyfforddi gweithwyr. **5** Roedd mwy o wario ar amddiffyn a thechnoleg gofod ac arweiniodd hyn at ddiogelu a chreu swyddi. Rhoddodd Kennedy addewid hefyd y byddai UDA yn rhoi dyn ar y lleuad erbyn diwedd y 1960au.
Diwygio cymdeithasol	**1** Roedd gan Kennedy gynlluniau i gynyddu'r isafswm cyflog o $1.00 i $1.25 yr awr. **2** Roedd gan Kennedy gynlluniau i ddechrau Medicare, system o yswiriant iechyd gwladol rhad. **3** Yn sgil Deddf Gweithlu a Hyfforddiant 1962 ailhyfforddwyd pobl a oedd wedi bod yn ddi-waith am gyfnod hir. **4** Galluogodd Deddf Ailddatblygu Ardal 1961 i'r llywodraeth ffederal roi benthyciadau a grantiau i daleithiau lle'r oedd diweithdra wedi bod am gyfnodau hir. **5** Yn sgil Deddf Tai 1961 cafwyd benthyciadau rhad ar gyfer ailddatblygu canol dinasoedd. **6** Rhoddodd Deddf Nawdd Cymdeithasol 1962 fwy o gymorth ariannol i'r henoed a phobl ddi-waith. Cafodd budd-daliadau lles cymdeithasol eu darparu ar gyfer pob plentyn yr oedd ei dad yn ddi-waith.

Y Gymdeithas Fawr	Pwy gyflawnodd fwyaf?
1 Yn sgil Deddf Hawliau Sifil 1964 rhoddwyd gwaharddiad ar wahaniaethu mewn mannau cyhoeddus, mewn rhaglenni dan gymorth ffederal ac ym maes cyflogaeth. **2** Yn sgil y Ddeddf Hawliau Sifil daeth y Comisiwn Cyfle Cyfartal i fodolaeth er mwyn gweithredu'r gyfraith. **3** Yn sgil Deddf Hawliau Pleidleisio 1965, penodwyd swyddogion i sicrhau bod trefniadau pleidleisio'n cael eu cyflawni'n gywir (gweler tudalen 100). **4** Yn 1967, hysbysodd y Llys Goruchaf y byddai pob deddf a oedd yn gwahardd priodasau hil-gymysg yn cael eu dileu.	
1 Torrwyd y trethi gan Johnson er mwyn rhoi mwy o arian gwario i ddefnyddwyr, a thrwy hynny helpu busnesau i dyfu a chreu mwy o swyddi. **2** Gwellodd Johnson y rheilffyrdd a'r priffyrdd. **3** Darparodd Rhaglen Adfer Appalachia gronfeydd ffederal ar gyfer datblygu ardal fynyddig Appalachia yn nhaleithiau'r dwyrain. **4** Roedd yn rhaid i wneuthurwyr a siopau labelu nwyddau'n deg ac yn glir. Roedd gan ddefnyddwyr yr hawl i ddychwelyd unrhyw nwyddau diffygiol a'u cyfnewid.	
1 Yn sgil Deddf Gofal Meddygol 1965, cafwyd gwasanaeth Medicare (ar gyfer yr henoed) a Medicaid (ar gyfer y tlawd). Roedd hyn er mwyn ceisio sicrhau bod gofal iechyd ar gael yn gyfartal i bob Americanwr. **2** Yn sgil Deddf Addysg Elfennol ac Uwchradd 1965 cafwyd y cymorth ffederal sylweddol cyntaf erioed ar gyfer addysg wladol. Darparwyd arian ffederal i geisio sicrhau bod safonau addysg yn gyfartal ym mhob talaith. **3** Yn sgil Deddf Dinasoedd Model 1966, parhawyd polisïau adnewyddu trefol Kennedy. Roedd yr amodau byw gwaethaf a'r cyfraddau troseddu uchaf yng nghanol y dinasoedd mawr. Darparodd y ddeddf gronfeydd ffederal i glirio'r slymiau a darparu gwell gwasanaethau. **4** Cynyddwyd yr isafswm cyflog o $1.25 i $1.40 yr awr. **5** Gwariwyd $1.5 biliwn ar y Rhaglen 'Head Start' er mwyn i athrawon allu darparu addysg ychwanegol i blant ifanc iawn o gefndiroedd tlawd. **6** Sefydlodd y Swyddfa Cyfle Cyfartal gynlluniau i helpu pobl dlawd yng nghanol dinasoedd. Ariannwyd projectau addysg a phrojectau cymunedol newydd gan ddarparu benthyciadau ar gyfer cynlluniau lleol. Y cynlluniau hyn oedd sylfaen Rhaglen ar gyfer Tlodi Johnson.	

TASGAU

1 Byddwch wedi sylwi nad oes dim wedi'i gofnodi yng ngholofn olaf y tabl. Copïwch y tabl gyda'r penawdau a'r mesurau allweddol (nid oes angen cynnwys manylion y mesurau eu hunain). Penderfynwch pa arlywydd gyflawnodd fwyaf ym mhob maes o ddiwygio. Rhowch esboniad byr am bob dewis.

2 I ba raddau yr oedd y Gymdeithas Fawr wedi llwyddo i helpu pobl America yn ystod y 1960au? (Am arweiniad ar sut i ateb y math hwn o gwestiwn, edrychwch ar dudalen 96.)

Beth oedd prif nodweddion sgandal Watergate?

Etholwyd Richard Nixon i'r Gyngres yn 1950 a gwnaeth enw iddo'i hun yn erledigaethau gwrth-gomiwnyddol McCarthy. Collodd o drwch blewyn i Kennedy yn etholiad arlywyddol 1960, ond roedd yn llwyddiannus yn 1968 ac eto yn 1972. Fodd bynnag, ar 8 Awst 1974, bu'n rhaid i Nixon ymddiswyddo fel arlywydd oherwydd sgandal Watergate a ddechreuodd yn 1972.

Ffynhonnell A Cartŵn yn y Washington Post, 1973

Cartŵn Herblock 1973, hawlfraint Sefydliad Herb Block

Digwyddiadau'r sgandal

CREEP

Etholwyd Richard Nixon, yr ymgeisydd Gweriniaethol, yn arlywydd yn 1968, ac yn 1972 byddai'n rhaid iddo geisio cael ei ailethol. Am ei fod yn poeni ynglŷn â chael ei ailethol, sefydlodd *CREEP* (*Committee to Re-Elect the President*) – Pwyllgor i Ailethol yr Arlywydd. Roedd croeso i'r pwyllgor ddefnyddio pa bynnag ddulliau oedd eu hangen i sicrhau y byddai Nixon yn cael ei ailethol gyda $350,000 yn cael ei roi o'r neilltu ar gyfer 'triciau budr'.

Torri i mewn

Ar 17 Mehefin 1972, arestiwyd pum aelod o'r *CREEP* am dorri i mewn i swyddfeydd Watergate y Blaid Ddemocrataidd. Daeth yn amlwg yn fuan nad lladron cyffredin oedd y rhain a'u bod yno i osod dyfeisiadau bygio.

Gohebwyr y *Washington* Post

Deallodd Carl Bernstein a Bob Woodward, dau ohebydd gyda'r Washington Post, fod y pum lleidr yn cael eu cyflogi gan *CREEP* a bod cronfa *CREEP* yn cael ei rheoli gan y Tŷ Gwyn. Gwadodd Nixon yn llwyr fod ganddo ef na'i gynghorwyr unrhyw gysylltiad â'r digwyddiad. Enillodd Nixon fuddugoliaeth sylweddol yn etholiad arlywyddol 1972.

Y lladron o flaen eu gwell

Ym mis Ionawr 1973, rhoddwyd lladron Watergate o flaen eu gwell a chafwyd pob un yn euog. Ym mis Mawrth, honnodd James McCord, un o'r lladron yn y llys, fod y Tŷ Gwyn wedi cuddio'r gwir. Eto, mynnodd Nixon na wyddai ddim o gwbl am y lladrad nac am ymgais i guddio'r gwir. Fodd bynnag, cyfaddefodd fod dau o'i brif gynghorwyr, Bob Haldeman a John Ehrlichman, wedi cymryd rhan. Ymddiswyddodd y ddau ar 30 Ebrill 1973.

Ffynhonnell B Tapiau 21 Mawrth 1973, yn disgrifio'r trefniadau i guddio'r gwir

Dean: Mae hynny'n gywir. Mae problem ddifrifol hefyd o safbwynt codi arian. Mae Mitchell wedi bod yn gweithio ar godi arian. Ef yw un o'r rhai sydd â'r mwyaf i golli. Ond allwn ni ddim gwadu bod y Tŷ Gwyn, sef Ehrlichman a Haldeman, wedi bod yn rhan o'r penderfyniadau cynnar am arian.

Arlywydd: Faint o arian ydych chi ei angen?

Dean: Rwy'n credu y bydd y bobl hyn yn costio miliwn o ddoleri dros y ddwy flynedd nesaf.

Arlywydd: Mae modd i chi gael miliwn o ddoleri, mewn arian parod. Rwy'n gwybod ble y gallech chi ei gael. Ond y cwestiwn yw pwy ar y ddaear fyddai'n trefnu'r cyfan. Unrhyw syniadau?

TASGAU

1. Beth yw neges Ffynhonnell A?
2. Eglurwch pam yr ymddiswyddodd Nixon fel arlywydd. Gallech ddefnyddio'r wybodaeth yn Ffynhonnell B.
3. Gan weithio mewn parau, dychmygwch mai chi yw golygyddion y *Washington Post*. Lluniwch gyfres o benawdau i roi hanes digwyddiadau pwysicaf sgandal Watergate.
4. Rydych chi newydd wylio Nixon yn ymddiswyddo. Lluniwch neges destun ar gyfer eich ffôn symudol yn dweud wrth ffrind beth rydych wedi ei weld. Gallwch ddefnyddio iaith ffôn symudol. Cofiwch gyfyngu eich geiriau – dim mwy na 144 o lythrennau ar ffôn symudol fel rheol.

Y Pwyllgor Seneddol

Ar y teledu rhwng mis Mai a mis Tachwedd 1973, darlledwyd ymchwiliad y Pwyllgor Seneddol a luniwyd er mwyn ymchwilio i'r sgandal. Daeth yn fwy a mwy amlwg fod swyddogion y Tŷ Gwyn wedi cymryd rhan yn y sgandal. Honnodd un ohonynt, John Dean, fod Nixon wedi trefnu ymgyrch i guddio'r gwir.

Tapiau'r Tŷ Gwyn

Dywedodd un o gynorthwywyr y Tŷ Gwyn wrth y Pwyllgor Seneddol fod Nixon, yn 1971, wedi gosod system recordio ar dâp yn y Tŷ Gwyn a bod holl sgyrsiau'r Arlywydd wedi'u recordio. Ar ôl gwrthod trosglwyddo'r tapiau yn y lle cyntaf, cyflwynodd Nixon saith o'r naw tâp ar 21 Tachwedd 1973 ond roedd y tapiau wedi cael eu golygu'n sylweddol. Roedd deunaw munud ar goll o un ohonynt. Yn y diwedd, ar 30 Ebrill 1974, gorfodwyd Nixon i gyflwyno'r holl dapiau, heb eu golygu. Roedd y tapiau'n dangos ei fod wedi cymryd rhan yn yr ymgyrch triciau budr a'i fod wedi dweud celwydd yn gyson yn ystod yr ymchwiliad. Roedd y genedl gyfan wedi'i siomi hefyd ar ôl clywed y fath iaith anweddus ar y tapiau. Roedd y geiriau 'rheg wedi'i ddileu' yn ymddangos yn lle pob iaith anweddus, ac roedd hyn yn digwydd yn rheolaidd ar y tapiau.

Nixon yn ymddiswyddo

Ym mis Gorffennaf 1974, penderfynodd y Gyngres i uchelgyhuddo Nixon. Golygai hyn y byddai'n cael ei roi ar brawf gyda'r Senedd yn gweithredu fel rheithgor. Ar 8 Awst 1974, ymddiswyddodd Nixon gan roi ei resymau mewn darllediad ar y teledu, i osgoi cael ei **uchelgyhuddo**. Cyhoeddodd ei olynydd, Gerald Ford, archddyfarniad ym mis Medi'r flwyddyn honno yn rhoi pardwn i Nixon am unrhyw droseddau yr oedd wedi bod yn rhan ohonynt.

Effeithiau'r sgandal

Agweddau at wleidyddion

Llwyddodd y sgandal i danseilio hyder pobl mewn gwleidyddiaeth a gwleidyddion. Yn 1976, rhoddodd Americanwyr eu pleidlais i Jimmy Carter, yr ymgeisydd arlywyddol yr oeddent yn credu y gallent ymddiried ynddo. Addawodd Carter na fyddai'n dweud celwydd. Hyd heddiw, mae pob sgandal bron yn cael y llysenw Saesneg '*gate*' ar ôl enw'r sgandal. Un enghraifft yw sgandal '***Irangate***' yn 1987.

Enw da Nixon

Collodd Nixon ei enw da yn gyfan gwbl. Roedd yn gwbl annibynadwy a chafodd y llysenw '*Tricky Dicky*'. Am flynyddoedd lawer bu sgandal Watergate yn gysgod dros ei holl gyflawniadau eraill. Carcharwyd 31 o gynghorwyr Nixon am droseddau a oedd yn ymwneud â Watergate.

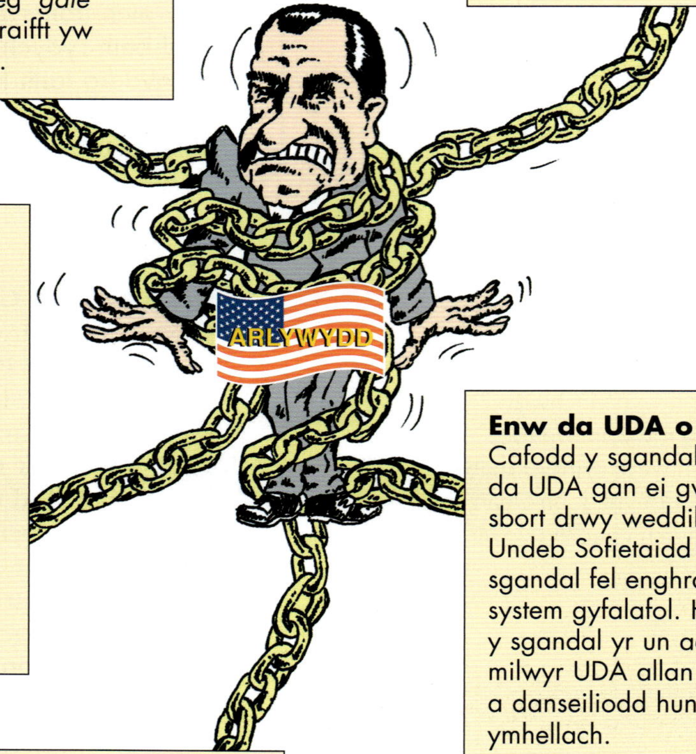

Cyfansoddiad UDA

Roedd sgandal Watergate fel petai wedi dangos bod systemau cyfreithiol a gwleidyddol yn gweithio'n dda, gan fod Nixon wedi cael ei ddal a'i orfodi i ymddiswyddo. Hefyd, roedd cydbwysedd Cyfansoddiad UDA yn gweithio'n dda. Roedd y Llys Goruchaf wedi cyflawni ei swyddogaeth eithaf ac wedi cadw trefn ar awdurdod yr arlywydd.

Enw da UDA o amgylch y byd

Cafodd y sgandal effaith wael ar enw da UDA gan ei gwneud yn destun sbort drwy weddill y byd. Roedd yr Undeb Sofietaidd yn gallu defnyddio'r sgandal fel enghraifft o lygredigaeth y system gyfalafol. Hefyd, digwyddodd y sgandal yr un adeg ag y tynnwyd milwyr UDA allan o Viet Nam, cam a danseiliodd hunanhyder America ymhellach.

Pwerau'r llywodraeth

Lleihawyd pwerau'r llywodraeth drwy gyfres o fesurau, gan gynnwys:

- Deddf Ymgyrchu Etholiadol 1974 a oedd yn cyfyngu ar gyfraniadau i etholiadau er mwyn osgoi llygredigaeth.
- Deddf Pwerau Rhyfel 1973 a oedd yn ei gwneud yn ofynnol i arlywydd ymgynghori â'r Gyngres cyn anfon milwyr America i frwydr.
- Deddf Preifatrwydd 1974 a oedd yn caniatáu i ddinasyddion gael gweld unrhyw ffeiliau a oedd gan y llywodraeth amdanynt.
- Deddf Cyllideb Gyngresol 1974 a oedd yn golygu na allai'r arlywydd ddefnyddio arian y llywodraeth at ei ddibenion ei hun.

TASGAU

1 Lluniwch eich map cysyniad eich hun yn dangos effeithiau sgandal Watergate. Rhowch yr effeithiau hyn yn nhrefn y cloc, gan ddechrau gyda'r pwysicaf ar 12 o'r gloch.

2 Pam yr oedd sgandal Watergate yn drobwynt yng ngwleidyddiaeth UDA yn y 1970au? (Am arweiniad ar sut i ateb y math hwn o gwestiwn, edrychwch ar dudalennau 75–6.)

Pa newidiadau mewnol a gyflwynwyd gan yr Arlywydd Reagan, Bush yr hynaf a Clinton?

Yn ystod ugain mlynedd diwethaf yr ugeinfed ganrif cafwyd tri gwahanol arlywydd yn UDA, a phob un â'u polisïau mewnol eu hunain:

- Ronald Reagan, 1981–89
- George Bush yr hynaf, 1989–93
- Bill Clinton, 1993–2001

Ronald Reagan

Yr Arlywydd Ronald Reagan

Enillodd Ronald Reagan, cyn seren y byd ffilm, etholiad arlywyddol 1980, gan guro Jimmy Carter a oedd wedi gwasanaethu fel arlywydd rhwng 1977 ac 1981 am un tymor yn unig. Etifeddodd Reagan broblemau economaidd difrifol:

- Erbyn 1980 roedd dirwasgiad y byd ar ei anterth, gan gau ffatrïoedd, codi cyfraddau diweithdra (i 7.5 y cant) a phrinder olew.
- Roedd chwyddiant wedi codi i bron 15 y cant ac roedd **diffygion cyllidol** yn parhau'n uchel.

'Reaganomeg'

Roedd polisïau economaidd Reagan, sef **Reaganomeg**, yn seiliedig ar waith yr economegydd Arthur Laffer. Yn ôl Laffer, trwy gwtogi trethi ar fusnesau a chwarter cyfoethocaf America, byddai hynny'n annog gwariant ac yn rhoi mwy o arian yn yr economi yn gyffredinol. Yna, byddai'r arian yn trosglwyddo'n raddol tuag at ddosbarthiadau canol ac isaf America, gan olygu y byddai pawb ar eu hennill. Gwelodd Reagan y gallai'r llywodraeth roi'r gorau i lawer o'i rhaglenni lles cymdeithasol a thaliadau i'r tlawd pe bai'r toriadau treth hyn yn haenau uchaf cymdeithas yn cael eu trosglwyddo i'r dosbarthiadau is, gan wneud pawb yn gyfoethocach. Er mwyn rhoi'r polisïau hyn ar waith, aeth Reagan ati:

- i dorri $20 biliwn o'r rhaglen les bob blwyddyn am y tair blynedd gyntaf, gan gynnwys rhaglenni stamp bwyd a rhaglenni cymorth amrywiol ar gyfer mamau a phlant mewn trafferthion
- i dorri trethi. Yn 1981, cafwyd $33 biliwn o doriadau mewn trethi yn sgil Deddf Trethi i Adfer yr Economi. Dyma oedd y gostyngiad mwyaf mewn trethi yn hanes UDA – a chyrraedd pwynt lle nad oedd y llywodraeth yn casglu bron dim o refeniw incwm.

Ffynhonnell A Ronald Reagan yn siarad yn 1981

Rydym ni sy'n byw yng nghymdeithas y farchnad rydd yn credu bod twf, ffyniant a chyflawniad dynol yn y pen draw yn cael eu creu o'r gwaelod i fyny, nid o'r llywodraeth i lawr. Dim ond pan roddir rhyddid i'r ysbryd dynol ddyfeisio a chreu, dim ond pan fo gan unigolion les personol wrth ystyried polisïau economaidd ... dim ond wedyn y gall cymdeithas ffynnu'n economaidd, yn ddeinamig ac yn rhydd.

TASG

1 Beth y mae Ffynhonnell A yn ei ddysgu i chi am Reaganomeg?

Effeithiau Reaganomeg

- Heb arian trethi, nid oedd y llywodraeth yn gallu talu am y gwasanaethau yr oedd yn eu darparu.
- Ar ben hynny i gyd, er bod Reagan wedi torri'r cyfraddau treth yn sylweddol, roedd wedi cynyddu cyfanswm gwariant y llywodraeth yn sylweddol, yn enwedig ym meysydd amddiffyn, lle'r oedd y gwariant bron â dyblu rhwng 1981 ac 1987. Gorfodwyd y llywodraeth i fenthyg arian bob blwyddyn a chynyddodd y **ddyled genedlaethol** i'w lefel uchaf erioed, nes cyrraedd $1 triliwn bron. Collodd pobl eu swyddi ym mhob sector a chynyddodd chwyddiant yn sylweddol.
- Yn 1987 gwrthododd y Gyngres gyllideb Reagan ar gyfer cynyddu gwariant ar amddiffyn oherwydd eu bod yn pryderu am y diffyg cynyddol yn y gyllideb ffederal.
- Cafwyd cwymp difrifol yn y farchnad stoc yn 1987, un o'r gwaethaf er cwymp 1929 (gweler tudalen 6). Roedd hyn yn bennaf oherwydd polisïau economaidd Reagan. Golygai hyn fod gan UDA y diffyg masnachu (*trading deficit*) mwyaf o blith y prif wledydd diwydiannol (pan oedd y fantolen fasnachu yn negyddol a gwerth yr hyn a fewnforiwyd gan UDA yn fwy na gwerth yr hyn yr oeddent yn ei allforio). Ar yr un pryd, roedd yr economi'n dechrau arafu a **dirwasgiad** (*recession*) ar ddechrau ym maes diwydiant.

Y rhaglen ofod

Roedd 1986 yn flwyddyn drychinebus i raglen ofod UDA.

- Ym mis Ionawr, ffrwydrodd y llong ofod *Challenger* eiliadau ar ôl cychwyn ei thaith, gan ladd y saith aelod o'r criw.
- Ym mis Ebrill, ffrwydrodd roced Titan a oedd yn cario cyfarpar milwrol cyfrinachol, yn syth ar ôl codi.
- Ym mis Mai, methodd roced Delta.
- Hefyd, roedd datblygu'r rhaglen 'Star Wars' (gweler tudalen 150) wedi bod yn ddrud iawn ac yn straen pellach ar yr economi.

Arafodd y trychinebau hyn gynlluniau Reagan i ddatblygu gorsaf ofod orbitol barhaol.

George Bush yr hynaf

Yr Arlywydd George Bush yr hynaf

Yn 1988, daeth tymor Ronald Reagan i ben ac fe'i olynwyd gan yr Is-arlywydd George H. Bush yr hynaf. Bu'n arlywydd am un tymor tan 1992. Roedd ganddo enw fel gwleidydd diogel a oedd yn barod i barhau â pholisïau mewnol Reagan.

Problem Bush oedd datrys y diffygion ariannol a grëwyd yn ystod cyfnod Reagan. Roedd y diffyg yn $220 biliwn yn 1990 ac wedi cynyddu dair gwaith ei faint er 1980. Yn ystod ei ymgyrch etholiadol, roedd Bush wedi addo y byddai'n gostwng trethi. Fodd bynnag, bu'n rhaid iddo dorri'i addewid a chynyddu **trethi anuniongyrchol** yn ogystal â gostwng nifer y bobl gyfoethog nad oedd yn gorfod talu treth. Roedd yn rhaid iddo gytuno ar godi trethi newydd ar bobl gyfoethog, torri ar wariant milwrol a chynyddu trethi ar nwyddau moethus. Fodd bynnag, parhaodd y diffyg yn y gyllideb i godi i $300 biliwn. Cynyddodd y dirwasgiad gan leihau'r incwm a dderbyniai'r llywodraeth o drethi hyd yn oed yn fwy.

Erbyn diwedd tymor arlywyddol Bush, roedd y cyfraddau llog a chwyddiant ar eu hisaf ers blynyddoedd a chyfraddau diweithdra yn 7.8 y cant, yr uchaf er 1984. Ym mis Medi 1992, adroddodd Biwro'r Cyfrifiad fod 14.2 y cant o boblogaeth UDA yn byw mewn tlodi.

Arwyddodd yr Arlywydd Bush yr hynaf ddwy ddeddfwriaeth fewnol bwysig yn ystod ei arlywyddiaeth:

- Deddf Americanwyr ag Anableddau 1990, a oedd

yn gwahardd gwahaniaethu ar sail anabledd ym maes cyflogaeth, llety cyhoeddus a thrafnidiaeth. Credir mai dyma'r ddeddfwriaeth gwrthwahaniaethu bwysicaf er Deddf Hawliau Sifil y 1960au.

- Deddf Awyr Lân 1990, a oedd yn datblygu deddfwriaethau blaenorol 1963, 1970 ac 1977. Roedd yn canolbwyntio ar dair agwedd ar awyr lân: lleihau mwg trefol, atal glaw asid, a dileu cemegau gwenwynig o allyriadau diwydiannol.

Roedd Bush yn llai llwyddiannus mewn meysydd eraill:

- Addawodd yn ei ymgyrch etholiadol y byddai'n delio â'r broblem o'r defnydd o gyffuriau fel ei brif flaenoriaeth. Rhoddodd sawl biliwn doler i'r Asiantaeth Gorfodi Cyffuriau (*Drug Enforcement Agency*). Bu'r asiantaeth yn profi gweithwyr cyflogedig am gyffuriau ac yn cynyddu'r camau rheoli cyffuriau ar y ffiniau, ond ni chafodd hyn lawer o effaith, yn enwedig i bobl oedd yn gaeth i gocên a heroin.
- Cafwyd terfysgoedd hil yn Los Angeles, Atlanta, Birmingham, Seattle a Chicago yn 1992 ar ôl i ddyn du, Rodney King, gael ei arestio a'i guro am gael ei ddal yn gyrru'n rhy gyflym gan bedwar heddwas gwyn (gweler tudalen 107). Ffilmiwyd y digwyddiad ar gamera fideo gan breswyliwr lleol.

TASGAU

2 Pa mor llwyddiannus oedd polisïau economaidd yr Arlywydd Reagan? (Am arweiniad ar sut i ateb y math hwn o gwestiwn, edrychwch ar dudalen 96.)

3 A ddylid ystyried George Bush yr hynaf yn arlywydd llwyddiannus?

Newid o dan Clinton

Yn 1992, llwyddodd Bill Clinton i drechu George Bush yr hynaf yn yr etholiad arlywyddol. Roedd Clinton yn Ddemocrat, yn cynrychioli gwrthwynebwyr gwleidyddol ei ddau ragflaenydd Gweriniaethol, Reagan a Bush yr hynaf, ac roedd ganddo safbwyntiau gwahanol iawn ar yr economi a lles cymdeithasol. Roedd y dirywiad economaidd yn un o'r prif resymau dros ei lwyddiant yn yr etholiad arlywyddol. Erbyn 1992 roedd y bwlch rhwng dinasyddion cyfoethocaf a thlotaf America wedi tyfu hyd yn oed yn fwy, ac roedd hyn yn niweidio sefydlogrwydd cymdeithas America.

Roedd tair prif nodwedd yn perthyn i bolisïau mewnol Clinton.

1 Symud i ffwrdd o Reaganomeg

Roedd Clinton yn benderfynol o leihau diffyg cyllidebol ei ragflaenwyr ac eisiau cynyddu gwariant a buddsoddiad y llywodraeth ffederal mewn addysg a lles ar yr un pryd.

Yr Arlywydd Bill Clinton

- Llwyddodd i leihau diffyg cyllidebol enfawr Reagan. Erbyn 1996 roedd wedi lleihau'r diffyg i $107 biliwn ac erbyn 1998 roedd cyllideb fantoledig am y tro cyntaf er 1969.
- Ef oedd yr arlywydd am y cyfnod hiraf o dwf economaidd parhaus erioed yn hanes UDA. Roedd gwerth y farchnad stoc wedi treblu, roedd y gyfradd ddiweithdra'n is nag oedd wedi bod ers 30 mlynedd ac roedd y gyfradd uchaf erioed o bobl yn berchen ar eu tŷ yn hanes UDA.
- Llofnodwyd Cytundeb Masnach Rydd Gogledd America gyda Chanada a México, gan sefydlu ardal fasnach rydd rhwng y tair gwlad a bywiogi marchnadoedd allforio UDA.

2 Diwygiadau lles pwysig

Yn 1996, cyflwynodd Clinton isafswm cyflog o $4.75 yr awr a'i gynyddu i $5.15 ym mis Mai 1997. Yn 1993, methodd ei ymdrechion i gyflwyno system o **yswiriant iechyd cyffredinol**. Ymosodwyd ar y Mesur Nawdd Iechyd gan y diwydiant yswiriant a Chymdeithas Feddygol America a gwrthodwyd y Mesur gan y Gyngres.

3 Cyfres o sgandalau

Cysylltwyd Clinton â sgandal Whitewater 1996 pan gafwyd dau o'i gyn-bartneriaid busnes yn euog o dwyll lluosog mewn cysylltiad â datblygu tai yn ardal Whitewater o Arkansas. Er i'r achos lusgo am flynyddoedd, ni chafwyd unrhyw dystiolaeth derfynol o weithredoedd anghyfreithlon gan Clinton a Hillary, ei wraig.

Fodd bynnag, datgelodd Kenneth Starr, y dyn a oedd yn arwain ymchwiliad Whitewater, dystiolaeth fod Clinton wedi bod mewn perthynas â Monica Lewinsky, aelod o staff yn y Tŷ Gwyn. Ar ôl gwadu perthynas o'r fath drosodd a throsodd, gorfodwyd Clinton i ymddiheuro'n gyhoeddus i bobl America. Cafodd hyd yn oed ei fygwth gydag uchelgyhuddiad gan Dŷ'r Cynrychiolwyr, ond fe'i canfuwyd yn ddieuog gan y Senedd yn 1999.

Ffynhonnell B Rhan o araith deledu'r Arlywydd Clinton, 17 Awst 1998

Mae'n wir i mi gael perthynas â Ms Lewinsky, perthynas amhriodol a chywilyddus. Roedd yn gamgymeriad difrifol ar fy rhan ac yn fethiant personol ac rwy'n cymryd cyfrifoldeb llwyr am hynny.

Ond dywedais wrth yr uchel reithgor heddiw a dywedaf wrthych chi yn awr na ofynnais i neb ddweud celwydd, cuddio neu ddinistrio tystiolaeth na chymryd unrhyw gamau anghyfreithlon eraill. Rwy'n gwybod bod fy sylwadau cyhoeddus a'm distawrwydd ynglŷn â'r mater hwn wedi rhoi camargraff. Rwyf wedi camarwain pobl, gan gynnwys fy ngwraig hyd yn oed. Rwy'n difaru hynny'n fawr iawn.

Mae hyn wedi mynd ymlaen yn rhy hir, wedi bod yn rhy gostus ac wedi brifo gormod o bobl ddiniwed. Yn awr, mae'r mater hwn rhyngof i, a'r ddau berson yr wyf yn eu caru fwyaf – fy ngwraig a fy merch – a'n Duw. Mae'n rhaid i mi wneud iawn am hyn, ac rwy'n barod i wneud popeth o fewn fy ngallu i wneud hynny.

TASGAU

4 I ba raddau yr oedd yr Arlywydd Clinton wedi llwyddo i adfywio economi UDA? (Am arweiniad ar sut i ateb y math hwn o gwestiwn, edrychwch ar dudalen 96.)

5 Defnyddiwch Ffynhonnell B a'ch gwybodaeth eich hun i egluro pam yr oedd sgandal ynglŷn â pherthynas Clinton â Monica Lewinsky.

6 Copïwch y tabl canlynol gan grynhoi llwyddiannau a methiannau polisïau cartref y tri arlywydd.

	Llwyddiannau	Methiannau
Reagan		
Bush yr hynaf		
Clinton		

Arweiniad ar arholiadau

Mae'r adran hon yn rhoi arweiniad ar sut i ateb cwestiynau 1(b), 2(b) a 3(b) o Uned 3. Cwestiwn **disgrifio** yw hwn sy'n werth 4 marc.

Cwestiynau 1(b), 2(b), 3(b) – deall nodwedd allweddol drwy ddethol gwybodaeth briodol

Disgrifiwch Bolisi Goror Newydd Kennedy

Rhoddir dau ateb enghreifftiol i'r cwestiwn hwn i chi isod ac ar dudalen 42.

Cyngor ar sut i ateb

- Dylech sicrhau eich bod yn cynnwys gwybodaeth sy'n **uniongyrchol berthnasol** yn unig.
- Nodwch eich syniadau cychwynnol, gan **lunio rhestr gryno** o'r pwyntiau yr ydych yn bwriadu eu cynnwys.
- Ar ôl gorffen eich rhestr, dylech geisio rhoi'r pwyntiau mewn **trefn gronolegol** drwy eu rhifo.
- Mae'n syniad da **defnyddio geiriau'r cwestiwn** i ddechrau eich ateb. Er enghraifft: 'Nod Polisi Goror Newydd Kennedy oedd ymdrin â...'.
- Dylech geisio cynnwys **manylion ffeithiol penodol** fel dyddiadau, digwyddiadau, enwau pobl allweddol, polisïau pwysig. I ennill marciau uchel, mae angen cynnwys cymaint o wybodaeth ag y gallwch.
- Dylech ysgrifennu **paragraff llawn**.

Ymateb Ymgeisydd A

Nod Polisi Goror Newydd Kennedy oedd datrys problemau America. Roedd Kennedy eisiau gwella bywyd i lawer o Americanwyr. Yr oedd yn gobeithio cyflwyno diwygiadau i wella amodau byw a chynorthwyo pobl dlawd. Roedd eisiau helpu pobl ddu America i wella'u sefyllfa. Roedd Kennedy eisiau newid America. Roedd eisiau gwneud pethau'n well i'r Americanwr cyffredin.

Sylw'r arholwr

Mae hwn yn ateb cyffredinol iawn lle mae'r ymgeisydd wedi gwneud ambell i bwynt gwan. Mae awgrym bod Kennedy eisiau newid America, ond mae'r sylwadau'n ailadroddus ac nid oes manylion ffeithiol penodol. Ymateb Lefel Un yw hwn a fyddai'n sgorio hanner y marciau.

Ymateb Ymgeisydd B

[Nodiadau gan yr ymgeisydd: • llawer o broblemau'n wynebu America[1] • diweithdra[2] • system fudd-daliadau[4] • gofal iechyd[5] • hawliau sifil[3] • addysg[6]]

Ceisiodd yr Arlywydd Kennedy dargedu'r meysydd problem allweddol, sef tlodi ac anghydraddoldeb. Cynlluniodd gyfres o ddiwygiadau a fyddai'n ffurfio ei 'Bolisi Goror Newydd'. Pasiodd fesurau a arweiniodd at ymestyn budd-daliadau diweithdra, cynnydd mewn budd-daliadau nawdd cymdeithasol a chynnydd yn yr isafswm cyflog. Bwriadodd hefyd ddiwygio yswiriant iechyd gwladol (Medicare). Cyfrannodd mesur addysg fwy o arian at ysgolion a lluniodd fesur hawliau sifil i roi cydraddoldeb i Americanwyr du. Fodd bynnag, fe'i llofruddiwyd cyn i rai o'r diwygiadau hyn ddigwydd.

Sylw'r arholwr

Yn wahanol i Ymgeisydd A, dyma ddisgrifiad manwl a chywir o 'Bolisi Goror Newydd' Kennedy. Roedd yr ymgeisydd wedi meddwl am yr ateb terfynol drwy nodi ambell i bwynt bwled a fu'n gymorth i roi strwythur i'r ateb. Mae ymgais glir i nodi'r problemau a oedd yn wynebu Kennedy pan gafodd ei ethol yn arlywydd ac mae'n cynnwys manylion penodol ar sut yr oedd yn bwriadu mynd i'r afael â gofal iechyd, addysg a hawliau sifil. Mae dealltwriaeth ddigon dwfn a manylion ffeithiol ategol i ennill y marciau uchaf (4), gan roi'r ateb ar frig Lefel Dau.

Rhowch gynnig arni:

Disgrifiwch bolisïau cartref yr Arlywydd Reagan yn yr 1980au. (4 marc)

3 Beth oedd y prif ddatblygiadau cymdeithasol yn UDA o 1945–2000?

Ffynhonnell A Y Newyddiadurwr Jack Gould yn ysgrifennu yn y *New York Times* am gyngerdd Elvis Presley, 1956

Mae'r symudiadau corfforol awgrymog hyn gan Elvis yn gorfod bod yn achos pryder i rieni oni bai ein bod y math o rieni sy'n dymuno bod plant yn mynd o amgylch yn dwyn capiau bothau oddi ar geir, yn llac eu moesau rhywiol ac yn ymddwyn fel troseddwyr. Nid digon yw dweud bod Elvis yn garedig i'w rieni, ei fod yn anfon arian gartref a'i fod yn fab dymunol fel ag yr oedd cyn ei enwogrwydd. Nid yw hynny'n rhoi pen rhyddid iddo arddangos ei ystumiau rhywiol yn gyhoeddus o flaen miliynau o blant sy'n hawdd eu dylanwadu.

TASG

Lluniwch bennawd ar gyfer Ffynhonnell A.

Cafwyd newidiadau sylfaenol yng nghymdeithas UDA yn ail hanner yr ugeinfed ganrif. Er bod y sinema yn bwysig o hyd, y teledu gafodd y dylanwad mwyaf, a'r rhyngrwyd yn ddiweddarach, yn enwedig ar bobl ifanc.

Yn y 1950au gwelwyd dyfodiad y term plant yn eu harddegau (*teenagers*) a **diwylliant ieuenctid** newydd a chyfnewidiol, gyda'r protestiadau myfyrwyr a mudiad yr hipis yn dilyn yn y 1960au. Hefyd, bu datblygiadau pwysig yn safle'r fenyw yng nghymdeithas UDA, yn sgil yr Ail Ryfel Byd a **mudiad ffeministaidd** y 1960au a'r 1970au.

Mae'r bennod hon yn trafod y materion canlynol:

- Beth oedd y datblygiadau allweddol mewn diwylliant poblogaidd?
- Sut y newidiodd diwylliant ieuenctid?
- Beth oedd prif nodweddion mudiad y myfyrwyr?
- Sut y newidiodd rôl menywod yn UDA yn y blynyddoedd ar ôl 1945?

Arweiniad ar arholiadau

Drwy'r bennod hon, byddwch yn cael cyfle i ymarfer cwestiynau arholiad o wahanol arddull. Byddwch hefyd yn cael arweiniad manwl ar sut i ateb cwestiynau 1(c), 2(c) a 3(c) o Uned 3 y papur arholiad. Cwestiwn **newid a pharhad** yw hwn lle y bydd angen cymharu dwy ffynhonnell a defnyddio eich gwybodaeth eich hun. Mae'n werth 8 marc.

Beth oedd y datblygiadau allweddol mewn diwylliant poblogaidd?

Dylanwadodd y sinema, pwysigrwydd y car modur, poblogrwydd y teledu a dyfodiad y cyfrifiadur a'r rhyngrwyd yn fawr ar ddiwylliant poblogaidd yn ail hanner yr ugeinfed ganrif yn UDA.

Y sinema

Er bod y sinema yn boblogaidd, roedd yn llai poblogaidd nag yn y blynyddoedd rhwng y rhyfel yn 1918–39 oherwydd dylanwad cynyddol y teledu. Roedd cynulleidfaoedd wythnosol y sinema ar gyfartaledd wedi syrthio o 90 miliwn yn 1946 i 47 miliwn ymhen deng mlynedd.

Sinemâu awyr agored

Agorodd y **sinemâu awyr agored** am y tro cyntaf yn y 1930au, a dod yn boblogaidd iawn yn y 1950au a'r 1960au cynnar, yn enwedig mewn ardaloedd gwledig, gyda bron 4000 o sinemâu awyr agored ar draws UDA. Roeddent yn ddefnyddiol oherwydd y gallai teulu oedd â babi ofalu am eu plentyn gan wylio ffilm yr un pryd. Roeddent yn ddelfrydol i blant yn eu harddegau ar gyfer mynd ar ddêt yn eu ceir. Yn y 1950au, dechreuodd y sinemâu gael enw drwg am fod y ceir yn rhoi mwy o breifatrwydd i ymddygiad anfoesol defnyddwyr a byddai'r cyfryngau'n cyfeirio atynt fel '*passion pits*'.

Sinemâu aml-sgrin (*Multiplex*)

Stanley H. Durwood oedd tad y **sinemâu aml-sgrin** yn 1963 pan agorodd y sinema aml-sgrin gyntaf erioed mewn canolfan siopa a oedd yn cynnwys dwy theatr ochr yn ochr gyda 700 o seddi, yng Nghanolfan Ward Parkway yn Kansas City.

Gwrth-arwyr

Yn y cyfnod ar ôl yr Ail Ryfel Byd, roedd pobl ifanc yn chwilio am symbolau gwrthryfel newydd a chyffrous. Ymatebodd Hollywood i ofynion y gynulleidfa; cynyddodd y sylw a roddwyd i'r **gwrth-arwr** yn y 1940au hwyr a'r 1950au, sef prif gymeriad sy'n brin o'r nodweddion arwrol traddodiadol, fel delfrydiaeth neu ddewrder. Daeth actorion newydd fel James Dean (gweler tudalennau 48–9), Paul Newman a Marlon Brando i gymryd lle'r actorion mwy traddodiadol fel Bette Davis, James Cagney, Tyrone Power, Van Johnson a Robert Taylor. Yn y degawdau canlynol, byddai'r genhedlaeth newydd hon o **actorion arddull** yn cael ei dilyn gan Robert DeNiro, Jack Nicholson ac Al Pacino. Roedd enghreifftiau hefyd o wrth-arwresau, sef Ava Gardner, Kim Novak a Marilyn Monroe – seren gyffrous, angerddol a rhywiol.

Ffilmiau '*blockbuster*'

Yn ystod y 1970au gwelwyd ffilmiau *blockbuster* am y tro cyntaf. *Jaws* (1975), a gyfarwyddwyd gan Steven Spielberg yn 27 oed, oedd y gyntaf ohonynt. Ar y pryd, hon oedd y ffilm fwyaf poblogaidd o ran nifer y gwylwyr erioed – tan *Star Wars* ddwy flynedd yn ddiweddarach a gyfarwyddwyd gan George Lucas.

Yn dilyn y model hwn, parhaodd Hollywood i chwilio yn yr 1980au am un 'ffilm digwyddiad' mawr y byddai pawb, gan gynnwys cynulleidfaoedd tramor, am ei gweld. Roedd gan y ffilmiau hyn y dechnoleg i greu effeithiau arbennig anhygoel, traciau sain soffistigedig, ac actorion drud oedd ar gyflogau uchel. Ar ôl *Jaws* cynhyrchodd Spielberg y ffilm *ET* (1982) a chydweithiodd â Lucas ar gyfer ffilmiau *Indiana Jones* yn yr 1980au. Arweiniodd y gyntaf, *Raiders of the Lost Ark* (1981), at enwogrwydd i'r prif actor, Harrison Ford. Yn sgil dyfodiad y peiriant fideo (*VCR: video cassette recorder*) roedd pobl yn gallu llogi ffilmiau a'u gwylio gartref a bu hyn yn ysgogiad pellach i'r diwydiant ffilm.

Y 1990au

Cynyddodd cynulleidfaoedd y sinema yn y 1990au – yn bennaf mewn sinemâu aml-sgrin ar draws y wlad. Roedd y degawd hwn yn broffidiol iawn i sêr ffilmiau, fel Arnold Schwarzenegger, Tom Cruise, Sylvester Stallone, Mel Gibson, Eddie Murphy, Kevin Costner, Harrison Ford, Robin Williams, Jim Carrey, Demi Moore a Julia Roberts. Roedd y *VCR* yn dal yn boblogaidd yn y mwyafrif o gartrefi (roedd tua thri chwarter yn berchen ar *VCR* yn 1991) ac roedd rhentu a phrynu ffilmiau fideo yn fusnes mawr – llawer mwy na gwerthiant tocynnau ffilm. Erbyn 1997, roedd y *DVD* cyntaf (disgiau fideo digidol) wedi cyrraedd y siopau, gyda gwell manylder a lluniau o well ansawdd. Defnyddiodd ffilmiau fel *Jurassic Park*

(1993) a *Star Wars Episode* I – *The Phantom Menace* (1999) ddelweddaeth ddigidol ac effeithiau arbennig datblygedig iawn.

Y car modur

Roedd y car modur wedi galluogi pobl i gyrraedd maestrefi'r dinasoedd a'r trefi a chefn gwlad yn y blynyddoedd rhwng y ddwy ryfel byd a pharhaodd i ddylanwadu ar ddatblygiad cymdeithas UDA.

- Cynyddodd nifer y bobl oedd yn berchen ar geir o 25 miliwn yn 1945 i 60 miliwn erbyn 1960. Dyblodd nifer y teuluoedd oedd â dau gar yn y 1950au.
- Deddf Priffyrdd Rhyngdaleithiol 1956 oedd y project gwaith cyhoeddus mwyaf yn hanes America. Costiodd $32 biliwn ac arweiniodd at adeiladu 41,000 milltir o briffyrdd newydd.
- O ganlyniad i'r car modur, daeth UDA yn genedl fwy unffurf. Agorodd y tŷ bwyta McDonalds cyntaf yn 1955, yr un flwyddyn â Disneyland yn Ne California. Roedd pedwar deg y cant o ymwelwyr Disneyland yn dod o daleithiau eraill i Galifornia mewn car fel arfer.
- Roedd ceir yn hybu twf a phoblogrwydd y sinemâu awyr agored.
- Yn 1960, roedd gan Americanwyr 61,671,390 o geir, neu tua un car i bob tri pherson. Erbyn 1970, roedd hyn wedi cynyddu i 89,243,557 o geir, neu un car i bob dau berson bron.

TASG

1 Beth y mae Ffynhonnell A yn ei ddangos i chi am gymdeithas UDA yn y 1950au?
(Am arweiniad ar sut i ateb y math hwn o gwestiwn, edrychwch ar dudalen 22.)

Ffynhonnell A Hysbyseb ar gyfer car Pontiac yn 1957

Teledu

Yn ystod y 1940au, nid oedd llawer o setiau teledu mewn cartrefi yn America. Fodd bynnag, erbyn 1960 roedd nifer y setiau teledu wedi codi o 7,000 yn 1946 i 50 miliwn erbyn 1960. Rhwng 1959 ac 1970, roedd canran y cartrefi yn UDA oedd ag o leiaf un teledu wedi codi o 88 y cant i 96 y cant. Roedd rhai yn credu mai dyfais i bobl dwp oedd y teledu, ond erbyn diwedd y 1950au, roedd y setiau teledu yno i aros. Roedd y teulu cyffredin yn gwylio am chwe awr y diwrnod. Daeth teledu tanysgrifio (fel cebl a lloeren) yn boblogaidd yn yr 1980au cynnar, ac mae ei bwysigrwydd wedi bod yn tyfu ers hynny.

Roedd Americanwyr yn hoff iawn o sioeau gêm a sioeau doniol gyda chomediwyr fel Milton Berle a Lucille Ball. Roeddent hefyd yn hoff o sioeau adloniant amrywiol, fel y rhai a gyflwynwyd gan Arthur Godfrey ac Ed Sullivan. Daeth y rhaglenni cowbois yn boblogaidd iawn, gyda chyfresi poblogaidd yn cynnwys *The Lone Ranger*, *Bonanza* a *Gunsmoke*. Roedd y rhain yn delfrydu'r ddelwedd o Orllewin America yn y bedwaredd ganrif ar bymtheg.

Gallai pobl o wledydd eraill a oedd yn gwylio teledu Americanaidd yn y 1950au fod wedi cael yr argraff bod pob Americanwr yn Gristion gwyn. Roedd yn dathlu gwerthoedd Americanaidd traddodiadol. Roedd rhaglenni poblogaidd fel *I Love Lucy* a *The Honeymooners* yn cyfleu delwedd ramantaidd ar fywyd maestrefol dosbarth canol America. I ryw raddau, roedd teledu cynnar yn creu ei ddarlun ei hun o ddiwylliant America.

Roedd yr hyn a oedd yn cael ei bortreadu ar y teledu yn cael ei dderbyn fel y norm. Dim ond yn rhannol yr oedd y portreadau o'r teulu delfrydol, yr ysgolion a'r cymdogaethau delfrydol, a'r byd yn seiliedig ar realiti. Dechreuodd pobl dderbyn yr hyn yr oeddent yn ei glywed a'i weld ar y teledu oherwydd eu bod yn 'llygad dystion' i'r digwyddiadau am y tro cyntaf erioed. Daeth rhaglenni fel *You Are There* â digwyddiadau hanesyddol yn fyw i ystafelloedd byw llawer o Americanwyr. Ar yr un pryd, methodd teledu gydnabod bod America yn amrywiol o ran hil a chrefydd. Prin oedd yr aelodau o leiafrifoedd hiliol neu grefyddol a welwyd ar y teledu. Pan fyddent yn ymddangos, fe fyddent fel arfer yn gweithio i bobl wyn.

Ffynhonnell B Golygfa o'r rhaglen gowbois boblogaidd o'r 1950au, *The Lone Ranger*

Operâu sebon

Daeth operâu sebon Americanaidd yn boblogaidd iawn, ac maen nhw'n dal i fod heddiw. Roedd y dramâu tymor hir a ddangoswyd yn ystod y dydd yn cynnwys *Search for Tomorrow* (1951–86), *Love of Life* (1951–80), *The Doctors* (1963–82), *Dallas* (1978–91), *Dynasty* (1981–89) a *Beverly Hills 90210* (1990–2000).

Rhaglenni sgwrsio

Mae rhaglenni sgwrsio yn ystod y dydd fel *Phil Donahue* (1970–96) a *The Jerry Springer Show* (1991–hyd heddiw) hefyd wedi denu llawer o wylwyr. Y sioe sgwrsio fwyaf poblogaidd o lawer yw'r *Oprah Winfrey Show* (y cyfeirir ati'n aml fel *Oprah* neu *O*) a hi yw'r sioe sgwrsio yn ystod y dydd sydd wedi para hiraf yn yr Unol Daleithiau. Cafodd ei darlledu'n genedlaethol er 8 Medi, 1986. Mae wedi cynnwys clybiau llyfrau, cyfweliadau â'r sêr ac eitemau ar hunanwella (gweler hefyd dudalen 105).

Datblygiadau mewn technoleg gwybodaeth

Cyfrifiaduron personol

Yn y 1990au gwelwyd twf enfawr yn y nifer o gyfrifiaduron personol a gafodd eu prynu. Roedd hyn yn bennaf oherwydd y gystadleuaeth rhwng dau sefydliad, Microsoft ac Apple.

- Sefydlodd Bill Gates ei gwmni Microsoft yn 1975. Lansiodd Microsoft ei fersiwn Microsoft Windows cyntaf ar gyfer y siopau ar 20 Tachwedd, 1985. Gates a Microsoft oedd prif ddatblygwyr electroneg gyfrifiadurol, meddalwedd cyfrifiadurol a chyfrifiaduron personol.
- Eu prif gystadleuydd oedd Apple Computer, Inc. a sefydlwyd yng Nghalifornia yn 1976. Roedd cynhyrchion caledwedd mwyaf adnabyddus y cwmni yn cynnwys y cyfrifiaduron Macintosh.

Y rhyngrwyd

Datblygiad pwysig arall yn y 1990au oedd y rhyngrwyd.

- Yn 1991, datblygwyd y rhyngwyneb cyntaf i'r rhyngrwyd a oedd yn hawdd ei ddefnyddio ym Mhrifysgol Minnesota.
- Yn y flwyddyn ganlynol, Delphi oedd y gwasanaeth ar-lein masnachol cenedlaethol cyntaf i gynnig gwasanaeth rhyngrwyd i'w danysgrifwyr.
- Pan gyflwynwyd Windows 98 ym mis Mehefin 1998 gyda'r porwr Microsoft wedi'i integreiddio'n dda i'r bwrdd gwaith, llwyddodd Bill Gates i fanteisio ar dwf enfawr y rhyngrwyd.

Gemau

Daeth datblygiad y gemau cyfrifiadurol yn adloniant pwysig iawn i'r genhedlaeth iau.

- Y gêm fideo fasnachol gyntaf oedd *Computer Space* yn 1971. Yn y degawdau canlynol cafwyd twf enfawr yn y gemau cyfrifiadurol yn ogystal â gwelliannau sylweddol mewn technoleg.
- Yn yr 1980au, cyflwynodd Nintendo'r consol gêm modern cyntaf, sef NES (Nintendo Entertainment System), cyn i eraill ddilyn gyda'r Sega Mega Drive, Sony Playstation ac, yn 2001, y Microsoft Xbox.

Effaith ar gymdeithas UDA

Gweddnewidiodd y datblygiadau technolegol hyn gymdeithas UDA yn negawd olaf yr ugeinfed ganrif.

- Cafodd y rhyngrwyd effaith helaeth ar ddiwylliant a masnach. Roedd hyn yn cynnwys y defnydd o gyfathrebu cyflym iawn drwy bost electronig (e-bost), fforymau trafod ar sail testun, ac e-fasnach.
- Aeth y genhedlaeth iau i ddefnyddio mwy a mwy o'u hamser hamdden ar safleoedd rhwydweithio cymdeithasol ar y rhyngrwyd, yn ogystal â'r consolau gemau amrywiol. Arweiniodd hyn at bryder cynyddol am genhedlaeth yn rhoi'r gorau i ffordd o fyw egnïol am weithgareddau disymud, gan arwain at ddiffyg ymarfer a phroblemau gordewdra.

TASGAU

2 Astudiwch Ffynhonnell B. Sut ddelwedd o Orllewin America sy'n cael ei chreu?

3 Eglurwch pam yr oedd gan y teledu gymaint o ddylanwad ar gymdeithas UDA yn y 1950au a'r 1960au.

4 I ba raddau yr oedd y cyfrifiadur a'r rhyngrwyd wedi achosi newid yng nghymdeithas UDA tua diwedd yr ugeinfed ganrif? (Am arweiniad ar sut i ateb y math hwn o gwestiwn, edrychwch ar dudalen 96.)

Sut y newidiodd diwylliant ieuenctid?

Mae'n debyg mai'r newid cymdeithasol mwyaf yn UDA yn y 1950au a'r 1960au oedd datblygiad diwylliant ieuenctid unigryw.

Y 1950au

Yn ystod y degawd hwn gwelwyd dyfodiad y plentyn yn ei arddegau a gwrthryfela'r plentyn yn ei arddegau. Yn y gorffennol roedd oedolion ifanc wedi efelychu hoffterau a ffasiynau eu rhieni ac wedi cael eu cadw yn eu lle. Roedd plant yn eu harddegau y 1950au fel pe bai nhw eisiau gwrthryfela yn erbyn pawb a phopeth ac yn enwedig yn erbyn beth bynnag y credai eu rhieni. Byddent yn perthyn i gang, ac roeddent yn aml yn crwydro'n ddigyfeiriad yn eu ceir, yn yfed yn drwm ac yn ymosod ar eiddo.

Byddent hefyd yn datblygu eu hunaniaeth eu hunain fel plant yn eu harddegau drwy wisgo dillad unigryw a gwrando ar eu cerddoriaeth eu hunain. Gadawodd rhai pobl ifanc eraill gymdeithas gonfensiynol yn llwyr i fod yn ***beatniks***.

Roedd sawl rheswm dros y newidiadau hyn.

- Roedd gan bobl ifanc America yn y 1950au lawer mwy o arian na chenedlaethau blaenorol o bobl ifanc oherwydd cyfoeth cynyddol y wlad, a manteisiodd cwmnïau ar hyn gyda chynnyrch newydd wedi'u targedu'n benodol atynt. Yn 1957, amcangyfrifwyd bod gan y plentyn cyffredin yn ei arddegau $10–15 yr wythnos i wario, o gymharu â $1–2 yn y 1940au. Cynyddodd pŵer gwario blynyddol plant yn eu harddegau o $10 biliwn yn 1950 i $25 biliwn yn 1959.
- Hon oedd y genhedlaeth gyntaf i gael ei magu o dan gysgod rhyfel niwclear – roedd pobl yn ofni y byddai arfau niwclear yn dinistrio'r byd drwy bwyso botwm. Gallai'r byd ddod i ben ar unrhyw adeg, felly roedd pobl ifanc eisiau mwynhau 'heddiw'.

Ffynhonnell A Poster yn hysbysebu'r ffilm *Rebel Without a Cause*

- Dylanwadwyd ar lawer o blant yn eu harddegau gan ffilmiau ieuenctid yn y 1950au. *Rebel Without a Cause* oedd y ffilm gyntaf i apelio'n benodol at gynulleidfa yn ei harddegau. Am y tro cyntaf, aeth hefyd i'r afael â'r pwnc **bwlch rhwng y cenedlaethau**. Yn sgil y ffilm, daeth James Dean yn arwr, yn enwedig ar ôl iddo gael ei ladd mewn damwain car yn 1955 ac ond yn 24 oed. Yn y ffilm, mae Dean yn chwarae cymeriad sy'n gwrthryfela yn erbyn ei rieni, hyd yn oed yn ymladd â'i dad, ac yn mynd i drafferthion â'r heddlu lleol am ei feddwdod.
- Dylanwadodd rhai awduron Americanaidd ar y genhedlaeth iau drwy gwestiynu gwerthoedd cysurus y maestrefi, fel J. D. Salinger yn *The Catcher in the Rye* (1951), sef nofel am ddisgybl sy'n rhoi'r gorau i'r ysgol uwchradd.
- Roedd datblygiad cerddoriaeth roc a rôl yn hollbwysig, gan fod hynny wedi rhoi eu cerddoriaeth eu hunain i'r plant yn eu harddegau yn hytrach na gorfod gwrando ar yr un math o gerddoriaeth â'u rhieni. Po fwyaf amhoblogaidd oedd y gerddoriaeth newydd gyda'r rhieni, y mwyaf poblogaidd ydoedd gyda'r plant yn eu harddegau. Yn 1956, ymunodd Elvis Presley â'r byd canu pop, gyda chaneuon a lwyddodd i dorri pob record gwerthiant, fel *Heartbreak Hotel* a *Hound Dog*. Roedd yn llwyddiant ysgubol gyda phlant yn eu harddegau, ond roedd eu rhieni a'u hathrawon yn casáu ei arddull rywiol wrth berfformio, ei jîns tyn a'i wên gam. Ef oedd y seren roc a rôl gyntaf i ddylanwadu ar bobl ifanc o ran eu hagwedd at awdurdod a'u hymddangosiad. Yn ogystal, daeth cerddoriaeth roc a rôl yn boblogaidd iawn drwyddo ef. Tyfodd roc a rôl a datblygodd i fod yn nifer o arddulliau amrywiol.

Yn y 1960au, profodd The Beatles, The Rolling Stones a grwpiau Prydeinig eraill lwyddiant ysgubol yn yr Unol Daleithiau. Daeth 'roc caled' yn boblogaidd, a daeth caneuon protest, fel rhai'r canwr-gyfansoddwr Bob Dylan, yn gyffredin. Band roc Americanaidd oedd The Beach Boys, a sefydlwyd yn 1961. Daeth y band hwn yn boblogaidd yn sgil eu harmonïau lleisiol clos a geiriau'n cyfleu diwylliant ieuenctid De California, sef ceir, syrffio a rhamant.

Roedd llawer o rieni dosbarth canol gwyn wedi dychryn ac yn poeni bod eu plant yn eu harddegau'n dangos y fath ddicter a diffyg parch at y gyfraith. Honnwyd bod cerddoriaeth roc a rôl yn annog troseddu ymysg plant yn eu harddegau.

Elvis Presley

TASGAU

1. Beth y mae Ffynhonnell A yn ei ddangos i chi am agweddau tuag at blant yn eu harddegau yn y 1950au? (Am arweiniad ar sut i ateb y math hwn o gwestiwn, edrychwch ar dudalen 22.)
2. Eglurwch pam yr oedd llawer o blant yn eu harddegau wedi gwrthryfela yn erbyn cymdeithas yn y 1950au.

Gwrth-ddiwylliant ieuenctid

Parhaodd ieuenctid America i ddatblygu eu **gwrth-ddiwylliant** eu hunain yn y 1950au hwyr a'r 1960au.

- Daeth gwallt hir yn boblogaidd yn ogystal â thyfu barf. Jîns glas a chrysau T oedd y wisg arferol nid slacs, siaced a thei.
- Cynyddodd y defnydd o gyffuriau anghyfreithlon.
- Yn sgil cyflwyno'r bilsen atal cenhedlu efallai fod mwy o ryddid rhywiol a moesau rhywiol llac.

Mudiad yr hipis

Protestiodd pobl ifanc eraill mewn ffordd hollol wahanol, gan benderfynu gadael cymdeithas ('*drop out*') a bod yn hipis. Golygai hyn eu bod yn tyfu eu gwallt yn hir, gwisgo dillad unigryw a datblygu ffordd o fyw wahanol. Yn aml, roeddent yn teithio'r wlad ar fysiau ac mewn faniau ac yn gwisgo blodau yn eu gwallt fel symbol o heddwch yn hytrach na rhyfel. Eu slogan oedd '*Make love, not war*'.

Gan fod hipis yn aml yn gwisgo blodau ac yn eu rhoi i'r heddlu, cawsant yr enw 'plant y blodau'. Yn aml, byddent yn ymgartrefu mewn comiwn. Daeth San Francisco yn brifddinas i hipis America. Arweiniodd eu hymddygiad, yn enwedig eu defnydd o gyffuriau, at frwydrau cyson â'r heddlu, neu'r 'moch', fel y byddai'r hipis yn eu galw.

Roeddent dan ddylanwad grwpiau roc fel The Grateful Dead a The Doors. Yr uchafbwynt i'r mudiad oedd cyngerdd roc Woodstock ar ddiwedd y 1960au (gweler Ffynhonnell B). Gŵyl gerddoriaeth tri diwrnod oedd Woodstock yn nhalaith wledig Efrog Newydd ym mis Awst 1969, lle daeth bron hanner miliwn o bobl ynghyd. Yr ŵyl hon roddodd enw i'r oes, sef Cenhedlaeth Woodstock.

Roedd y mudiad hwn yn bryder mawr i'r genhedlaeth hŷn, oherwydd:

- byddai hipis yn aml yn gwrthod gweithio
- roeddent yn arbrofi gyda chyffuriau fel mariwana ac LSD
- roedd llawer ohonynt yn perthyn i deuluoedd dosbarth canol ac nid o gefndir difreintiedig. Roeddent yn gwrthod holl werthoedd eu rhieni.

Ffynhonnell B Grŵp o hipis yn gwisgo'r dillad 'hipi' nodweddiadol, yn drymio gyda'i gilydd cyn dechrau gŵyl Woodstock yn 1969

Ffynhonnell C Jim Morrison, prif ganwr y grŵp The Doors, 1969

Rwy'n hoffi syniadau am dorri i ffwrdd neu ddymchwel trefn sefydlog. Mae gen i ddiddordeb mewn unrhyw beth sy'n ymwneud â gwrthryfel, anhrefn, trybini, yn enwedig gweithgarwch sy'n ymddangos yn ddiystyr. Mae'n ymddangos i mi mai dyma'r llwybr i ryddid – mae rhyddid allanol yn ffordd o sicrhau rhyddid mewnol.

Cerddoriaeth boblogaidd, 1970–2000

Newidiodd cerddoriaeth boblogaidd mewn sawl ffordd ar ddiwedd yr ugeinfed ganrif ac roedd yn un o'r ffactorau allweddol a ddylanwadodd ar ddiwylliant Americanwyr ifanc.

- Daeth perfformwyr cerddoriaeth ddisgo'r 1970au fel Donna Summer, y Bee Gees, KC and the Sunshine Band, Chic, a'r Jacksons yn boblogaidd iawn. Roedd disgo yn ymateb i oruchafiaeth cerddoriaeth roc ac yn boblogaidd iawn ymysg merched. Daeth y disgo yn un o hoff leoedd plant yn eu harddegau, a daeth yn fwy poblogaidd yn sgil y ffilm *Saturday Night Fever* (1977).
- Datblygodd cerddoriaeth rap a hip hop, i ryw raddau, o gerddoriaeth ddisgo'r 1970au gan ddod yn boblogaidd iawn yn ugain mlynedd olaf y ganrif. Er mai cynnyrch ardaloedd trafferthus canol dinas oedd hip hop, yn enwedig yr ardaloedd gyda'r ffigurau diweithdra uchel ymysg Americanwyr du, ar ôl ymchwilio i grwpiau defnyddwyr yn ystod canol y 1990au gwelwyd mai pobl ifanc wyn oedd dros 75 y cant o brynwyr recordiau hip hop. Roedd hip hop felly wedi dod yn boblogaidd ac yn gerddoriaeth prif ffrwd. Cyrhaeddodd albwm Jay-Z, *Vol.2 . . . Hard Knock Life*, rif 1 yn siartiau UDA am bum wythnos yn 1998. Cafodd artistiaid/bandiau eraill fel Ice T, Will Smith a'r Fugees lwyddiant ysgubol yn y siartiau hefyd.

TASGAU

3 Beth y mae Ffynhonnell C yn ei ddangos i chi am wrth-ddiwylliant ieuenctid? (Am arweiniad ar sut i ateb y math hwn o gwestiwn, edrychwch ar dudalen 22.)

4 Disgrifiwch y gwrth-ddiwylliant ieuenctid yn y 1960au. (Am arweiniad ar sut i ateb y math hwn o gwestiwn, edrychwch ar dudalennau 41–2.)

5 Defnyddiwch Ffynhonnell A (tudalen 48) a Ffynhonnell B (tudalen 50) a'ch gwybodaeth eich hun i egluro sut y newidiodd diwylliant ieuenctid rhwng y 1950au a'r 1960au. (Am arweiniad ar sut i ateb y math hwn o gwestiwn, edrychwch ar dudalennau 60–2.)

Jay-Z mewn cyngerdd

Beth oedd prif nodweddion mudiad y myfyrwyr?

Yn y 1960au, dechreuodd myfyrwyr gymryd llawer o ddiddordeb yn y **mudiad hawliau sifil** a'r ymgyrch dros fwy o ryddid i fynegi barn mewn prifysgolion, tra oedd llawer yn gwrthwynebu rhan UDA yn y gwrthdaro yn Viet Nam.

Y chwedegau afieithus (*swinging sixties*)
Parhaodd agweddau plant yn eu harddegau y 1950au ymlaen i'r degawd nesaf. Disgrifir y cyfnod yn aml fel y chwedegau afieithus gan fod pobl ifanc yn pellhau fwyfwy oddi wrth y genhedlaeth hŷn a safbwyntiau'r genhedlaeth honno ar sut y dylai pobl ifanc ymddwyn. Roeddent yn mynnu mwy o ryddid ym mhopeth roeddent yn ei wneud: eu cerddoriaeth, eu dillad, eu bywyd cymdeithasol.

Canu protest
Daeth cerddoriaeth bop yn boblogaidd iawn yn y 1960au. Roedd hefyd yn gyfrwng i fynegi'r diwylliant ieuenctid newydd ac yn gyfrwng i brotestio yn erbyn materion pwysig y dydd. Er enghraifft, roedd geiriau caneuon Bob Dylan yn sôn am bynciau llosg y dydd – rhyfel niwclear, hiliaeth a rhagrith mynd i ryfel. Canodd artistiaid fel Jimi Hendrix, Janis Joplin a Joan Baez am ryw, cyffuriau a'r gwrthwynebiad i'r rhyfel yn Viet Nam.

Prifysgolion
Roedd llawer o fyfyrwyr eisiau cael mwy o lais yn eu haddysg eu hunain. Roeddent eisiau cymryd rhan yn y gwaith o redeg y prifysgolion a rhoi diwedd ar reolau'r colegau a'r cyfyngiadau a roddwyd arnynt. Roedd y 1960au hefyd yn gyfnod pan welwyd protestiadau myfyrwyr ar draws y byd. Er enghraifft, yn hwyr yn y 1960au cafwyd protestiadau myfyrwyr yng Ngogledd Iwerddon dros hawliau sifil i Babyddion ac yn 1968 bu myfyrwyr yn protestio a streicio ym Mharis.

Yr *SDS*
Un o'r grwpiau protest cyntaf i fyfyrwyr yn UDA oedd Myfyrwyr o blaid Cymdeithas Ddemocrataidd (*SDS: Students for a Democratic Society*). Fe'i sefydlwyd yn 1959 gan Tom Hayden i roi mwy o lais i fyfyrwyr ynglŷn â rhedeg prifysgolion a chyrsiau. Roedd 100,000 o aelodau'n perthyn i'r grŵp erbyn diwedd y 1960au. Daeth yr *SDS* i sylw'r genedl am y tro cyntaf yn 1964 pan fu'n helpu i drefnu'r 'mudiad rhyddid i fynegi barn' ym Mhrifysgol California yn Berkeley. O'r 27,500 o fyfyrwyr Berkeley, cymerodd tua hanner ohonynt ran yn yr ymgyrch hon yn 1964 ac yn 1965. Gwnaeth yr *SDS* gyfraniad allweddol hefyd yn y mudiad protest yn erbyn rhyfel Viet Nam, gan gynnwys trefnu digwyddiadau i losgi cardiau drafft.

Dylanwad Martin Luther King
I lawer o Americanwyr ifanc gwyn a du, eu profiad cyntaf o brotestio oedd ym maes hawliau sifil. Bu dulliau Martin Luther King yn ysbrydoliaeth iddynt a chefnogodd llawer o fyfyrwyr gwyn y **gorymdeithiau rhyddid**, **teithiau rhyddid** a'r **protestiadau eistedd** ar ddechrau ac yng nghanol y 1960au (gweler tudalennau 84–9). Hefyd, galwyd ar nifer anghyfartal o fyfyrwyr Americanaidd du i ymladd yn Viet Nam. Siaradodd unigolion du dylanwadol fel Martin Luther King yn erbyn y rhyfel.

Ymgyrchu dros hawliau sifil
Yn 1964, trefnwyd ralïau a gorymdeithiau gan gymdeithasau myfyrwyr i gefnogi'r ymgyrch hawliau sifil. Roedd llawer yn casáu agweddau hiliol y gymdeithas yn America ac yn benderfynol o chwythu'r chwiban ar bobl hiliol yn eu colegau eu hunain: roeddent yn mynnu'r hawl i fynegi barn.

Y gwrthdaro yn Viet Nam
Galwyd nifer o fyfyrwyr i'r lluoedd arfog. Cyfeiriwyd at hyn fel y system ddrafft. Cynyddodd y gwrthwynebiad i'r rhyfel yn sgil y cynnydd yn y marwolaethau. Yn 1965, lladdwyd llai na 2000 o Americanwyr. Erbyn 1968, roedd y nifer wedi cynyddu i 14,000. Roedd rhai myfyrwyr yn amau hawl UDA i fod yn Viet Nam. Roedd UDA yn cefnogi cyfundrefn lwgr yn Ne Viet Nam. Denodd dulliau rhyfela UDA hyd yn oed fwy o wrthwynebiad, yn enwedig y defnydd o arfau cemegol fel napalm a'r ymgyrch pan laddwyd sifiliaid diniwed yn My Lai yn 1968.

Protestiadau yn erbyn rhyfel
Daeth y protestiadau yn erbyn rhyfel i'w hanterth yn 1968–70. Yn hanner cyntaf 1968, roedd dros gant o wrthdystiadau yn erbyn y rhyfel, gyda 400,000 o fyfyrwyr yn cymryd rhan. Yn 1969, gorymdeithiodd 700,000 o bobl yn erbyn y rhyfel yn Washington DC. Roedd myfyrwyr yn y gwrthdystiadau hyn yn aml yn llosgi cardiau drafft neu'n llosgi baner UDA ac roedd hynny'n drosedd. Arweiniodd hyn at frwydrau cas gyda'r heddlu. Fodd bynnag, digwyddodd y gwrthdaro mwyaf difrifol ym Mhrifysgol Talaith Kent, Ohio, ar 4 Mai 1970. Galwyd ar Warchodfilwyr Cenedlaethol i wasgaru'r myfyrwyr a defnyddiwyd nwy dagrau i geisio'u symud. Pan wrthododd y myfyrwyr symud, saethwyd atynt. Lladdwyd pedwar o bobl ac anafwyd un ar ddeg. Roedd y wasg yn UDA a gweddill y byd wedi'u harswydo a chaewyd tua 400 o golegau wrth i 2 filiwn o fyfyrwyr streicio mewn protest yn erbyn yr hyn a ddigwyddodd.

Ffynhonnell A Myfyrwraig yn dal ei phen mewn braw wrth edrych ar gorff un o'r pedwar myfyriwr a laddwyd ym Mhrifysgol Talaith Kent, Ohio, yn 1970

Ffynhonnell B Rhan o araith yr Arlywydd Richard Nixon, 1 Mai 1970

Meddyliwch am y plant sydd wedi mynd allan [i Viet Nam]. Nhw yw'r arwyr. Rydych chi'n gweld y ffyliaid hyn yn creu difrod yn ein colegau ... nhw yw'r bobl mwyaf lwcus yn y byd, yn cael mynd i'r prifysgolion a dyma nhw wedyn yn llosgi'r llyfrau, ac yn mynd o amgylch yn creu helynt am y sefyllfa – eisiau cael gwared â'r rhyfel. Dros y môr [yn Viet Nam] mae gennym blant sy'n gwneud eu dyletswydd a dim arall. Maen nhw'n ddewr ac yn falch.

Ffynhonnell C Arthur Krause, tad un o'r myfyrwyr a fu farw ym Mhrifysgol Talaith Kent, yn siarad am ei ferch ar y teledu, 5 Mai 1970

Doedd hi ddim yn hoffi cael ei galw'n ffŵl am ei bod yn anghytuno â barn rhywun arall. Roedd hi'n credu na ddylen ni fod wedi croesi'r ffin i mewn i Gambodia. A yw anghytuno fel hyn yn drosedd? A yw hyn yn rheswm i'w lladd? Ydym ni mewn cymaint o lanast yn y wlad hon bod angen saethu merch ifanc oherwydd ei bod yn anghytuno'n ddwys â gweithredoedd y llywodraeth?

Pwysigrwydd mudiad y myfyrwyr

Mewn sawl ffordd, y llwyddiant parhaol yn sgil mudiad y myfyrwyr oedd y diwylliant ieuenctid ei hun. Erbyn diwedd y 1960au, roedd newidiadau sylweddol wedi bod i ffordd o fyw pobl ifanc. Gwelwyd hyn yn rhannol mewn ffasiwn, gyda phobl ifanc yn llawer mwy ymwybodol o ffasiwn ac yn benderfynol o symud oddi wrth 'norm' y genhedlaeth hŷn. Efallai mai'r enghraifft orau o hyn yw'r sgert mini, a oedd hefyd yn dangos **goddefgarwch rhywiol** cynyddol yr oes. Daeth y plant yn eu harddegau yn llawer mwy ymwybodol o'u hunain fel unigolion gan fynnu cael mwy o lais yn yr hyn yr oeddent yn ei wisgo a'i wneud.

Er na lwyddodd yr *SDS* a phrotestiadau'r myfyrwyr i ddod â'r rhyfel i ben yn Viet Nam, nid oes unrhyw amheuaeth eu bod wedi cynorthwyo i orfodi'r llywodraeth i newid polisi a'i gwneud yn llawer mwy tebygol y byddai UDA yn gadael Viet Nam. Roeddent yn bendant wedi dylanwadu ar benderfyniad yr Arlywydd Johnson i beidio â cheisio cael ei ailethol yn 1968.

Hefyd, roedd mudiad y myfyrwyr wedi rhoi llawer mwy o gyhoeddusrwydd i'r problemau hiliol a oedd yn dal yn gyffredin yn y gymdeithas yn UDA. Rhoddodd cefnogaeth cymaint o fyfyrwyr gwyn dros hawliau sifil pobl ddu hwb i'r mudiad protest a dangosodd na fyddai ieuenctid America mwyach yn goddef gwahaniaethu ac arwahanu.

Yn olaf, dylid cofio bod y mwyafrif o'r myfyrwyr o gefndir dosbarth canol. Byddai disgwyl iddynt fod wedi cefnogi'r llywodraeth yn y mwyafrif o feysydd. Roedd yn anghyffredin iawn i bobl o'r fath wrthwynebu'r llywodraeth ar faterion allweddol (a gwrthwynebu safbwyntiau eu teuluoedd mewn ambell achos). Bu hyn yn gryn ysgytwad i'r genhedlaeth hŷn, fwy ceidwadol.

TASGAU

1 Lluniwch eich map meddwl eich hun i ddangos y rhesymau oedd wrth wraidd mudiad y myfyrwyr.

- Rhowch y rhesymau yn nhrefn y cloc, o'r pwysicaf i'r lleiaf pwysig.
- Defnyddiwch liwiau gwahanol i ddangos cysylltiadau rhwng rhai o'r rhesymau.
- Eglurwch yn gryno'r cysylltiadau rhwng y rhesymau.

2 Lluniwch bennawd mewn papur newydd cenedlaethol y diwrnod ar ôl marwolaethau Prifysgol Talaith Kent.

3 Defnyddiwch Ffynonellau B ac C ar dudalen 53 a'ch gwybodaeth eich hun i egluro sut y newidiodd y digwyddiadau ym Mhrifysgol Talaith Kent yn 1970 fudiad protestio'r myfyrwyr. (Am arweiniad ar sut i ateb y math hwn o gwestiwn, edrychwch ar dudalennau 60–2.)

4 Pam yr oedd oes mudiad y myfyrwyr yn drobwynt yn hanes cymdeithasol America? (Am arweiniad ar sut i ateb y math hwn o gwestiwn, edrychwch ar dudalennau 75–6.)

5 Gwelwyd newidiadau sylweddol mewn diwylliant ieuenctid yn y 1960au. Mae ffasiwn menywod yn un enghraifft. Ymchwiliwch i un enghraifft arall a pharatowch sgwrs un munud ar ei newidiadau allweddol. Dyma rai meysydd ymchwil posibl:

- teledu UDA ar gyfer pobl ifanc
- y diwydiant ffilm
- dawnsiau newydd poblogaidd
- cylchgronau a hysbysebion
- newidiadau i ffasiwn dynion ifanc
- canu protest.

Sut y newidiodd rôl menywod yn UDA yn y blynyddoedd ar ôl 1945?

Cafwyd newidiadau pwysig i safle menywod yng nghymdeithas UDA yn ail hanner yr ugeinfed ganrif.

Effaith yr Ail Ryfel Byd

Cyn 1945, byddai'r mwyafrif o fenywod UDA yn dilyn y llwybr traddodiadol fel gwragedd a mamau, a dim ond rhai yn dilyn gyrfa. Roedd cyfleoedd gyrfa go iawn yn brin ar wahân i'r proffesiynau 'benywaidd' nodweddiadol fel dysgu, nyrsio a gwaith ysgrifenyddol.

Ffynhonnell A Poster o gyfnod y rhyfel yn UDA yn dangos *Rosie the Riveter*, 1942. Gweithwraig ddychmygol oedd Rosie a ddefnyddiwyd gan lywodraeth UDA ar bosteri i annog menywod i helpu gydag ymdrech y rhyfel. Gwnaeth Hollywood ffilm am Rosie hyd yn oed

Roedd effaith yr Ail Ryfel Byd ar safle menywod yn amrywio.

- Gwnaeth menywod gyfraniad sylweddol at ymdrech y rhyfel ac agorodd hyn lawer o feysydd cyflogaeth newydd ar gyfer menywod o'r dosbarth gweithiol, yn enwedig cynhyrchu arfau rhyfel. Yn wir, roedd y cyflog am gynhyrchu arfau rhyfel yn llawer uwch na chyflog menywod mewn galwedigaethau 'benywaidd' nodweddiadol. Cynyddodd nifer y menywod a gyflogwyd o 12 miliwn yn 1940 i 18.5 miliwn ymhen pum mlynedd. Roedd llawer o'r swyddi newydd hyn mewn swyddi 'gwrywaidd' traddodiadol fel iard longau, ffatri awyrennau ac arfau rhyfel.
- Ymunodd menywod hefyd â'r lluoedd arfog, gyda thua 300,000 yn gwasanaethu yn adrannau menywod o'r fyddin, y llynges a'r corfflu nyrsio.

Fodd bynnag, ar ddiwedd y rhyfel:

- rhoddodd y mwyafrif o fenywod y gorau i'w swyddi rhyfel o'u gwirfodd a dychwelyd i'w rôl fel mamau a gwragedd a'u swyddi 'benywaidd' traddodiadol
- ar y cyfan nid oedd cyfle i fenywod ymgeisio am swyddi oedd â'r cyflogau gorau ac, ar gyfartaledd, roeddent yn ennill 50–60 y cant o'r cyflog yr oedd dynion yn ei ennill am wneud yr un gwaith
- roedd menywod yn dal i gael eu diswyddo pan fyddent yn priodi.

TASGAU

1. Beth y mae Ffynhonnell A yn ei ddangos i chi am rôl menywod yn ystod yr Ail Ryfel Byd? (Am arweiniad ar sut i ateb y math hwn o gwestiwn, edrychwch ar dudalen 22.)
2. Disgrifiwch waith menywod yn ystod yr Ail Ryfel Byd. (Am arweiniad ar sut i ateb y math hwn o gwestiwn, edrychwch ar dudalennau 41–2.)

Y 1950au

Cafwyd ychydig o gynnydd yn safle menywod yn ystod yr Ail Ryfel Byd ond, i bob pwrpas, ni pharhaodd hyn ar gyfer y genhedlaeth nesaf o fenywod. Yn wir, roedd llawer o ddylanwad yn y cyfryngau yn annog menywod i fabwysiadu eu rôl deuluol draddodiadol. Roedd menywod a oedd yn mynd allan i weithio yn hytrach na phriodi yn cael eu trin gyda chryn amheuaeth gan weddill y gymdeithas.

Ffynhonnell B O *The Women's Guide to Better Living*, a ysgrifennwyd yn y 1950au

Boed yn ddyn neu'n fenyw, y teulu yw'r uned yr ydych yn perthyn iddi fwyaf mewn gwirionedd. Y teulu yw canolbwynt eich bywyd. Os nad yw hynny'n wir, rydych chi wedi mynd ar gyfeiliorn.

Yn y 1950au, dechreuodd mwy a mwy o fenywod, yn enwedig rhai o'r dosbarth canol, amau eu rôl draddodiadol, a mynd yn fwyfwy rhwystredig gyda bywyd fel gwraig tŷ. Hefyd, rhoddodd y bilsen atal cenhedlu lawer fwy o gyfle i fenywod ddewis a oeddent am gael plant a phryd. Roedd modd atal neu ohirio hyn tra bod menyw yn dilyn gyrfa.

Roedd menywod wedi cael gwell addysg erbyn hyn felly roedd gyrfa broffesiynol yn bosibl. Yn 1950, roedd 721,000 o fenywod yn y brifysgol. Erbyn 1960, roedd cynifer ag 1.3 miliwn. Hefyd, yn sgil dyfeisiau i hwyluso gwaith tŷ a bwydydd cyfleus roedd gan fenywod fwy o amser rhydd ac aeth rhai i chwilio am waith cyflogedig. Fodd bynnag, prin oedd y gyrfaoedd a oedd ar gael i lawer o'r menywod hyn oherwydd ar ôl priodi roedd disgwyl iddynt ganolbwyntio ar eu gwŷr a'u plant.

Ffynhonnell CH O'r ffilm *The Tender Trap*, 1955. Sgwrs rhwng dau o'r prif gymeriadau yn y ffilm, Debbie Reynolds a Frank Sinatra

Reynolds: *Mae'r theatr yn iawn, ond dim ond am y tro.*

Sinatra: *Wyt i'n meddwl am wneud rhywbeth arall?*

Reynolds: *Priodi, gobeithio. Mae gyrfa yn iawn, ond nid yw'n cymharu â phriodi. Wyt ti ddim yn credu mai dyn yw'r peth pwysicaf yn y byd? Dyw menyw ddim yn fenyw tan iddi briodi a chael plant.*

Ffynhonnell C
Delwedd o'r 'fam' nodweddiadol o'r 1950au

Y 1960au

Er bod agweddau wedi newid ar ôl y rhyfel, parhaodd mwy o fenywod i gael eu cyflogi am eu bod i lawer o gyflogwyr yn aml yn ffynhonnell werthfawr o lafur rhad, rhan-amser. Yn 1950, menywod oedd bron 29 y cant o'r gweithlu. Erbyn 1960, roedd y ffigur bron 50 y cant. Gwnaeth Eleanor Roosevelt, gweddw'r Arlywydd Roosevelt, gyfraniad pwysig pan sefydlodd gomisiwn i ymchwilio i statws menywod yn y gwaith yn 1960. Roedd Eleanor wedi cefnogi hawliau menywod yn frwd er y 1920au. Cyhoeddwyd yr adroddiad yn 1963 a gwelwyd bod statws israddol gan fenywod ym maes cyflogaeth. Er enghraifft, roedd 95 y cant o reolwyr cwmni ac 85 y cant o weithwyr technegol yn ddynion. Dim ond 7 y cant o feddygon oedd yn fenywod a hyd yn oed llai, 4 y cant, oedd yn gyfreithwyr. Roedd menywod yn ennill 50 i 60 y cant yn unig o gyflogau dynion er eu bod yn gwneud yr un gwaith ac roeddent yn gweithio mewn swyddi cyflogau isel ar y cyfan.

Roedd menyw arall, Betty Friedan, hyd yn oed yn fwy dylanwadol yn natblygiad mudiad y menywod. Yn 1963 ysgrifennodd *The Feminine Mystique*. Roedd ei llyfr yn rhoi llais i feddyliau llawer o fenywod – bod mwy i fywyd na bod yn fam ac yn wraig tŷ. Yn wir, '*feminine mystique*' oedd ei therm hi ar gyfer y syniad bod hapusrwydd menyw i gyd yn gysylltiedig â'i rôl yn y cartref.

Ffynhonnell D O *The Feminine Mystique* gan Betty Friedan, 1963

Bu'r broblem dan glo, heb lais am flynyddoedd lawer ym meddyliau menywod America. Rhyw ddigwyddiad rhyfedd ydoedd, rhyw ymdeimlad o anfodlonrwydd, dyhead yr oedd menywod yn ei ddioddef ar ganol yr ugeinfed ganrif yn UDA.

Roedd Friedan yn bwysig oherwydd ei bod yn annog menywod i ymwrthod â'r '*mystique*' hwn ac yn galw am well cyfleoedd gwaith i fenywod. Wedi ei dadrithio gan ddiffyg cynnydd yn y cyfleoedd gwaith i fenywod er gwaethaf deddfwriaeth y llywodraeth yn 1963 ac 1964 (gweler tudalen 59), sefydlodd Sefydliad Cenedlaethol y Menywod (*NOW: National Organisation for Women*) yn 1966.

Sefydliad Cenedlaethol y Menywod (*NOW*)

Sefydlwyd *NOW* gan fenywod dosbarth canol gwyn yn bennaf er mwyn mynd i'r afael ag enghreifftiau amlwg o wahaniaethu. Erbyn y 1970au cynnar roedd ganddo 40,000 o aelodau ac roedd wedi trefnu gwrthdystiadau mewn sawl dinas yn America.

Aeth yr aelodau ag achosion o wahaniaethu gerbron y llysoedd ac mewn cyfres o achosion rhwng 1966 ac 1971 enillodd $30 miliwn mewn ôl-daliadau oedd yn ddyledus i fenywod nad oedd wedi derbyn cyflogau cyfartal â dynion.

Ffynhonnell DD Y Mesur Hawliau y cytunwyd arno yng nghynhadledd genedlaethol gyntaf *NOW*, 1967

1. *Diwygiad i'r Cyfansoddiad am Hawliau Cyfartal*
2. *Gorfodi Cyfraith yn Gwahardd Gwahaniaethu ar sail Rhyw mewn Cyflogaeth*
3. *Hawliau Cyfnod Mamolaeth mewn Cyflogaeth a Budd-daliadau Nawdd Cymdeithasol*
4. *Didyniadau Treth ar gyfer Costau Gofal Cartref a Phlant ar gyfer Rhieni sy'n Gweithio*
5. *Canolfannau Gofal Dydd Plant*
6. *Addysg Gyfartal a Heb Arwahanu*
7. *Cyfleoedd Hyfforddiant mewn Swydd Cyfartal a Lwfansau ar gyfer Menywod mewn Tlodi*
8. *Hawl Menywod i Reoli Eu Bywydau Atgenhedlu*

TASGAU

3. Astudiwch Ffynhonnell B. Beth yw ei safbwynt ar rôl menywod?
4. Defnyddiwch Ffynonellau C, D a DD a'ch gwybodaeth eich hun i ddangos sut yr oedd agweddau tuag at rôl a statws menywod wedi newid erbyn y 1960au. (Am arweiniad ar sut i ateb y math hwn o gwestiwn, edrychwch ar dudalennau 60–2.)
5. Gan weithio mewn parau, ysgrifennwch lythyrau at bapur newydd lleol oddi wrth ddwy Americanes sydd wedi darllen *The Feminine Mystique* gan Betty Friedan yng nghanol y 1960au:
   - un yn rhoi rhesymau i gefnogi safbwyntiau Friedan
   - un yn eu gwrthwynebu ac yn rhoi safbwynt traddodiadol menywod.
6. Astudiwch Ffynhonnell DD. Beth yw **tri** nod pwysicaf *NOW* yn eich barn chi? Rhowch resymau dros eich dewisiadau.

Y Mudiad Rhyddid i Fenywod

Roedd menywod a oedd yn llawer mwy radical nag aelodau *NOW* yn perthyn i'r Mudiad Rhyddid i Fenywod. Roeddent yn cael eu galw'n **ffeministiaid** ac yn mynd ati yn llawer mwy brwdfrydig i herio gwahaniaethu. Yn wir, nid oedd y ffeministiaid eithafol iawn am gael unrhyw beth i'w wneud â dynion. Y nod oedd dileu pob arwydd o **oruchafiaeth dynion**. Roedd hyn yn cynnwys rheolaeth dynion ym maes cyflogaeth, gwleidyddiaeth a'r cyfryngau.

Credai'r menywod hyn fod hyd yn oed mynd heb golur yn ddull o brotestio yn erbyn goruchafiaeth dynion ac roeddent yn benderfynol o gael cymaint o gyhoeddusrwydd ar gyfer eu hachos â phosibl. Er enghraifft, cafwyd ymgyrch i losgi eu bras gan fod bra hefyd yn cael ei ystyried yn symbol o oruchafiaeth dynion. Yn 1968, bu rhai menywod yn picedu cystadleuaeth harddwch Miss America yn Atlantic City (gweler Ffynhonnell E) a hyd yn oed yn coroni dafad yn 'Miss America'. Roedd yr holl gystadleuaeth yn diraddio safle menywod yn eu barn nhw.

Fodd bynnag, roedd gweithgareddau'r Mudiad Rhyddid i Fenywod wedi gwneud mwy o ddrwg na da. Denodd eu gweithredoedd a'u protestiadau y math anghywir o gyhoeddusrwydd. Roedd llosgi eu bras yn gyhoeddus wedi'u gwneud yn destun sbort ac wedi'i gwneud yn anoddach i ddynion a menywod eraill gymryd yr holl fater o hawliau menywod o ddifrif. Roeddent yn tynnu sylw oddi ar y materion allweddol, sef cyflog cyfartal a gwell cyfleoedd gwaith.

Llwyddiant mudiadau'r menywod

Yn y blynyddoedd diweddar, mae rhai menywod wedi ennill eu lle mewn gyrfaoedd a oedd yn draddodiadol yn perthyn i ddynion.

- Yn 1983, Dr Sally Ride oedd yr Americanes gyntaf i gyrraedd y gofod ar y llong ofod Challenger (STS-7).
- Yn ras enwebu arlywyddol 2008, enillodd Hillary Clinton fwy o ragetholiadau a chynrychiolwyr nag unrhyw fenyw yn hanes America, ond collodd o drwch blewyn i'r Seneddwr Barack Obama. Fe'i penodwyd hi'n ddiweddarach yn Ysgrifennydd Gwladol pan ddaeth Obama'n Arlywydd.

Ffynhonnell E Aelodau o'r Mudiad Rhyddid i Fenywod yn dal arwyddion protest y tu allan i gystadleuaeth Miss America yn Atlantic City, 7 Medi 1968

Dyddiad	Llwyddiant
1963	Roedd y Ddeddf Cyflog Cyfartal yn ei gwneud yn ofynnol i gyflogwyr dalu'r un cyflogau i fenywod a dynion am wneud yr un gwaith.
1964	Roedd y Ddeddf Hawliau Sifil yn ei gwneud yn anghyfreithlon i wahaniaethu ar sail rhyw. Fodd bynnag, nid oedd y Comisiwn Cyfle Cyfartal yn cymryd gwahaniaethu yn erbyn menywod o ddifrif, felly ni chafodd y Ddeddf ei gweithredu'n llawn.
1970	Ym mis Chwefror, tarfodd tua ugain o aelodau *NOW* ar wrandawiadau'r Senedd gan fynnu cynnydd ar y Diwygiad Hawliau Cyfartal (*ERA: Equal Rights Amendment*). Fodd bynnag, bu taith yr *ERA* yn araf yn y Gyngres ac fe'i trechwyd yn y pen draw yn 1982.
1972	Gwaharddodd y Ddeddf Diwygio Addysgol wahaniaethu ar sail rhyw ym maes addysg er mwyn i ferched allu dilyn union yr un cwricwlwm â bechgyn. Byddai hyn yn rhoi gwell cyfleoedd gyrfa iddynt. Fodd bynnag, cymerodd lawer o amser i ysgolion newid eu cwricwlwm traddodiadol ac i addysg merched elwa ar y manteision.
1972	Dyfarnodd y Llys Goruchaf fod cyfansoddiad UDA yn rhoi hawliau cyfartal i ddynion a menywod.
1973	Cyflwynodd cyfreithwraig ffeministaidd, Sarah Weddington, achos a oedd yn amddiffyn hawl menyw, Norma McCorvey, a enwyd yn Jane Roe i'w chadw'n anhysbys, i gael erthyliad. Yn yr achos *Roe v Wade*, pennodd y Llys Goruchaf hawl menyw i erthyliad, gan ddileu cyfreithiau gwrth-erthylu 46 talaith.
1978	Yn sgil Deddf Gwahaniaethu ar sail Beichiogrwydd gwaharddwyd gwahaniaethu yn erbyn menywod beichiog ym maes cyflogaeth.
1981	Sandra Day O'Connor oedd y fenyw gyntaf erioed i gael ei phenodi i Lys Goruchaf UDA. Yn 1993, penodwyd Ruth Bader Ginsberg hefyd.
1984	Geraldine Ferraro oedd y fenyw gyntaf i ymgeisio fel is-arlywydd yn un o'r prif bleidiau gwleidyddol (Y Blaid Ddemocrataidd).
1994	Mabwysiadodd y Gyngres y Ddeddf Cydraddoldeb Rhywiol mewn Addysg i hyfforddi athrawon ym maes cydraddoldeb ar sail rhyw, hyrwyddo addysg mathemateg a gwyddoniaeth ymysg merched, cynghori merched beichiog yn eu harddegau, ac atal aflonyddu rhywiol.

- Dewisodd John McCain, ymgeisydd arlywyddol y Gweriniaethwyr, Sarah Palin ym mis Awst 2008 i fod yn gydymgeisydd iddo yn etholiad arlywyddol y flwyddyn honno. Hi oedd y fenyw gyntaf i gael ei henwebu fel is-arlywydd i'r Gweriniaethwyr.

Hefyd, mae cynnydd sylweddol wedi bod o ran cyflogi menywod. Roedd dros 70 y cant o fenywod o oed gweithio mewn cyflogaeth yn 1995 o gymharu â 38 y cant yn 1955. Fodd bynnag:

- roedd llawer o'r rhain mewn swyddi traddodiadol i fenywod fel gwaith ysgrifenyddol a derbynfa. Dim ond 30 y cant o reolwyr oedd yn fenywod
- roedd dros ddwy ran o dair o swyddi rhan-amser yn cael eu llenwi gan fenywod
- roedd cyflog cyfartalog menywod tua 75 y cant o gyflogau dynion yn 1998.

TASGAU

7 Beth y mae Ffynhonnell E yn ei ddangos i chi am y Mudiad Rhyddid i Fenywod? (Am arweiniad ar sut i ateb y math hwn o gwestiwn, edrychwch ar dudalen 22.)

8 Gwnewch gopi o'r tabl isod a rhestrwch lwyddiannau a chyfyngiadau mudiad y menywod. A oedd yn llwyddiant ar y cyfan? Eglurwch eich ateb.

Llwyddiannau	Cyfyngiadau

9 Pam yr oedd y 1960au yn drobwynt i fudiad y menywod? (Am arweiniad ar sut i ateb y math hwn o gwestiwn, edrychwch ar dudalennau 75–6.)

Arweiniad ar arholiadau

Mae'r adran hon yn rhoi arweiniad ar sut i ateb cwestiynau 1(c), 2(c) a 3(c) o Uned 3. Mae'r math hwn o gwestiwn yn ymdrin â deall **newid neu barhad** drwy gymharu dwy ffynhonnell a defnyddio eich gwybodaeth eich hun. Mae'n werth 6 marc.

Cwestiynau 1(c), 2(c), 3(c) – newid neu barhad

Ffynhonnell A Disgrifiad o'r fenyw ddelfrydol yng nghylchgrawn *Life*, 1956

Gwraig tŷ brydferth a phoblogaidd 32 oed sy'n dod o faestref, ac yn fam i bedwar o blant. Fe'i priodwyd yn un ar bymtheg oed ac mae'n wraig dda i'w gŵr, yn fam ragorol sy'n trefnu'r cartref ac yn groesawgar ei natur, mae'n wirfoddolwraig ac yn gwneud ei dillad ei hun, yn gwahodd pobl i swper gyda'r nos dwsinau o weithiau bob blwyddyn, mae'n canu yng nghôr yr eglwys, ac mae'n gwbl ffyddlon i'w gŵr. Bob diwrnod, mae'n mynd i gyfarfodydd amrywiol gymdeithasau ac elusennau, mae'n gyrru'r plant i'r ysgol, ac yn siopa am nwyddau bob wythnos. O holl ddoniau'r fenyw Americanaidd, ei llwyddiant mwyaf yw rhoi genedigaeth i fabis.

Ffynhonnell B Aelodau o'r Mudiad Rhyddid i Fenywod yn gwrthdystio ym mis Awst 1970

Defnyddiwch Ffynonellau A a B a'ch gwybodaeth eich hun i egluro pam yr oedd bywyd wedi newid i rai menywod yn America yn y 1970au.

(Rhoddir dau ateb enghreifftiol i'r cwestiwn hwn i chi ar dudalennau 61 a 62.)

Cyngor ar sut i ateb

Mae'r cwestiwn hwn yn gofyn i chi nodi newid neu ddiffyg newid (parhad) ac i ddefnyddio eich gwybodaeth eich hun i helpu i ddisgrifio ac egluro'r newid neu'r parhad hwn, gan roi pob ffynhonnell mewn cyd-destun. I wneud hyn mae angen i chi:

- **ddisgrifio** beth sydd ym mhob ffynhonnell, gan ddefnyddio'r pennawd sydd wedi'i ysgrifennu yn union uwchben y ffynhonnell
- **cyfeirio'n uniongyrchol at bob ffynhonnell**, er enghraifft 'Mae Ffynhonnell A yn dweud ... Mae hyn yn groes i Ffynhonnell B sy'n dangos ...'
- ceisio **croesgyfeirio**, gan nodi'r hyn sydd yr un fath neu'n wahanol ym mhob ffynhonnell
- cofio cynnwys **manylion ffeithiol penodol** o'ch gwybodaeth eich hun i helpu i roi pob ffynhonnell yn ei chyd-destun hanesyddol
- cofio **os na fyddwch yn cyfeirio'n benodol at y ffynonellau** a dim ond yn defnyddio eich gwybodaeth eich hun, **hanner y marciau yw'r mwyaf y gallwch eu cael**
- gwneud yn siŵr eich bod wedi disgrifio ac egluro'r ddwy ffynhonnell, **wedi canolbwyntio ar y materion allweddol o newid neu barhad**, ac ategu hyn gyda eich gwybodaeth eich hun am y pwnc.

Ymateb Ymgeisydd A

Roedd bywydau llawer o fenywod America wedi newid yn sylweddol erbyn y 1970au. Yn y 1950au roedd llawer o fenywod yn wragedd tŷ, ac yn rhoi eu hamser i ofalu am y cartref a magu'r plant. Roedd disgwyl iddynt fod yn wraig dda ac yn fam dda. Dyma oedd bywyd y wraig tŷ ddelfrydol o'r maestrefi. Fodd bynnag, erbyn y 1970au roedd pethau wedi newid. Roedd y 1960au wedi gweld twf y mudiad ffeministaidd ac roedd llawer wedi cymryd rhan yn y frwydr dros hawliau cyfartal a chydraddoldeb rhywiol. Roedd mwy o fenywod yn mynd i'r brifysgol ac yn cael swyddi yn y proffesiynau. Roedd agweddau wedi newid ac yn sgil eu holl ymgyrchu roedd menywod nawr yn chwarae rhan fwy gweithgar yn y gymdeithas ac yn y gweithle.

Ateb gwybodus ond nid yw'n cyfeirio at unrhyw ffynhonnell.

Sylw'r arholwr

Mae'r ateb hwn wedi'i seilio bron yn llwyr ar wybodaeth yr ymgeisydd ei hun. Mae wedi defnyddio'r ffynonellau fel arweiniad a chyfeirir atynt yn anuniongyrchol. Mae'r ymgeisydd yn awgrymu'r rhesymau dros newid, fel twf ffeministiaeth a'r frwydr dros hawliau cyfartal. Fodd bynnag, gan nad yw'n cyfeirio'n benodol at Ffynhonnell A neu Ffynhonnell B o gwbl, ni ellir rhoi marciau sy'n uwch na Lefel Dau felly byddai'r ateb hwn yn derbyn 3 marc allan o 6.

Dadansoddiad craff o gynnwys Ffynhonnell A, sy'n cael ei henwi.

Dechrau croesgyfeirio'r ffynonellau.

Dadansoddiad gwybodus o Ffynhonnell B yn cael ei ategu gyda gwybodaeth yr ymgeisydd ei hun.

Nodi'r newid ac yn egluro'r rhesymau *pam* y digwyddodd y newid hwn.

Ymateb Ymgeisydd B

Mae Ffynhonnell A yn disgrifio sefyllfa menywod yn y 1950au yn ôl cylchgrawn 'Life' yn 1956 ac mae'n awgrymu mai'r darlun ystrydebol o fenyw oedd gwraig tŷ yn y maestrefi. Mae'r ffynhonnell yn dweud bod disgwyl i fenywod fod yn wragedd tŷ da, gan dreulio'u hamser yn gofalu am y cartref, yn magu'r plant, a bod yn fam dda ac yn wraig gefnogol.

Mae Ffynhonnell B yn hollol groes i Ffynhonnell A ac yn dangos bod y dull hwn o fyw wedi newid erbyn y 1970au. Yn ystod y 1960au, datblygodd mudiadau rhyddid i fenywod, a dechreuodd mwy o fenywod fynd allan i weithio a dilyn gyrfa. Mae Ffynhonnell B yn dangos aelodau'r Mudiad Rhyddid i Fenywod yn gwrthdystio ym mis Awst 1970. Mae baneri'r menywod yn galw am hawliau cyfartal i fenywod. Roedd menywod erbyn hyn yn mynnu hawliau cyfartal a chydraddoldeb rhywiol. Roedd llawer yn treulio mwy o amser yn y byd addysg, yn mynd i'r brifysgol a chael swyddi da yn y proffesiynau.

Mae'r ddwy ffynhonnell yn dangos y newid mewn agwedd tuag at fenywod rhwng y 1950au a'r 1970au. Yn sgil twf y mudiad ffeministaidd a welir yn Ffynhonnell B cododd statws menywod yn y gymdeithas ac yn y gweithle. Roedd hyn yn wahanol iawn i sefyllfa'r wraig tŷ o'r maestrefi a welir yn Ffynhonnell A.

Sylw'r arholwr

Mae Ymgeisydd B wedi llunio ateb trefnus a gwybodus. Mae ymgais glir i egluro a dadansoddi cynnwys y ddwy ffynhonnell, gan ymhelaethu ar bwyntiau drwy gynnwys ei wybodaeth ei hun. Mae ymdrechion i groesgyfeirio ac mae'r paragraff olaf yn nodi'r hyn sydd wedi newid gan roi'r rhesymau dros y newid hwnnw. Mae'r ateb yn bodloni gofynion Lefel Tri ac yn haeddu'r marciau llawn (6).

4 Pam yr oedd cymaint o anghydraddoldeb o ran hil yn UDA yn y cyfnod rhwng 1929 ac 1945?

Ffynhonnell A
Rubin Stacy yn cael ei lynsio yn Florida, 1935. Cafodd Stacy ei gipio o ddwylo dirprwyon y siryf ar ôl honiadau iddo ymosod ar fenyw wen

TASG

Beth y mae Ffynhonnell A yn ei ddangos i chi am y ffordd y cafodd Americanwyr du eu trin yn y 1930au? (Am arweiniad ar sut i ateb y math hwn o gwestiwn, edrychwch ar dudalen 22.)

Roedd hiliaeth a rhagfarn yn brofiad cyffredin i lawer o bobl yn UDA yn y 1920au a'r 1930au. Yn ystod y cyfnod hwn, dangoswyd llawer o gasineb tuag at Americanwyr du a dangosodd twf y **Ku Klux Klan** bod hiliaeth gyfundrefnol (*organised racism*) yn bodoli. Symudodd llawer o Americanwyr du o'r De i daleithiau'r gogledd yn ystod y 1920au a'r 1930au i chwilio am waith a bywyd gwell. Fodd bynnag, roedd y gwahaniaethu'n barhaus, a hyd yn oed ar ddiwedd yr Ail Ryfel Byd, nid oedd eu sefyllfa wedi gwella llawer.

Mae'r bennod hon yn trafod y materion canlynol:

- Beth oedd sefyllfa pobl ddu yn y 1930au?
- Beth oedd y *NAACP*?
- Beth oedd y Ku Klux Klan?
- Pa effaith gafodd y Dirwasgiad a'r Fargen Newydd ar Americanwyr du?
- Beth oedd effaith yr Ail Ryfel Byd ar y boblogaeth ddu?
- Beth oedd effaith y rhyfel ar faterion hawliau sifil?

Arweiniad ar arholiadau

Drwy'r bennod hon, byddwch yn cael cyfle i ymarfer cwestiynau arholiad o wahanol arddull. Byddwch hefyd yn cael arweiniad manwl ar sut i ateb cwestiynau 1(ch), 2(ch) a 3(ch) o Uned 3 y papur arholiad. Cwestiwn yn ymdrin â **llunio barn** am drobwynt neu bwysigrwydd neu lwyddiant digwyddiad, mudiad neu unigolyn penodol yw hwn. Mae'n werth 8 marc.

Beth oedd sefyllfa pobl ddu yn y 1930au?

Deddfau Jim Crow

Roedd pobl ddu wedi eu cludo i America fel caethweision yn yr ail ganrif ar bymtheg a'r ddeunawfed ganrif. Erbyn i gaethwasiaeth ddod i ben yn y 1860au, roedd mwy o Americanwyr du nag Americanwyr gwyn yn byw yn nhaleithiau'r de. Pobl wyn oedd yn llywodraethu'r taleithiau ac oherwydd eu bod yn pryderu am rym Americanwyr du, cyflwynwyd deddfau i reoli eu rhyddid. Yr enw a roddwyd arnynt oedd deddfau Jim Crow ar ôl comedïwr o'r bedwaredd ganrif ar bymtheg a oedd yn gwawdio pobl ddu.

Roedd deddfau Jim Crow wedi'u derbyn ar draws UDA yn 1896 ar ôl achos llys *Plessy v Ferguson*. Yn yr achos hwn, roedd y Llys Goruchaf wedi dyfarnu o blaid cyfraith talaith Louisiana a oedd yn ei gwneud yn ofynnol i gwmnïau rheilffordd gael cerbydau ar wahân ar drenau ar gyfer pobl ddu a phobl wyn. Dyfarnodd y Llys Goruchaf fod **arwahanu'n gyfansoddiadol**, cyn belled â bod cyfleusterau cyfartal. Galwyd hyn yn athrawiaeth '**ar wahân ond cyfartal**'.

Roedd y cyfreithiau'n arwahanu pobl ddu mewn ysgolion, parciau, ysbytai, pyllau nofio, llyfrgelloedd a mannau cyhoeddus eraill. Yn yr ugeinfed ganrif, pasiwyd deddfau Jim Crow newydd mewn rhai taleithiau er mwyn gallu arwahanu tacsis, traciau rasio a hyd yn oed gornestau bocsio. Yn 1940, nid oedd yr un heddwas du yn nhaleithiau Mississippi, De Carolina, Louisiana, Georgia ac Alabama.

Theatr ar wahân, Leland, Mississippi, 1937

Profion llythrennedd

Roedd pobl ddu yn ei chael yn anodd i gael eu trin yn deg ac roeddent yn cael eu hystyried yn ddinasyddion eilradd. Ni fyddent yn aml yn cael pleidleisio a byddai'n rhaid iddynt lwyddo mewn prawf llythrennedd cyn cael caniatâd i fwrw eu pleidlais. Rhoddwyd y prawf llythrennedd i ddarpar bleidleiswyr i brofi eu bod yn gallu darllen a deall rhannau o'r cyfansoddiad. Fodd bynnag, byddai'r Americanwyr du yn aml yn gorfod ateb cwestiynau amhosibl gan rwystro llawer o bobl ddu o'r De rhag pleidleisio tan y 1960au.

Amodau byw

Yn y De, nid oedd Americanwyr du yn cael cyfle i gael swyddi da ac addysg dderbyniol. Roedd pobl wyn yn eu dychryn ac yn ceisio eu rheoli drwy ofn a braw. Nid oedd yr amodau fawr gwell i'r rhai a fudodd i'r gogledd hyd yn oed. Swyddi ar gyflog isel oedd swyddi'r Americanwyr du a nhw fyddai'r cyntaf i gael eu diswyddo yn y dyddiau gwael. Ar y cyfan, byddent yn byw mewn getos tenement brwnt. Yn Efrog Newydd a Chicago, byddai eu cartrefi'n aml mewn cyflwr gwaeth na phobl wyn, ond byddai'r rhent yn uwch. Roedd eu gwasanaethau iechyd ac addysg yn waeth na phobl wyn. Nid oedd y mwyafrif o Americanwyr du wedi elwa ar ffyniant economaidd y 1920au.

Gwelliannau

Fodd bynnag, roedd rhai pethau wedi gwella i Americanwyr du, yn enwedig yn nhaleithiau'r gogledd. Roedd cymdeithas dosbarth canol du yn datblygu yn Chicago ac Efrog Newydd. Yn 1930, gwrthododd pobl ddu ddefnyddio siopau adrannol mawr yn Chicago nes iddynt gytuno i gyflogi cynorthwywyr du. Daeth llawer o gantorion a cherddorion jazz du yn enwog, fel Louis Armstrong. Daeth cymdogaeth ddu Harlem yn Efrog Newydd yn ganolfan i'r Dadeni Harlem ar gyfer cantorion, cerddorion, artistiaid, awduron a beirdd du. Daeth cynulleidfaoedd mawr i weld y theatr ddu a daeth perfformwyr du, gan gynnwys cantorion, comediwyr a dawnswyr, yn boblogaidd mewn clybiau a sioeau cerdd.

Treialon Scottsboro

Serch hynny, gwelir sefyllfa orau'r Americanwr du yn y cyfnod hwn yn sgil treialon Scottsboro yn y 1930au cynnar.

Ar 25 Mawrth, 1931, honnodd dwy fenyw wen eu bod wedi'u treisio gan fechgyn Americanaidd du ar drên nwyddau rhwng Chattanooga a Memphis. Cyfaddefodd un o'r merched yn nes ymlaen nad oedd wedi'i threisio, ond cafwyd y bechgyn yn euog beth bynnag. Cafwyd wyth o'r naw bachgen a erlynwyd yn euog ac fe'u dedfrydwyd i farwolaeth, ond lleihawyd y gosb i 75 mlynedd o garchar. Cynhaliwyd aildreialon dros gyfnod o flynyddoedd a chyflwynwyd yr achos gerbron y Llys Goruchaf yn y pen draw lle dilëwyd y dyfarniadau. Rhyddhawyd yr olaf o Naw Scottsboro yn 1950. Dywedwyd wrth yr Arlywydd Roosevelt fod achos yr erlyniad yn seiliedig ar 'lawer o groes-ddweud ac elfennau annhebygol'.

TASGAU

1 Eglurwch pam yr oedd llawer o Americanwyr du a oedd yn byw yn nhaleithiau'r de yn casáu deddfau Jim Crow.

2 Disgrifiwch y problemau a oedd yn wynebu Americanwyr du a oedd yn symud i'r gogledd. (Am arweiniad ar sut i ateb y math hwn o gwestiwn, edrychwch ar dudalennau 41–2.)

3 Beth y mae Ffynhonnell A yn ei ddangos i chi am system gyfreithiol America yn y 1930au cynnar? (Am arweiniad ar sut i ateb y math hwn o gwestiwn, edrychwch ar dudalen 22.)

4 Pa mor bwysig oedd treialon Scottsboro? (Am arweiniad ar sut i ateb y math hwn o gwestiwn, edrychwch ar dudalen 96.)

Ffynhonnell A Ffotograff o'r rheithgor yn nhreial Scottsboro yn 1932

Beth oedd y *NAACP*?

Sefydlodd William Du Bois ac ymgyrchwyr du eraill y ***National Association for the Advancement of Colored People*** (*NAACP*) yn 1909. Roedd gan y gymdeithas gylchgrawn a William Du Bois fu yn ei olygu tan 1934. Bwriad y *NAACP* oedd sicrhau rhyddid corfforol rhag **taeogaeth** (system lle'r oedd dyledwr yn gorfod gweithio i gredydwr tan i'r ddyled gael ei thalu), rhyddid meddwl rhag anwybodaeth, rhyddid gwleidyddol trwy hawl i bleidleisio a rhyddid cymdeithasol rhag cael eu sarhau i 1,000,000 o Americanwyr.'

Yn ystod y Rhyfel Byd Cyntaf, hyrwyddodd y *NAACP* yrfa'r Americanwyr du ym myddin UDA. Ymgyrchodd yn llwyddiannus dros gomisiynu Americanwyr du fel swyddogion yn y fyddin ac erbyn diwedd 1918, roedd 600 o Americanwyr du wedi'u comisiynu. Cofrestrodd mwy na 700,000 i wasanaethu yn y fyddin.

Erbyn 1919, roedd gan y *NAACP* 90,000 o aelodau mewn 300 o ganghennau. Heriodd y *NAACP* **oruchafiaeth y dyn gwyn**, yn enwedig y cyfreithiau arwahanu, gan wneud Americanwyr du yn llawer mwy ymwybodol o'u hawliau sifil, yn enwedig yr hawl i bleidleisio. Ymgyrchodd y *NAACP* hefyd yn erbyn yr arfer o **lynsio** (*lynching*) yn nhaleithiau'r de gan ymchwilio a rhoi cyhoeddusrwydd i nifer yr achosion o lynsio. Pan ryddhawyd y ffilm *The Birth of a Nation* yn 1915 (gweler tudalen 67), cynyddodd nifer yr achosion o lynsio yn sylweddol. Ymgyrchodd y *NAACP* yn erbyn y ffilm a gofynnodd i bobl ei boicotio.

Er na lwyddodd i sicrhau deddfwriaeth ffederal i ddileu lynsio, yn sgil brwydr genedlaethol a rhynghiliol y Gymdeithas yn erbyn lynsio cafwyd llai o achosion blynyddol o lynsio yn UDA. Er yr ymgyrchu cyson, ni lwyddodd y *NAACP* i berswadio'r un arlywydd i gyflwyno deddfwriaeth hawliau sifil.

Ni fu gan y *NAACP* erioed nifer sylweddol o aelodau, yn bennaf oherwydd bod bodolaeth y mwyafrif o Americanwyr du yn dibynnu ar gael swydd a'i chadw. Hefyd, nid oedd fawr ddim traddodiad o Americanwyr du yn ymddiddori mewn gwleidyddiaeth.

Yn 1930, penodwyd Walter White yn arweinydd newydd y *NAACP*. Llwyddodd i godi proffil y *NAACP* ond gwrthododd y Senedd fesurau i ddileu lynsio yn 1937 ac 1940. Anogodd Walter White bobl ddu i herio gwahaniaethu (*discrimination*) yn y llysoedd a hefyd heriodd gyllid anghyfartal ym maes addysg. Cyflogodd y *NAACP* Thurgood Marshall, cyfreithiwr du, i frwydro yn erbyn arwahanu ym maes addysg a llwyddodd i sicrhau cyflogau cyfartal ar gyfer athrawon mewn llawer o daleithiau ar draws y wlad. Hefyd, barnodd y Llys Goruchaf fod gan bobl ddu yr hawl i addysg raddedig o'r un ansawdd â phobl wyn.

Ffynhonnell A O adroddiad gan weithiwr hawliau sifil ar gyfer y *NAACP*, 1930au cynnar

Pe bai'n cofrestru gallai Negro yn y De Eithaf golli ei swydd neu ei gredyd. Gallai gael ei ddyrnu, gweld ei dŷ ar dân, neu gael ei ladd. 'Dydw i ddim am golli fy ngwaith', eglurodd un dyn. Roedd dyn arall yn fwy di-flewyn-ar-dafod: 'Dydw i ddim eisiau i rywun roi cyllell yn fy ngwddf', meddai.

Yn ystod y 1930au, dechreuodd y *NAACP* ganolbwyntio ar gyfiawnder economaidd. Ar ôl blynyddoedd o densiwn gydag undebau llafur gwyn, cydweithredodd y Gymdeithas â'r Gyngres Sefydliadau Diwydiannol newydd i geisio sicrhau swyddi i Americanwyr du. Roedd Walter White yn ffrind ac yn gynghorwr i Eleanor Roosevelt ac wedi ei chyfarfod ar sawl achlysur i geisio dwyn perswâd ar yr Arlywydd Roosevelt i wneud gwahaniaethu yn y gwaith yn anghyfreithlon.

TASGAU

1. Beth oedd y *NAACP*?
2. Beth y mae Ffynhonnell A yn ei ddangos i chi am y ffordd y byddai Americanwyr du yn cael eu dychryn? (Am arweiniad ar sut i ateb y math hwn o gwestiwn, edrychwch ar dudalen 22.)
3. Pa mor llwyddiannus oedd y *NAACP* wrth ymgyrchu yn erbyn arwahanu? (Am arweiniad ar sut i ateb y math hwn o gwestiwn, edrychwch ar dudalen 96.)

Beth oedd y Ku Klux Klan?

Sefydlwyd y Ku Klux Klan (KKK) yn y 1860au gan filwyr a oedd wedi ymladd yn **Rhyfel Cartref America**. Ei nod oedd dychryn pobl ddu ar ôl eu rhyddhau o gaethwasiaeth. Daeth i ben yn raddol yn y blynyddoedd ar ôl 1870, ond daeth yn boblogaidd eto ar ôl rhyddhau'r ffilm, *The Birth of a Nation*, yn 1915. Roedd y ffilm yn cadarnhau'r syniad o oruchafiaeth y dyn gwyn a denodd gynulleidfaoedd enfawr. Ar ôl y Rhyfel Byd Cyntaf, cynyddodd aelodaeth y Klan wrth i fwy o fewnfudwyr tramor gyrraedd.

Ffynhonnell A Disgrifiad o weithgareddau'r Klan yn Alabama yn 1929

Cafodd bachgen ei chwipio gyda changhennau nes bod ei gefn yn rhubanau o gnawd (flesh) ... cafodd merch wen, a oedd wedi cael ysgariad, ei churo'n anymwybodol yn ei chartref; cafodd tramorwr a oedd wedi'i dderbyn yn ddinesydd ei chwipio nes bod ei gefn yn waed i gyd oherwydd ei fod wedi priodi Americanes; cafodd Negro ei chwipio tan iddo gytuno i werthu ei dir i ddyn gwyn am bris llawer llai na'i werth.

Ffynhonnell B Gorymdaith y Ku Klux Klan, 1926

Roedd aelodau'r Klan yn *WASPs* (*White Anglo-Saxon Protestants*/Protestaniaid Eingl-Sacsonaidd Gwyn). Roeddent yn ystyried eu hunain yn well na phob hil arall. Roeddent hefyd yn gwrthwynebu comiwnyddiaeth, Iddewon, Pabyddion ac yn erbyn tramorwyr o bob math.

Byddai'r aelodau'n gwisgo cynfas a mygydau gwyn. Roedd y wisg wedi'i chynllunio fel na allai pobl adnabod aelodau'r Klan. Roedd y lliw gwyn yn symbol o oruchafiaeth y dyn gwyn. Byddai'r aelodau yn cario baneri America ac yn rhoi croesbren ar dân yn ystod eu cyfarfodydd nos. Cyfeiriwyd at yr arweinydd fel Dewin yr Ymerodraeth (*Imperial Wizard*). Cyfeiriwyd at swyddogion y Klan fel Klaliffs, Kluds neu Klabees.

Roedd llawer o wleidyddion yn y De yn gwybod na fyddent o bosibl yn cael eu hethol i'r Gyngres pe baent yn gwrthwynebu'r Klan. Wrth ymgyrchu i gael ei ailethol yn 1924, dywedodd un aelod o'r Gyngres, 'Cefais fy rhybuddio bod disgwyl i mi ymuno â'r Klan'. Collodd y Klan lawer o aelodau yn y 1920au, yn dilyn carcharu ei arweinydd, D.C. Stephenson. Serch hynny, roedd yn amlwg bod y Klan yn dal yn bwerus yn 1946 wrth i 15,000 o bobl orymdeithio i Gofeb Lincoln yn Washington yn galw am i'r sefydliad gael ei wneud yn anghyfreithlon.

TASGAU

1. Beth y mae Ffynhonnell A yn ei ddangos i chi am y KKK? (Am arweiniad ar sut i ateb y math hwn o gwestiwn, edrychwch ar dudalen 22.)
2. Disgrifiwch weithgareddau'r KKK. (Am arweiniad ar sut i ateb y math hwn o gwestiwn, edrychwch ar dudalennau 41–2.)
3. Pa mor bwysig oedd y KKK yn nhaleithiau deheuol America? (Am arweiniad ar sut i ateb y math hwn o gwestiwn, edrychwch ar dudalen 96.)

Pa effaith gafodd y Dirwasgiad a'r Fargen Newydd ar Americanwyr du?

Effaith y Dirwasgiad

Ffynhonnell A O gyfweliad gydag Americanwr du yn 1970, a oedd wedi byw drwy'r 1930au, a ddyfynnwyd yn *Hard Times* gan Studs Terkel, 1970

Ganwyd y Negro mewn dirwasgiad. Nid oedd Dirwasgiad Mawr America, fel y'i gelwir yn golygu fawr ddim iddo. Nid oedd y fath beth yn bodoli. Y swydd orau y gallai obeithio ei chael oedd gofalwr neu borthor neu lanhawr esgidiau. Dim ond pan oedd yn effeithio ar y dyn gwyn y daeth y dirwasgiad yn swyddogol.

Cafodd y Dirwasgiad (gweler tudalennau 6–7) effaith enfawr ar Americanwyr du. Gorfodwyd dwy filiwn o ffermwyr a **chyfran-gnydwyr** (*sharecroppers*) du i adael y tir. Yn ninasoedd y gogledd, roedd cymaint â 60 y cant o bobl ddu yn ddi-waith. Trefnwyd grwpiau *vigilante* gwyn i atal pobl ddu rhag cael gwaith. Wrth i ddiweithdra gynyddu, roedd yn rhaid i bobl wyn gymryd y swyddi israddol a oedd wedi'u llenwi gan bobl ddu yn y gorffennol, gan waethygu'r sefyllfa hyd yn oed yn fwy i bobl ddu.

Effaith y Fargen Newydd

Ni ddaeth y Fargen Newydd (gweler tudalennau 13–17) â newidiadau sylweddol na gwelliannau enfawr i fywyd Americanwyr du.

Ffynhonnell B Cyfran-gnydwyr du wedi'u troi allan, 1936

Fodd bynnag, cafwyd peth cynnydd. Un newid allweddol oedd bod Americanwyr du yn cael eu cynnwys yn y llywodraeth. Bu tua 50 o Americanwyr du yn gwasanaethu mewn gwahanol ganghennau o weinyddiaeth Roosevelt – o dan y llysenw y 'Cabinet Du'. Yr enwocaf oedd Mary McLeod Bethune sef Pennaeth Is-adran Materion Negroaidd y Weinyddiaeth Ieuenctid Genedlaethol. Daeth yn ffigur amlwg yn ystod gweinyddiaeth Roosevelt. Bu Eleanor Roosevelt, gwraig yr arlywydd, yn helpu i godi ymwybyddiaeth o broblemau du ac roedd yn gyfaill agos i Bethune.

Roedd nifer yr Americanwyr du a gyflogwyd gan y llywodraeth wedi codi o 50,000 yn 1933 i 200,000 yn 1945. Yn sgil y Fargen Newydd cafwyd 1 filiwn o swyddi ar gyfer Americanwyr du a hyfforddiant ar gyfer 500,000. Trefnodd y Weinyddiaeth Gweithfeydd Cyhoeddus (*PWA*) fod cyllid ar gael i adeiladu ysbytai, prifysgolion a phrojectau tai i bobl ddu. Roedd cytundebau adeiladu'r *PWA* hefyd yn cynnwys rheolau lle'r oedd yn rhaid cyflogi cyfran o bobl ddu a oedd yn gyfartal o leiaf â'r gyfran o bobl ddu yn y boblogaeth leol. Darparodd y Weinyddiaeth Cymorth Brys Ffederal (*FERA*) ac asiantaethau cymorth eraill nawdd i 30 y cant o holl deuluoedd du America.

Dechreuodd cefnogaeth wleidyddol pobl ddu newid. Roedd y mwyafrif wedi cefnogi'r Gweriniaethwyr yn y gorffennol, ond yn awr roeddent yn dechrau cefnogi Plaid Ddemocrataidd Roosevelt.

Ffynhonnell C O *Roosevelt's America, 1932–41*, J Traynor, 1987

Cynyddodd nifer y bobl ddu a oedd yn derbyn cymorth o tua 18 y cant o'r boblogaeth ddu ym mis Hydref 1933 i bron 30 y cant ym mis Ionawr 1935. Dechreuodd llawer o bobl ddu bleidleisio dros Roosevelt oherwydd eu bod yn teimlo mai iddo ef yr oedd y diolch eu bod wedi goroesi o gwbl.

Serch hynny, ni wnaeth Roosevelt fawr ddim i gael gwared ag arferion cyflogi annheg ac amodau gwaith gwahaniaethol ac ni roddodd ei gefnogaeth i'r mesurau yn erbyn lynsio. Yn aml, byddai rhai o asiantaethau'r llywodraeth fel Awdurdod Dyffryn Tennesse (*TVA* – gweler tudalen 14) yn gwrthod cyflogi gweithwyr du. Nid oedd Norris, sef tref fodel newydd *TVA*, yn caniatáu i bobl ddu fyw yno. Roedd y Corff Cadwraeth Sifil (*CCC*) yn talu llai o gyflog i bobl ddu na phobl wyn, ac yn eu gorfodi i fyw mewn gwersylloedd ar wahân.

Pan oedd pris y cnydau'n isel iawn, yn sgil y Fargen Newydd, pasiwyd y Ddeddf Addasu Amaethyddol (*AAA*) a oedd yn ceisio codi'r prisiau trwy ganiatáu i'r llywodraeth ffederal dalu ffermwyr i dyfu llai o gnydau. O ganlyniad i'r cymorthdaliadau hyn, roedd landlordiaid wedi difeddiannu cymaint o denantiaid a chyfran-gnydwyr du fel bod pobl yn aml yn cyfeirio'n ddirmygus at yr *AAA* fel 'Deddf i Gael Gwared ar y Negro'.

TASGAU

1. Beth y mae Ffynhonnell A yn ei ddysgu i chi am y Dirwasgiad ac Americanwyr du? (Am arweiniad ar sut i ateb y math hwn o gwestiwn, edrychwch ar dudalen 22.)
2. Astudiwch Ffynhonnell B. Lluniwch bennawd papur newydd yn dangos effaith y Dirwasgiad ar gyfran-gnydwyr du.
3. Beth oedd y 'Cabinet Du'?
4. Beth y mae Ffynhonnell C yn ei ddangos i chi am y Fargen Newydd ac Americanwyr du? (Am arweiniad ar sut i ateb y math hwn o gwestiwn, edrychwch ar dudalen 22.)
5. Pam yr oedd y Fargen Newydd yn drobwynt i Americanwyr du? (Am arweiniad ar sut i ateb y math hwn o gwestiwn, edrychwch ar dudalennau 75–6.)
6. Gan weithio mewn parau, ysgrifennwch araith fer yn beirniadu'r diffyg cymorth a roddodd polisïau Bargen Newydd Roosevelt i weithwyr du di-waith.

Beth oedd effaith yr Ail Ryfel Byd ar y boblogaeth ddu?

Byddin Jim Crow

Roedd y rhyfel wedi llwyddo i ddatgelu'r hiliaeth a'r gwahaniaethu a oedd yn bodoli yn y lluoedd arfog, yn enwedig o ystyried bod UDA yn brwydro yn erbyn yr Almaen Natsïaidd a oedd yn hiliol iawn. Ymrestrodd llawer o Americanwyr du a chreu byddin Jim Crow. Roeddent yn gwybod y byddai'n rhaid iddynt wasanaethu mewn unedau ar wahân. Dim ond tua diwedd y rhyfel y cafodd milwyr du eu defnyddio ar faes y gad.

- Cafodd milwyr du a oedd wedi'u lleoli ym Mhrydain eu trin yn llawer gwell yno nag yn America. Yn y fyddin, roedd unedau o bobl ddu yn unig gyda swyddogion gwyn.
- Cyn 1944, ni chaniatawyd i filwyr du ymladd yn y Morlu.
- Cyflogwyd pobl ddu i gludo cyflenwadau, neu fel cogyddion a llafurwyr.
- Gwasanaethodd llawer o fenywod du yn y lluoedd arfog fel nyrsys, ond dim ond ar gyfer trin milwyr du.
- Nid oedd Awyrlu UDA yn derbyn peilotiaid du. Ym mhob un o'r lluoedd arfog, roedd Americanwyr du yn cyflawni tasgau israddol ac yn ei chael yn anodd i ennill dyrchafiad.

Ffynhonnell A Llythyr a ysgrifennwyd yn Ebrill 1944 gan y Corporal Rupert Timmingham at y cylchgrawn *Yank* am brofiadau teithio yn Texas gyda milwyr du eraill

Nid oeddem yn cael prynu cwpan o goffi mewn gorsaf reilffordd yn Texas, ond dywedodd y rheolwr y gallai'r milwyr du fynd i'r cefn i'r gegin am frechdan a choffi. Wrth i ni wneud hynny, daeth tua dau ddwsin o garcharorion rhyfel Almaenig, gyda dau swyddog Americanaidd, i'r orsaf. Aethant i gyd i mewn i'r ystafell fwyta, eistedd wrth y byrddau, bwyta eu prydau, sgwrsio ac ysmygu. Sefais y tu allan gan edrych i mewn, a gofynnais i mi fy hun pam yr oedden nhw'n cael eu trin yn well na ni? Pam yr oeddem yn cael ein cludo o amgylch fel gwartheg? Os oeddem yn brwydro dros yr un peth, os oeddem yn barod i farw dros ein gwlad, pam yr oedd y Llywodraeth yn gadael i bethau fel hyn ddigwydd?

Ffynhonnell B Ymddangosodd y 'weddi' hon mewn papur newydd du ym mis Ionawr 1943

Draftee's prayer
Dear Lord, today
I go to war:
To fight, to die
Tell me what for
Dear Lord, I'll fight,
I do not fear
Germans or Japs,
My fears are here.
America.

- Pan anafwyd milwyr du, dim ond gwaed gan filwyr du a ddefnyddiwyd; credai llawer o bobl wyn y byddai cymysgu gwaed yn 'mwngreleiddio' UDA.
- Roedd gwahaniaethu yn waeth yn y llynges, gyda milwyr du yn cael y tasgau mwyaf peryglus o lwytho ffrwydron rhyfel ar longau oedd ar eu ffordd i faes y gad. Er enghraifft, yn 1944 lladdodd damwain erchyll 323 o bobl, y mwyafrif ohonynt yn forwyr du.
- Rhoddwyd clod mawr i awyrlu Tuskegee (*332nd Fighter Group* – Americanwyr du i gyd) am hebrwng awyrennau bomio UDA i frwydr.
- Rhoddwyd clod mawr i'r *761st Tank Battalion* hefyd ym Mrwydr y Bulge gyda chanmoliaeth arbennig gan y Cadfridog Patton. Llysenw'r bataliwn oedd y 'Pantherod Du'.

Cynnydd

Er hynny, gwelwyd cynnydd amlwg pan roddodd Uwch-gadlywydd UDA, y Cadfridog Eisenhower, ei gefnogaeth i unedau brwydro integredig. Erbyn diwedd 1944, roedd milwyr du yn ymladd yn yr unedau hyn (fel y gwelwyd yn ystod **Brwydr y Bulge**) ac roedd cannoedd o swyddogion du yn perthyn i'r fyddin a'r Morlu. Roedd hefyd sgwadronau brwydro o beilotiaid du, er na chaniatawyd iddynt hedfan yn yr un grwpiau â'r rhai gwyn. Erbyn diwedd 1945, roedd 600 o beilotiaid du wedi'u hyfforddi ac erbyn diwedd y rhyfel, roedd 58 o forwyr du wedi codi i lefel swyddog.

Ffynhonnell C Milwyr Americanaidd du yn ystod yr Ail Ryfel Byd, yn 1944

Cyflwynwyd dadwahanu (*de-segregation*) yn y llynges yn 1946 ac yn y gwasanaethau eraill yn 1948. Erbyn 1955, roedd y fyddin wedi newid o fod yn un o'r sefydliadau gyda'r arwahanu mwyaf yn y wlad i'r un oedd wedi cyfuno'n fwyaf llwyddiannus.

Ffynhonnell CH O *Citizens Soldiers* gan Stephen Ambrose, 1997

Gorffennodd prif hanesydd byddin UDA ei adroddiad rhyfel yn 1946 ar gyflogi milwyr Negro gyda'r geiriau: 'Fy ngobaith pennaf yn y pen draw yw y bydd modd anfon milwyr a swyddogion Negro unigol i unrhyw uned yn y Fyddin os oes ganddynt y cymwysterau fel unigolion i wasanaethu'n effeithlon.'

TASGAU

1. Beth y mae Ffynhonnell A yn ei ddweud wrthych chi am driniaeth milwyr Americanaidd du yn ystod yr Ail Ryfel Byd? (Am arweiniad ar sut i ateb y math hwn o gwestiwn, edrychwch ar dudalen 22.)
2. Pa neges y mae'r awdur yn ceisio ei chyfleu yn Ffynhonnell B?
3. Disgrifiwch gyfraniad Americanwyr du at luoedd arfog UDA yn ystod yr Ail Ryfel Byd. (Am arweiniad ar sut i ateb y math hwn o gwestiwn, edrychwch ar dudalennau 41–2.)
4. Defnyddiwch Ffynonellau C ac CH a'ch gwybodaeth eich hun i egluro pam yr oedd triniaeth milwyr Americanaidd du wedi newid erbyn diwedd y 1940au. (Am arweiniad ar sut i ateb y math hwn o gwestiwn, edrychwch ar dudalennau 60–2.)

Americanwyr du a chyflogaeth yn ystod yr Ail Ryfel Byd

Ffynhonnell D O *Mr Black Labour* gan yr hanesydd D Davis, 1972, yn dyfynnu llywydd y *North American Aviation Company* yn 1942

Er ein bod yn cydymdeimlo'n llwyr â'r Negro, mae'n groes i bolisi'r cwmni i'w cyflogi fel gweithwyr neu beirianwyr awyrennau, waeth beth yw eu hyfforddiant, ond bydd rhai swyddi ar gael i Negroaid fel gofalwyr.

Dwy weithwraig yn y diwydiant arfau yn ystod y rhyfel

Wrth i fwy a mwy o ddynion gael eu consgriptio, daeth mwy o gyfleoedd mewn ffatrïoedd i fenywod Americanaidd du a dynion Americanaidd du hŷn. Er cyfraniad gwerthfawr y bobl hyn, roeddent yn cael eu trin yn wael fel arfer. Creodd papur newydd, y *Pittsburgh Courier*, yr ymgyrch '*Double V*' ar ôl i ddarllenwyr ddechrau gwneud sylwadau ar statws israddol gweithwyr du yn ystod y rhyfel. Ystyr '*Double V*' oedd buddugoliaeth gartref o ran gwell hawliau sifil yn ogystal â buddugoliaeth dramor yn erbyn ffasgaeth ar faes y gad.

Yn 1941, penderfynodd yr Americanwr du blaenllaw, A. Philip Randolph, geisio cael gwared ar wahaniaethu yn y lluoedd arfog a'r gweithle. Trefnodd fudiad 'Gorymdaith i Washington'. Roedd yr Arlywydd Roosevelt yn pryderu am ganlyniadau gorymdaith o'r fath a threfnodd gyfarfod â Randolph i drafod y mater. Cyhoeddodd Roosevelt Orchymyn Gweithredol 8802 a oedd yn atal gwahaniaethu mewn swyddi ym maes diwydiant a'r llywodraeth ac aeth ati i sefydlu'r Comisiwn Arferion Cyflogaeth Teg (*FEPC: Fair Employment Practices Commission*). Ni allai'r *FEPC* orfodi cwmnïau i gyflogi pobl ddu, ond gallai ddefnyddio'r bygythiad o derfynu cytundebau'r llywodraeth i'w hannog i wneud hynny.

Yn ystod y rhyfel, mudodd dros 400,000 o Americanwyr du o'r De i ganolfannau diwydiannol UDA. Cynyddodd nifer yr Americanwyr du a gyflogwyd gan wasanaethau'r llywodraeth o 50,000 i 200,000 ac erbyn diwedd y rhyfel roedd mwy na 2 filiwn o Americanwyr du yn gweithio mewn diwydiant. Golygodd y rhyfel hefyd fod mwy o gyfleoedd i fenywod Americanaidd du. Gweithiodd llawer ohonynt fel nyrsys, ond milwyr Americanaidd du yr oedd ganddynt ganiatâd i'w helpu yn unig.

TASGAU

5 Beth y mae Ffynhonnell D yn ei ddweud wrthych chi am gysylltiadau hiliol yn UDA yn ystod yr Ail Ryfel Byd? (Am arweiniad ar sut i ateb y math hwn o gwestiwn, edrychwch ar dudalen 22.)

6 A wnaeth yr Ail Ryfel Byd wella cyfleoedd cyflogaeth ar gyfer Americanwyr du? Copïwch y tabl isod a llenwch y blychau, gan egluro eich atebion.

Do, oherwydd ...	Naddo, oherwydd ...

Beth oedd effaith y rhyfel ar faterion hawliau sifil?

Ffynhonnell A Digwyddiad yn ystod terfysgoedd Detroit, Mehefin 1943. Americanwr du yn ceisio rhedeg i ffwrdd oddi wrth bobl wyn a oedd newydd ymosod arno. Ffotograffydd yw'r dyn ar y chwith

Roedd cyfle gwell wedi bod yn ystod yr Ail Ryfel Byd i Americanwyr du ym maes cyflogaeth a'r lluoedd arfog, ac roedd nifer o bobl ddu nawr yn fwy parod i ymgyrchu dros hawliau sifil. Fodd bynnag, roedd gwahaniaethu ac arwahanu yn ffordd o fyw yn nhaleithiau'r De o hyd. Gan fod llawer o Americanwyr du wedi mudo i ddinasoedd diwydiannol y Gogledd, arweiniodd hynny at fwy o densiwn hiliol.

Arweiniodd y cynnydd hwn mewn tensiwn hiliol at derfysgoedd hil mewn 47 dinas. Roedd y gwaethaf o'r rhain yn Detroit ym mis Mehefin 1943, pan laddwyd 25 o bobl ddu a naw o bobl wyn. Anafwyd dros 700 o bobl ac roedd gwerth dros $2 filiwn o ddifrod i eiddo. Yn yr un flwyddyn, lladdwyd naw o Americanwyr du mewn terfysgoedd yn Harlem, Efrog Newydd. Cafwyd terfysgoedd hefyd mewn naw gwersyll hyfforddi'r fyddin, lle'r oedd milwyr yn ddig am eu bod yn cael eu trin yn anghyfartal.

Yn ystod y rhyfel, roedd ymwybyddiaeth o wahaniaethu ac anghyfiawnder wedi achosi twf yn aelodaeth y *NAACP* – o 50,000 i 450,000. Roedd llawer o'r aelodau newydd yn weithwyr proffesiynol, ond roedd llawer o weithwyr trefol newydd hefyd.

Sefydlodd James Farmer fudiad newydd gyda'r enw Cyngres Cydraddoldeb Hiliol (***CORE**: Congress of Racial Equality*) yn 1942. Ysbrydolwyd *CORE* gan dactegau di-drais Mahatma Gandhi yn India. Defnyddiodd y syniadau o brotestiadau eistedd mewn sinemâu a thai bwyta; arweiniodd hyn at ddiwedd arwahanu mewn rhai dinasoedd yn y gogledd. Roedd mwy a mwy o ddiddordeb mewn gwleidyddiaeth yn y De ymysg Americanwyr du a chynyddodd niferoedd y pleidleiswyr cofrestredig o 3 y cant i 12 y cant rhwng 1940 ac 1947.

Gwnaeth materion hawliau sifil rannu'r Democratiaid yn etholiad arlywyddol 1948. Roedd Truman eisiau cyflwyno mesur hawliau sifil (a fyddai'n gwahardd **treth y pen**) ac roedd ganddo fesur hefyd i ddileu lynsio, ond gwrthodwyd hynny gan y **Dicsicratiaid** (gwleidyddion y Blaid Ddemocrataidd yn y De).

Y sefyllfa erbyn diwedd y 1940au

Roedd 'Bargen Deg' Truman wedi bod yn rhaglen o obaith, ond erbyn diwedd y 1940au prin yr oedd ymgyrchwyr dros well hawliau sifil wedi ennill tir o gwbl. Sefydlodd Truman Bwyllgor ar Hawliau Sifil yn 1946, ac er iddo argymell cyfreithiau i atal lynsio, comisiwn parhaol ar hawliau sifil ac atal arwahanu ym maes tai, ni chyflawnwyd dim. Parhaodd Gweriniaethwyr a Dicsicratiaid (gweler tudalen 73) i rwystro pob diwygiad. Daeth y diwygiad pwysicaf pan ddadwahanwyd y lluoedd arfog yn 1948.

Fodd bynnag, oherwydd eu cyfraniad yn ystod y rhyfel, roedd Americanwyr du mewn gwell sefyllfa nawr i fynnu eu hawliau llawn fel dinasyddion Americanaidd. Roedd yr Arlywydd Truman bob amser yn pledio eu hachos a gwnaeth sawl araith o'u plaid. Er na chyflwynwyd unrhyw gyfreithiau newydd, cododd ymwybyddiaeth y genedl o broblemau hawliau sifil.

Ffynhonnell B O Orchymyn Gweithredol 9981, 26 Gorffennaf 1948

Datgelir drwy hyn mai polisi'r Arlywydd fydd triniaeth a chyfle cyfartal i bawb yn y gwasanaethau arfog beth bynnag eu hil, lliw, crefydd, neu darddiad cenedlaethol. Bydd y polisi hwn yn cael ei weithredu cyn gynted â phosibl, gan ystyried yn ddigonol yr amser sydd ei angen i roi unrhyw newidiadau angenrheidiol ar waith heb amharu ar effeithlonrwydd neu forâl.

Roedd hyder y *NAACP* yn ddigon uchel erbyn y 1940au hwyr iddo allu herio rhai taleithiau am addysg myfyrwyr du. Llwyddodd y *NAACP* i ddangos bod mwy o arian yn cael ei wario ar fyfyrwyr mewn ysgolion gwyn mewn rhai taleithiau na myfyrwyr mewn ysgolion du. Yn y pen draw, arweiniodd hyn at achos allweddol *Brown v Board of Education of Topeka* yn 1954 (gweler tudalen 78). Roedd mwy o Americanwyr du hefyd yn cofrestru i bleidleisio yn y 1940au. Yn 1940, roedd 2 y cant o Americanwyr du wedi'u cofrestru i bleidleisio ac erbyn 1947, roedd y ffigur wedi codi i 12 y cant.

Ffynhonnell C O lythyr gan Harry S. Truman, 18 Awst 1948, yn disgrifio pa mor ffiaidd oedd lynsio yn ei farn ef

Y prif anhawster gyda'r De yw eu bod yn byw bedwar ugain mlynedd ar ei hôl hi a gorau po gyntaf y byddant yn rhoi'r gorau i hyn er lles ein gwlad ac er eu lles eu hunain. Rwy'n gofyn am gyfle cyfartal i bob bod dynol, a thra byddaf yma, rwyf am barhau â'r frwydr honno. Pan fo gang mawr yn gallu mynd â phedwar person a'u saethu yn eu cefn a bod pawb yn y wlad yn gwybod pwy oedd yn gyfrifol am y saethu a dim yn cael ei wneud am y peth, mae'r wlad honno mewn dyfroedd dyfnion.

TASGAU

1. Defnyddiwch Ffynhonnell A (tudalen 73) a Ffynhonnell B (ar y dudalen hon) a'ch gwybodaeth eich hun i egluro pam yr oedd bywyd bob dydd wedi newid i rai Americanwyr du erbyn 1948. (Am arweiniad ar sut i ateb y math hwn o gwestiwn, edrychwch ar dudalennau 60–2.)
2. Lluniwch ddau bennawd papur newydd am y terfysgoedd hil – un o bapur newydd Dicsicrataidd yn y De a'r llall gan bapur newydd a oedd yn cefnogi'r *NAACP* a'r *CORE*.
3. Beth y mae Ffynhonnell C yn ei ddangos i chi am agwedd yr Arlywydd Truman tuag at hawliau sifil? (Am arweiniad ar sut i ateb y math hwn o gwestiwn, edrychwch ar dudalen 22.)
4. Pa mor bwysig oedd yr Ail Ryfel Byd yn y frwydr dros hawliau sifil? (Am arweiniad ar sut i ateb y math hwn o gwestiwn, edrychwch ar dudalen 96.)

Arweiniad ar arholiadau

Mae'r adran hon yn rhoi arweiniad ar sut i ateb cwestiynau 1(ch), 2(ch) a 3(ch) o Uned 3. Mae'n gwestiwn **ffurfio barn** sy'n gofyn i chi ffurfio barn am drobwynt neu bwysigrwydd neu lwyddiant digwyddiad, mudiad neu unigolyn penodol. Mae'n werth 8 marc.

Cwestiynau 1(ch), 2(ch), 3(ch) – ffurfio barn: dewis eich gwybodaeth eich hun a dadansoddi cysyniadau allweddol

Pam yr oedd yr Ail Ryfel Byd yn drobwynt i Americanwyr du?

(Rhoddir dau ateb enghreifftiol i'r cwestiwn hwn isod ac ar dudalen 76.)

Cyngor ar sut i ateb

- Mae'r cyfeiriad at 'drobwynt' yn y cwestiwn yn awgrymu **newid cyflym yng nghyfeiriad polisi**.
- Mae pwyslais y cwestiwn yn **ymwneud â newid** ac **achosion y newid hwnnw**.
- Mae angen i chi ystyried beth ddigwyddodd cyn y digwyddiad a nodir yn y cwestiwn a'i gymharu â'r hyn a ddigwyddodd wedyn, **gan nodi'r newid a'r rhesymau dros y newid hwnnw**.
- Mae angen i chi ategu eich arsylwadau gyda **manylion ffeithiol penodol**.
- Cofiwch fod y cwestiwn hwn yn ei gwneud yn ofynnol i chi **ffurfio barn**, gan roi rhesymau penodol pam eich bod yn meddwl bod y digwyddiad hwn yn drobwynt.

Ymateb Ymgeisydd A

Yn ystod yr Ail Ryfel Byd brwydrodd Americanwyr du yn y fyddin dros UDA ac roedd y rhai nad oedd yn ymladd yn aros gartref i gyfrannu at ymdrech y rhyfel drwy weithio mewn ffatrïoedd. Gwasanaethodd pobl ddu yn y fyddin yn y lle cyntaf yn gwneud tasgau israddol yn unig, ond erbyn diwedd y rhyfel roedd llawer o beilotiaid awyrennau ymladd du a phrif swyddogion du. Fodd bynnag, roedd milwyr du a gwyn yn parhau ar wahân drwy gydol y rhyfel ac ar ôl dod adref roedd arwahanu yn parhau. Nid oedd pobl ddu yn hapus gyda'u diffyg cydnabyddiaeth. Ar ôl y rhyfel ymunodd mwy o bobl â'r frwydr i roi diwedd ar arwahanu. Ganed y mudiad hawliau sifil.

Sylwadau cyffredinol, gyda diffyg manylion ffeithiol penodol.

Ffurfio barn heb sail iddi.

Sylw'r arholwr

Mae'r ymgeisydd yn darparu trosolwg sy'n awgrymu newid, ond nid yw'n canolbwyntio ar y mater allweddol fod hyn yn 'drobwynt'. Mae sawl pwynt wedi'i nodi, ond mae diffyg cefnogaeth ffeithiol benodol iddynt. Mae'r ateb yn dueddol o ddisgrifio yn hytrach na dadansoddi a gwerthuso. Am y rheswm hwn, cafodd marc ar ganol Lefel Dau (5 marc), yn bennaf oherwydd nad oedd yr ymdrech i ddadansoddi/barnu yn cael ei hategu neu ei chynnal yn llawn.

Ymateb Ymgeisydd B

Ar ôl i America ymuno â'r rhyfel yn 1941, ymrestrodd Americanwyr du i gyfrannu at y frwydr yn erbyn Japan a'r Almaen Natsïaidd a sefydlwyd byddin Jim Crow. Roedd yn rhaid iddynt ymladd mewn unedau a oedd wedi'u harwahanu. Defnyddiwyd y mwyafrif o ddynion yn y fyddin mewn swyddi milwrol nad oedd yn ymwneud â brwydro, ond cafodd rhai gyfle i wasanaethu ar y rheng flaen. Rhoddwyd clod i Awyrlu Tuskegee am hebrwng awyrennau bomio i frwydr uwchben yr Almaen. Milwyr du oedd aelodau'r 761st Tank Battalion ac fe'u defnyddiwyd yn Ewrop. Gartref, gwnaeth Americanwyr du gyfraniad pwysig i ymdrech y rhyfel ac erbyn 1944, roedd 2 filiwn o weithwyr du mewn ffatrïoedd.

Achosodd y rhyfel i lawer o Americanwyr du newid eu hagwedd at ddeddfau Jim Crow. Daeth rhai cyn-filwyr yn ôl gydag agwedd fwy milwriaethus, gan gredu bod angen iddynt ar ôl brwydro dros ryddid dramor nawr frwydro dros eu rhyddid eu hunain gartref. Yn ystod y rhyfel, cynyddodd aelodau'r NAACP o 50,000 i 450,000 wrth i fwy o bobl ddu ddechrau cwestiynu'r cyfreithiau arwahanu. Fel rhan o bolisi'r 'Fargen Deg', sefydlodd yr Arlywydd Truman bwyllgor hawliau sifil yn 1946 i archwilio trais yn erbyn Americanwyr du. Llwyddodd i roi diwedd ar arwahanu yn y lluoedd arfog.

Ar sawl cyfrif, yn sgil profiad blynyddoedd y rhyfel, datblygodd ymdeimlad cynyddol o anghyfiawnder ymysg nifer o Americanwyr du ac felly roedd yn drobwynt. Arweiniodd at gynnydd yng ngwrthsafiad pobl ddu gan osod sylfeini ar gyfer ymgyrchu dros hawliau sifil yn ystod y 1950au.

Manylion da, gan bwysleisio cyfraniad Americanwyr du at ymdrech y rhyfel.

Nodi'r rhyfel fel rheswm dros newid.

Dangos sut yr oedd y sefyllfa yn newid yn syth ar ôl y rhyfel.

Barn glir sy'n mynd i'r afael â'r mater allweddol o 'drobwynt'.

Sylw'r arholwr

Mae'r ymgeisydd wedi llunio ateb manwl sy'n gywir a gwybodus. Ategir arsylwadau gyda manylion ffeithiol penodol. Mae'r paragraff cyntaf yn amlinellu cyfraniad Americanwyr du at ymdrech y rhyfel ac mae'r ail baragraff yn dangos bod hyn wedi arwain at awydd i newid. Mae'r trydydd paragraff yn crynhoi'r wybodaeth ac yn cyfeirio'n glir at 'drobwynt' ac ymdrech i roi barn resymol. Mae'r ateb yn bodloni gofynion Lefel Tri ac yn haeddu'r marciau llawn (8).

Rhowch gynnig arni:

Pam yr oedd y frwydr i roi diwedd ar arwahanu ar gludiant cyhoeddus yn drobwynt yn y mudiad hawliau sifil? (8 marc)

5 Pam yr oedd yn anodd i Americanwyr du ennill hawliau cyfartal yn UDA yn y 1950au a'r 1960au?

Ffynhonnell A Yr heddlu yn arwain plant ysgol du i mewn i'r carchar ar ôl eu harestio am brotestio yn erbyn gwahaniaethu hiliol ger Neuadd y Ddinas, Birmingham, 4 Mai 1963

TASG

Beth y mae Ffynhonnell A yn ei ddangos i chi am gysylltiadau hiliol yn UDA yn 1963? (Am arweiniad ar sut i ateb y math hwn o gwestiwn, edrychwch ar dudalen 22.)

Roedd cynnydd sylweddol yn yr ymgais i sicrhau gwell hawliau sifil yn ystod y 1950au a'r 1960au. Ym maes addysg, bu achosion cofiadwy fel *Brown v Board of Education of Topeka*, Ysgol Uwchradd Little Rock a James Meredith yn fodd i ddileu arwahanu, ond roedd llawer o daleithiau'n parhau'n amharod i dderbyn y newidiadau. Cafwyd cynnydd yn y maes cludiant ar ôl boicot bysiau Montgomery a'r teithiau rhyddid. Fodd bynnag, ni welwyd unrhyw ddeddfau newydd i wahardd gwahaniaethu hiliol tan ganol y 1960au ac roedd llawer o wleidyddion a dinasyddion cyffredin UDA yn parhau i wrthwynebu newid eithafol.

Mae'r bennod hon yn trafod y materion canlynol:

- Beth oedd pwysigrwydd *Brown v Topeka*?
- Pam yr oedd Ysgol Uwchradd Little Rock a James Meredith yn bwysig yn y frwydr dros addysg gyfartal?
- Beth oedd y rhesymau dros foicot bysiau Montgomery?
- Sut y defnyddiwyd protestiadau eistedd yn y frwydr dros gydraddoldeb?
- Beth oedd pwysigrwydd y teithwyr rhyddid?
- Beth oedd rôl ac arwyddocâd Martin Luther King?
- Beth oedd rôl ac arwyddocâd Malcolm X?
- Beth oedd rôl ac arwyddocâd mudiad y Pŵer Du?
- Beth oedd rôl ac arwyddocâd mudiad y Pantherod Du?

Arweiniad ar arholiadau

Drwy'r bennod hon, byddwch yn cael cyfle i ymarfer cwestiynau arholiad o wahanol arddull a rhoddir arweiniad manwl ar sut i ateb cwestiynau 1(ch), 2(ch) a 3(ch) o Uned 3 y papur arholiad. Mae'r cwestiwn hwn yn ymwneud â **ffurfio barn** am drobwynt neu bwysigrwydd neu lwyddiant digwyddiad, mudiad neu unigolyn penodol. Mae'n werth 8 marc.

Beth oedd pwysigrwydd *Brown v Topeka*?

Yn y 1950au, roedd arwahanu yn dal i fod yn rhan allweddol o fywyd yr Americanwyr du ac roeddent yn parhau dan reolau deddfau Jim Crow (gweler tudalen 64).

Nid yn y De y cafwyd yr achos cyntaf a oedd yn herio arwahanu ym maes addysg, ond yn Topeka, Kansas, tref yn un o daleithiau'r gorllewin canol. Roedd rhieni Linda Brown eisiau iddi fynychu ysgol yn y gymdogaeth yn hytrach na'r ysgol ar gyfer Americanwyr du a oedd yn bell i ffwrdd. Cyflwynodd cyfreithwyr o'r ***NAACP***, dan arweiniad Thurgood Marshall, dystiolaeth i'r Llys Goruchaf yn datgan bod addysg ar wahân yn arwain at ddiffyg hunan-barch ac yn niweidiol yn seicolegol. Hefyd, roedd tystiolaeth yn dangos bod y polisi hwn yn cyfyngu ar lwyddiant addysgol. Cymerodd y broses ddeunaw mis a chyhoeddwyd y penderfyniad ar 17 Mai 1954. Rhoddodd y Prif Ustus Warren o'r Llys Goruchaf ei ddyfarniad terfynol (gweler Ffynhonnell A).

Dechreuodd rhai ardaloedd ddadwahanu ac, erbyn 1957, roedd mwy na 300,000 o blant du yn mynychu ysgolion a oedd wedi'u harwahanu o'r blaen. Fodd bynnag, roedd 2.4 miliwn o blant du o'r De yn parhau i gael eu haddysgu mewn ysgolion Jim Crow (ysgolion ar wahân ar gyfer Americanwyr du). Hefyd, roedd llawer o daleithiau, yn enwedig yn y De, a gymerodd fesurau bwriadol i gadw ysgolion ar wahân. Roedd mwy na 100 o seneddwyr a chyngreswyr o daleithiau'r De wedi arwyddo Maniffesto'r De, sef dogfen a oedd yn gwrthwynebu integreiddio hiliol ym maes addysg.

Yn ystod y ddwy flynedd nesaf, pasiodd cyrff deddfwriaethol taleithiau'r de dros 450 o ddeddfau a phenderfyniadau er mwyn atal rhoi penderfyniad *Brown* ar waith. Er gwaethaf penderfyniad y Llys Goruchaf a'r elyniaeth agored tuag at achos *Brown*, ni wnaeth yr Arlywydd Eisenhower lawer i annog integreiddio, ond fe'i gorfodwyd i weithredu yn 1957 yn sgil digwyddiadau Ysgol Uwchradd Little Rock.

Ffynhonnell A O ddyfarniad terfynol y Pris Ustus Warren o'r Llys Goruchaf ar ddiwedd achos *Brown v Topeka*

Mae arwahanu plant gwyn a chroendywyll mewn ysgolion yn cael effaith niweidiol ar blant croendywyll. Mae'r effaith yn fwy sylweddol pan mae'r gyfraith yn caniatáu hynny; mae'r drefn o arwahanu hiliau fel rheol yn cael ei dehongli fel modd o ddynodi israddoldeb y grŵp Negroaidd ... Ein casgliad felly yw nad oes lle i athrawiaeth 'ar wahân ond cyfartal' ym maes addysg wladol. Mae cyfleusterau addysg arwahanol yn ei hanfod yn anghyfartal.

Problemau ar ôl *Brown v Topeka*

Fodd bynnag, nid oedd dyfarniad *Brown v Topeka* wedi egluro sut y dylid mynd ati i integreiddio – heblaw am grybwyll rhyw syniad amwys o 'cyn gynted â phosibl'.

TASGAU

1 Beth y mae Ffynhonnell A yn ei ddangos i chi am agwedd y Llys Goruchaf tuag at arwahanu ym maes addysg? (Am arweiniad ar sut i ateb y math hwn o gwestiwn, edrychwch ar dudalen 22.)

2 A arweiniodd achos *Brown v Topeka* at ddatblygiad y mudiad hawliau sifil? Copïwch y tabl isod a llenwch y blychau, gan egluro eich atebion.

Do, oherwydd ...	Naddo, oherwydd ...

Pam yr oedd Ysgol Uwchradd Little Rock a James Meredith yn bwysig yn y frwydr dros addysg gyfartal?

Ar ôl y dyfarniad yn achos *Brown v Topeka*, penderfynodd Ysgol Uwchradd Little Rock, Arkansas, adael i naw o fyfyrwyr du ymrestru. Ar 3 Medi 1957, ceisiodd y naw myfyriwr, dan arweiniad Elizabeth Eckford, fynd i mewn i'r ysgol i ymrestru, ond galwodd Orval Faubus, llywodraethwr y dalaith, ar y Gwarchodlu Cenedlaethol i ddod i'w rhwystro rhag mynd i mewn. Dywedodd Faubus y byddai anhrefn cyhoeddus pe bai myfyrwyr du yn ceisio ymrestru. Y diwrnod wedyn, ar 4 Medi, gadawodd y Gwarchodlu Cenedlaethol dan orchymyn Faubus a bu'n rhaid i'r naw myfyriwr wynebu ffyrnigrwydd y dorf wen gas. Am hanner dydd, cafodd y myfyrwyr eu cludo gartref gan yr heddlu oherwydd na ellid sicrhau eu diogelwch. Achosodd sylw'r wasg a'r teledu yn UDA ac ar draws y byd embaras llwyr i wlad a oedd yn honni ei bod ar flaen y gad o safbwynt rhyddid a chydraddoldeb.

Roedd yn rhaid i'r Arlywydd Eisenhower weithredu. Anfonwyd dros 1,000 o filwyr ffederal a oedd yn perthyn i'r *101st Airborne Division* i Little Rock i amddiffyn y myfyrwyr du am weddill y flwyddyn ysgol. Bu'r *101st* ar batrôl y tu allan i'r ysgol yn hebrwng y myfyrwyr du i'r ysgol. Hefyd, neilltuwyd gard personol i bob un o'r naw myfyriwr i'w hamddiffyn rhag y myfyrwyr gwyn. Er i'r arlywydd ymyrryd, caeodd Faubus holl ysgolion Arkansas y flwyddyn ganlynol, er mwyn atal integreiddio. Ni chafodd llawer o fyfyrwyr gwyn a'r mwyafrif o fyfyrwyr du addysg ysgol am flwyddyn. Ailagorodd ysgolion yn Arkansas yn 1959 ar ôl i'r Llys Goruchaf ddyfarnu bod yn rhaid i'r ysgolion integreiddio.

TASGAU

1. Beth y mae Ffynhonnell A yn ei ddangos i chi am agweddau tuag at integreiddio yn UDA yn 1957? (Am arweiniad ar sut i ateb y math hwn o gwestiwn, edrychwch ar dudalen 22.)
2. Ysgrifennwch gerdd/cân brotest am ddigwyddiadau Ysgol Uwchradd Little Rock.

Ffynhonnell A
Elizabeth Eckford yn ceisio mynd i mewn i Ysgol Uwchradd Little Rock eto, 4 Medi 1957

Pam yr oedd Little Rock yn bwysig?

- Roedd yr Arlywydd wedi ymyrryd, felly roedd hawliau sifil yn fater na ellid ei anwybyddu mwyach.
- Roedd yn dangos y byddai'r llywodraeth ffederal yn rheoli dros y taleithiau pe bai angen.
- Darlledwyd y gwrthdystiadau ar y teledu ac mewn papurau newydd ar draws y byd. Nid oedd yn gwneud lles i UDA gael ei gweld fel cenedl ormesol a hithau'n beirniadu gwledydd comiwnyddol am beidio â rhoi hawliau dynol sylfaenol i'w dinasyddion.
- Roedd llawer o ddinasyddion UDA wedi gweld y casineb hiliol a oedd yn bodoli yn nhaleithiau'r De am y tro cyntaf.
- Roedd wedi helpu rhai Americanwyr gwyn i fabwysiadu safbwyntiau mwy cymedrol.
- Roedd ymgyrchwyr du yn dechrau sylweddoli nad oedd dibynnu ar y llysoedd ffederal yn ddigon i sicrhau newid.

Achos James Meredith

Ym mis Mehefin 1962, cytunodd y Llys Goruchaf â phenderfyniad y llys ffederal a oedd yn gorfodi Prifysgol Mississippi i dderbyn James Meredith, sef myfyriwr du. Nid oedd y brifysgol eisiau derbyn unrhyw fyfyrwyr du ac ni chafodd Meredith gofrestru. Dyma oedd un o brif achosion cyntaf yr Arlywydd Kennedy yn y maes hawliau sifil, ac anfonodd 320 o farsialiaid ffederal i hebrwng Meredith i'r campws. Cafwyd terfysgoedd: lladdwyd dau berson ac anafwyd 166 o farsialiaid a 210 o wrthdystwyr. Yna, anfonodd yr Arlywydd Kennedy 2,000 o filwyr eraill i gael trefn ar y sefyllfa. '*Brwydr Rhydychen*' oedd enw'r ymgyrchwyr du ar y digwyddiad. Bu'n rhaid i dri chant o filwyr aros ar y campws tan i Meredith dderbyn ei radd – dair blynedd yn ddiweddarach.

Roedd achosion eraill o wrthwynebu integreiddio ym maes addysg, fel yr ymgyrch yn Alabama dan arweiniad y Llywodraethwr Wallace pan geisiodd atal Americanwyr du rhag ymrestru ym mhrifysgol y dalaith. Meddai Wallace, 'Fi yw corfforiad sofraniaeth y dalaith hon, a byddaf yno i rwystro unrhyw Negro sy'n ceisio ymrestru yn y brifysgol rhag mynd i mewn'. Ond roedd y ffaith fod ymyrraeth ffederal ym Mhrifysgol Mississippi yn dangos bod newid wedi digwydd.

TASGAU

3 A arweiniodd y digwyddiadau yn Ysgol Uwchradd Little Rock at ddatblygiad yn y mudiad hawliau sifil? Copïwch y tabl isod a llenwch y blychau, gan egluro eich atebion.

Do, oherwydd ...	Naddo, oherwydd ...

4 Pa mor bwysig oedd addysg yn y frwydr dros hawliau sifil yn y 1950au? (Am arweiniad ar sut i ateb y math hwn o gwestiwn, edrychwch ar dudalen 96.)

5 Eglurwch pam yr oedd achos James Meredith yn bwysig i'r mudiad hawliau sifil.

Beth oedd y rhesymau dros foicot bysiau Montgomery?

Roedd arwahanu ar gludiant cyhoeddus yn UDA wedi bod yn broblem barhaus i Americanwyr du. Roedd ymdrechion wedi bod i roi diwedd ar hyn ac roedd peth llwyddiant wedi bod yn y 1950au cynnar yn Baton Rouge, Louisiana. Daeth trobwynt ym Montgomery, Alabama, ar ôl i Rosa Parks gael ei harestio ym mis Rhagfyr 1955. Roedd y rheolau arwahanu ar gludiant cyhoeddus ym Montgomery yn llym iawn:

- Mae'n rhaid i Americanwyr du ddilyn cyfarwyddiadau'r gyrwyr gwyn.
- Mae blaen y bws wedi'i gadw i bobl wyn bob amser.
- Mae'n rhaid i Americanwyr du lenwi'r bws o'r cefn.
- Ni chaiff Americanwyr du eistedd wrth ymyl pobl wyn ac mae'n rhaid iddynt sefyll hyd yn oed os oes sedd wag.
- Os yw person gwyn yn dod ar y bws a bod pob sedd wen wedi'i chymryd, mae'n rhaid i bobl ddu ildio eu seddi.

Ar 1 Rhagfyr 1955, camodd Rosa Parks ar fws yn ninas Montgomery ac eistedd gyda thri pherson du arall yn y bumed res – y rhes gyntaf y gallai pobl ddu ei defnyddio. Wrth i'r daith barhau, llanwyd y pedair rhes flaen gan bobl wyn ac roedd yn rhaid i un dyn gwyn sefyll. Yn ôl y gyfraith, ni allai pobl ddu a gwyn rannu'r un rhes, felly gofynnodd y gyrrwr i'r pedwar person du a oedd yn eistedd yn y bumed res symud. Symudodd tri ohonynt, ond gwrthododd Rosa Parks.

Arestiwyd Rosa Parks ac o'r adeg honno trodd y sefyllfa yn argyfwng. Yn y lle cyntaf, penderfynodd Cyngor Gwleidyddol Menywod Montgomery, dan arweiniad Jo Ann Robinson, gynnal boicot undydd o'r bysiau ar ddydd Llun 5 Rhagfyr, sef y diwrnod pan oedd Parks o flaen ei gwell. Y diwrnod ar ôl arestio Parks, roedd Robinson a rhai myfyrwyr wedi argraffu miloedd o daflenni yn annog pobl i foicotio bysiau'r ddinas.

Ffynhonnell A Rhan o'r daflen a ddefnyddiwyd i annog pobl i foicotio'r bysiau, Rhagfyr 1955

Arestiwyd a charcharwyd menyw Negro arall am wrthod ildio ei sedd ar y bws i berson gwyn gael eistedd. Mae'n rhaid rhoi diwedd ar hyn. Mae gan y Negro hawliau hefyd. Bydd achos y fenyw hon yn y llys ddydd Llun. Gofynnwn i bob Negro beidio â defnyddio'r bysiau ddydd Llun fel protest yn erbyn yr arestio a'r treial. Os ydych chi'n gweithio, defnyddiwch dacsi, neu cerddwch. Ond cofiwch, blant ac oedolion, peidiwch â defnyddio'r bws os gwelwch yn dda ...

Ffynhonnell B Cartŵn a gyhoeddwyd yn UDA yn ystod boicot bysiau Montgomery

TASG

1 Beth y mae Ffynhonnell B yn ei ddangos i chi am foicot bysiau Montgomery? (Am arweiniad ar sut i ateb y math hwn o gwestiwn, edrychwch ar dudalen 22.)

Dechreuodd ymgyrchwyr hawliau sifil lleol fel Ralph Abernathy a Martin Luther King (gweinidog newydd Eglwys y Bedyddwyr Dexter Avenue) gymryd rhan, gan gynnal cyfarfod i drefnu rali ar noson y treial. Dechreuodd y *NAACP* lleol baratoi ei achos cyfreithiol yn erbyn y deddfau arwahanu. Yn y cyfarfod, sefydlwyd y ***Montgomery Improvement Association*** (*MIA*) i sicrhau bod y boicot yn digwydd ac yn parhau a hefyd i wella cysylltiadau hiliol. Dewiswyd King i arwain yr *MIA* oherwydd ei fod yn wyneb newydd ym Montgomery ac ni wyddai'r awdurdodau lawer amdano. Credir bod tua 20,000 o bobl wedi cymryd rhan yn y boicot ar y dydd Llun. Gyda'r nos ar 5 Rhagfyr, roedd tua 7,000 wedi dod i'r rali i wrando ar Martin Luther King yn rhoi araith ysbrydoledig.

Cafodd Rosa Parks ddirwy o $10 am y drosedd ar y bws a $4 mewn costau. Penderfynodd yr *MIA* barhau i foicotio tan y byddai'r awdurdodau'n cytuno i'w gofynion. Ond gwrthododd awdurdodau Montgomery y gofynion cymedrol a bu hynny'n gamgymeriad mawr ar eu rhan oherwydd aeth King a'r *MIA* ati wedyn i fynnu dadwahanu llwyr ar fysiau.

Ffynhonnell C O araith Martin Luther King, 5 Rhagfyr 1955

Rydym yma heno i ddweud wrth y rhai hynny sydd wedi ein cam-drin ar hyd yr amser ein bod wedi blino – wedi blino ar yr arwahanu a'r sarhad, wedi blino ar gael ein sathru dan draed a'n gormesu. O bryd i'w gilydd rydym wedi rhoi'r argraff ein bod yn hoffi cael ein trin fel hyn. Ond rydym yma heno i gael ein hachub o'r amynedd hwnnw sy'n ein gwneud yn amyneddgar gydag unrhyw beth sy'n llai na rhyddid a chyfiawnder ... ni fydd neb yn llosgi croes yn ein protest ni ... Cawn ein tywys gan yr egwyddorion uchaf o gyfraith a threfn. Ein ffordd ni fydd dwyn perswâd, nid gorfodi.

TASGAU

2 Astudiwch Ffynhonnell A (tudalen 81) a Ffynhonnell C ar y dudalen hon. Pa ddadleuon sy'n cael eu cyflwyno gan yr ymgyrchwyr dros foicotio a brwydro dros ddadwahanu ar y bysiau?

3 Dyfeisiwch sloganau i annog Americanwyr du a oedd yn byw ym Montgomery yn 1955 i beidio â defnyddio bysiau cyhoeddus.

Beth ddigwyddodd yn ystod y boicot bysiau?

Cynorthwywyd y rhai a oedd yn boicotio'r bysiau yn ystod y dyddiau cyntaf gan gwmnïau tacsi du. Wrth i'r boicot ddatblygu, aeth eglwysi ati i brynu ceir i fynd â phobl i'r gwaith ac yn ôl adref. Achosodd hyn broblemau oherwydd wrth i weithwyr ddod ynghyd yn y mannau ymgynnull penodol roedd yr heddlu yn aflonyddu arnynt ac yn defnyddio cyfreithiau lleol i geisio atal torfeydd rhag ymgasglu. Arestiwyd llawer o'r gyrwyr am fân droseddau trafnidiol.

Er y gweithredu, roedd y boicotwyr yn cael eu bygwth yn barhaus. Y *Montgomery White Citizens Council* oedd yn arwain y gwrthwynebiad. Cynyddodd aelodaeth y corff hwn i bron 12,000 erbyn mis Mawrth 1956, ac ymhlith yr aelodau roedd rhai o brif swyddogion dinas Montgomery. Mewn ambell achos, defnyddiwyd trais eithafol yn erbyn y boicotwyr. Taflwyd bomiau tân at gartrefi King ac arweinwyr eraill yn ystod 1956. Daeth y bygythiadau nesaf ym mis Chwefror 1956, pan arestiwyd tua 90 o ffigurau blaenllaw, gan gynnwys King a Rosa Parks, am drefnu boicot anghyfreithlon. Er iddynt gael eu canfod yn euog, ni chawsant eu cyhuddo ar ôl apelio.

Wrth i'r boicot barhau yn ystod haf 1956, rhoddodd y wasg genedlaethol yn UDA fwy o sylw i'r digwyddiadau gan lwyddo i godi ymwybyddiaeth o broblemau'r casineb hiliol dwys yn y De.

Aeth yr *MIA* â phroblem arwahanu ar gludiant gerbron llys rhanbarth ffederal ar y sail ei fod yn anghyfansoddiadol, gan ddyfynnu achos *Brown v Topeka* (gweler tudalen 78). Derbyniodd y llys ffederal fod arwahanu yn anghyfansoddiadol. Fodd bynnag, apeliodd swyddogion dinas Montgomery a chyflwynwyd yr achos gerbron y Llys Goruchaf. Ar 13 Tachwedd 1956, cytunodd y Llys Goruchaf â dyfarniad y llys ffederal. Roedd y boicot wedi bod yn llwyddiannus. Daeth i ben yn ffurfiol ar 20 Rhagfyr 1956 pan deithiodd King, Abernathy ac arweinwyr eraill ar fws integredig.

Beth oedd pwysigrwydd y boicot bysiau?

Roedd y boicot bysiau'n bwysig oherwydd:

- roedd yn dangos y gallai undod (*unity*) a chydlyniad (*solidarity*) ennill
- roedd buddugoliaeth yn cynnig gobaith i'r rhai oedd yn ymladd dros well hawliau sifil
- gallai'r *NAACP* gyflwyno achos cyfreithiol a defnyddio achos *Brown* (gweler tudalen 78) fel sail i'r cyfan
- roedd yn pwysleisio manteision dull heddychlon ac, yn fwy na dim, yn dangos bod Americanwyr du yn gallu trefnu eu hunain
- daeth ag athroniaeth King i'r amlwg a rhoddodd fframwaith moesol clir i'r mudiad
- yn sgil y llwyddiant anogwyd King i ystyried camau gweithredu pellach a fyddai'n mynd i'r afael ag anghydraddoldeb a sbarduno newid pellach.

TASGAU

4 Beth y mae Ffynhonnell CH yn ei ddangos am foicot bysiau Montgomery? (Am arweiniad ar sut i ateb y math hwn o gwestiwn, edrychwch ar dudalen 22.)

5 Disgrifiwch ddigwyddiadau boicot bysiau Montgomery yn 1955–56. (Am arweiniad ar sut i ateb y math hwn o gwestiwn, edrychwch ar dudalennau 41–2.)

6 Ysgrifennwch erthygl papur newydd yn cefnogi'r boicot.

7 Defnyddiwch Ffynhonnell A ar dudalen 81 a Ffynhonnell D ar y dudalen hon i egluro pam yr oedd teithio ar gludiant cyhoeddus wedi newid i Americanwyr du erbyn diwedd 1956. (Am arweiniad ar sut i ateb y math hwn o gwestiwn, edrychwch ar dudalennau 60–2.)

Ffynhonnell CH
Dinasyddion Montgomery yn cerdded i'r gwaith yn ystod y boicot

Ffynhonnell D
Rosa Parks (canol) yn teithio ym mlaen y bws ar ôl diwedd y boicot

Sut y defnyddiwyd protestiadau eistedd yn y frwydr dros gydraddoldeb?

Roedd digwyddiadau fel Montgomery a Little Rock wedi codi proffil y mudiad hawliau sifil a daeth yn fwy amlwg yn sgil cyfres o brotestiadau eistedd yn Greensboro, Gogledd Carolina yn gynnar yn 1960.

Ar 1 Chwefror 1960, cerddodd pedwar myfyriwr du o goleg lleol i siop F. W. Woolworth yn Greensboro a mynnu cael defnyddio'r cownter cinio ar gyfer pobl wyn yn unig. Ar ôl cael eu gwrthod, parhaodd y pedwar i eistedd wrth y cownter tan i'r siop gau. Y diwrnod wedyn, aeth 27 myfyriwr arall gyda nhw a'r diwrnod wedyn ymunodd 80 arall. Erbyn y pumed diwrnod roedd 300 o fyfyrwyr. Cytunodd y siop i blygu'r rheolau am unwaith ond parhaodd y myfyrwyr gyda'u protest yn ddiweddarach – ac arestiwyd rhai am dresmasu. Yna, boicotiodd y myfyrwyr unrhyw siop yn Greensboro oedd â chownteri cinio ar wahân. Roedd y gwerthiant yn syrthio ar unwaith ac yn y diwedd daeth arwahanu i ben.

Erbyn mis Awst 1961, roedd y protestiadau eistedd wedi denu dros 70,000 o ymgyrchwyr ac roedd 3,000 wedi'u harestio. Defnyddiwyd protestiadau eistedd hefyd i sicrhau bod pobl ddu yn cael defnyddio cyfleusterau cyhoeddus eraill fel sinemâu. Yn sgil y **gweithredu uniongyrchol** hwn ysbrydolwyd ymgyrchwyr i herio'r hiliaeth ddwys oedd yn nhaleithiau'r De gan drefnu'r hyn a alwyd yn 'deithiau rhyddid'.

TASG

Beth y mae Ffynhonnell A yn ei ddangos i chi am y protestiadau eistedd? (Am arweiniad ar sut i ateb y math hwn o gwestiwn, edrychwch ar dudalen 22.)

Ffynhonnell A Protest eistedd wrth gownter cinio 'gwyn yn unig' yn Jackson, Mississippi

Beth oedd pwysigrwydd y teithwyr rhyddid?

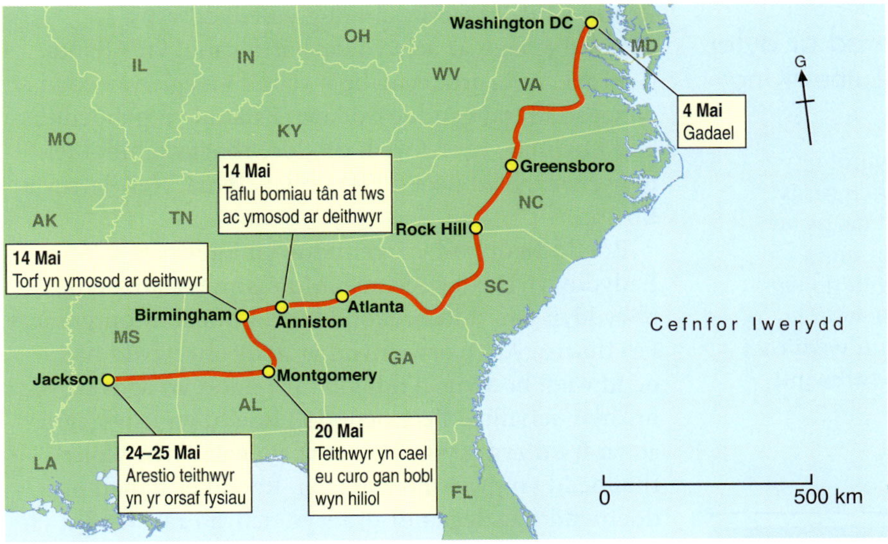

Map o'r teithiau rhyddid, 1961

Ym mis Rhagfyr 1960, penderfynodd y Llys Goruchaf y dylid integreiddio pob gorsaf a chanolfan fysiau a oedd yn gwasanaethu teithwyr rhyngdaleithiol. Roedd y Gyngres Cydraddoldeb Hiliol (*CORE: Congress of Racial Equality*) am brofi'r penderfyniad hwnnw drwy ddefnyddio tacteg y teithiau rhyddid. Pe bai methiant parhaus i weithredu'r gyfraith, byddai'r *CORE* yn gallu dangos bod culni a hiliaeth yn parhau i fodoli yn nhaleithiau'r De.

Dechreuodd y cyntaf o'r teithiau rhyddid ym mis Mai 1961 pan adawodd James Farmer, Cyfarwyddwr Cenedlaethol *CORE*, a deuddeg gwirfoddolwr, Washington DC ar fws i deithio i New Orleans. Defnyddiodd Americanwyr du gyfleusterau i bobl wyn yn unig i sicrhau eu bod yn cael eu hintegreiddio. Ni fu llawer o helynt ar ran gyntaf y daith. Fodd bynnag, yn Anniston, Alabama, ymosodwyd ar un o'r bysiau a'i losgi. Ym Montgomery, cafodd rhai o'r teithwyr rhyddid eu curo gan bobl wyn hiliol. Yn Jackson, Mississippi, carcharwyd 27 o deithwyr rhyddid o'r ***Student Non-violent Coordinating Committee*** (*SNCC*) a'r ***Southern Christian Leadership Conference*** (*SCLC*) am 67 diwrnod am fynd i eistedd yn y rhan ar gyfer pobl wyn o'r orsaf fysiau.

Pan gyrhaeddodd y teithwyr rhyddid Birmingham, Alabama, nid oedd neb i'w gwarchod ac ymosododd torf grac iawn arnynt – roedd pennaeth yr heddlu ('Bull' Connor) wedi rhoi diwrnod o wyliau i'r rhan fwyaf o'r heddlu. O ganlyniad i'r digwyddiadau yn Jackson, bu'n rhaid i'r arlywydd newydd, John F. Kennedy, ymyrryd. Cafodd Kennedy addewid gan seneddwr y dalaith na fyddai unrhyw dyrfaoedd treisgar. Fodd bynnag, pan gyrhaeddodd y teithwyr Jackson, cawsant eu harestio ar unwaith wrth geisio defnyddio'r ystafell aros i bobl wyn yn unig.

Parhaodd y teithwyr rhyddid drwy gydol yr haf a charcharwyd mwy na 300 ohonynt yn Jackson ei hun. Cynyddodd yr ymosodiadau arnynt gan y Ku Klux Klan. Nid oedd y Twrnai Cyffredinol, Robert Kennedy, eisiau gweld y sefyllfa'n gwaethygu ac roedd yn gobeithio na fyddai'n rhaid iddo anfon marsialiaid UDA yno i orfodi'r gyfraith. Llwyddwyd i osgoi trais ym Mississippi pan ddaeth yn glir y byddai marsialiaid yn cael eu defnyddio. Ar 22 Medi, cyhoeddodd y Comisiwn Masnach Rhyngdaleithiol reol a roddodd ddiwedd ar arwahanu hiliol mewn canolfannau bysiau.

TASGAU

1. Disgrifiwch beth ddigwyddodd ar y teithiau rhyddid. (Am arweiniad ar sut i ateb y math hwn o gwestiwn, edrychwch ar dudalennau 41–2.)
2. Pa mor llwyddiannus oedd y protestwyr eistedd a'r teithwyr rhyddid? (Am arweiniad ar sut i ateb y math hwn o gwestiwn, edrychwch ar dudalen 96.)

Beth oedd rôl ac arwyddocâd Martin Luther King?

Ffynhonnell A Rhan o gyflwyniad ar gyfer Gwobr Heddwch Nobel Martin Luther King, 1964

Ef yw'r person cyntaf yn y byd Gorllewinol i ddangos i ni y gellir ymladd brwydr heb drais. Mae'n gwireddu neges cariad brawdol yn ystod ei frwydr, ac mae wedi lledaenu'r neges hon i bob cenedl a hil. Nid yw erioed wedi colli golwg ar ei ffydd wrth ymladd y frwydr, mae wedi'i garcharu ar sawl achlysur, mae ei deulu wedi cael eu bygwth, ond nid yw wedi newid ei safbwynt unwaith.

Bywgraffiad Martin Luther King 1929–68

1929 Ganed 15 Ionawr
1951 Graddio o Goleg Diwinyddol Crozer gyda gradd mewn diwinyddiaeth
1953 Priodi Coretta Scott
1955 Arwain boicot bysiau Montgomery
1957 Sefydlu ac arwain y *Southern Christian Leadership Conference*
1963 Araith 'Mae gen i freuddwyd'. Cael ei ddethol yn 'Ddyn y Flwyddyn' gan gylchgrawn *Time*
1964 Ennill Gwobr Heddwch Nobel
1968 Cael ei lofruddio ym Memphis, 4 Ebrill

Roedd King yn fab i weinidog y Bedyddwyr a chafodd ei fagu ar aelwyd dosbarth canol yn Atlanta, Georgia. Yn ei arddegau bu'n siarad yn eglwys ei dad a dangosodd fod ganddo'r ddawn i siarad yn gyhoeddus. Fodd bynnag, roedd wedi dioddef rhagfarn hiliol fel myfyriwr mewn lleoedd fel Philadelphia, New Jersey a Boston.

Roedd wedi bod yn weinidog yn Eglwys y Bedyddwyr Dexter Avenue, Montgomery, am lai na blwyddyn pan ddechreuodd boicot bysiau Montgomery. Fe'i dewiswyd yn arweinydd yr *MIA* oherwydd nad oedd wedi bod yno'n ddigon hir i ddod yn agos i unrhyw sefydliad lleol penodol. Roedd yn llawn egni ac yn frwdfrydig yn y boicot ac yn gallu ysbrydoli'r rhai oedd yn gweithio gydag ef. Roedd ei syniad o ddefnyddio tactegau di-drais yn debyg i rai Gandhi yn India a chyn bo hir roedd llawer o ymgyrchwyr hawliau sifil yn awyddus i ddilyn ac efelychu King. Roedd llawer yn ei gefnogi oherwydd ei ffydd a'i gredoau crefyddol cadarn. Nid oedd arno ofn neb. Gwnaeth Martin Luther King helpu i sefydlu'r *Southern Christian Leadership Conference* (*SCLC*) ar ôl boicot y bysiau. Pobl ddu oedd yn arwain a rhedeg yr *SCLC*. Teimlai King a llawer o aelodau'r *SCLC* y dylid mabwysiadu tactegau boicot a phrotestiadau di-drais eraill yn y frwydr dros gydraddoldeb. Ceisiodd yr *SCLC* gynyddu nifer y pleidleiswyr du gyda'r '*Crusade for Citizenship*'. Roedd hyn yn fethiant. Fodd bynnag, King oedd prif arweinydd y mudiad hawliau sifil erbyn 1963.

TASGAU

1. Beth y mae Ffynhonnell A yn ei ddweud wrthych am Martin Luther King? (Am arweiniad ar sut i ateb y math hwn o gwestiwn, edrychwch ar dudalen 22.)
2. Pam ei bod yn arwyddocaol bod yr *SCLC* yn cael ei harwain a'i rhedeg gan bobl ddu?
3. Disgrifiwch yrfa Martin Luther King tan y 1960au cynnar. (Am arweiniad ar sut i ateb y math hwn o gwestiwn, edrychwch ar dudalennau 41–2.)

Martin Luther King a gorymdaith Birmingham, 1963

Daeth yr ymgyrch hawliau sifil i'w hanterth yn 1963. Nid oedd unrhyw gyfraith ffederal wedi'i chyflwyno i orfodi taleithiau'r De i integreiddio cyfleusterau cyhoeddus. Er mwyn osgoi dadwahanu yn y parciau, meysydd chwarae a'r pyllau nofio, caeodd dinas Birmingham, Alabama, yr holl gyfleusterau. Ceisiodd King a'r *SCLC* herio'r ddinas drwy gynnal protestiadau eistedd a gorymdeithiau yn galw am ddadwahanu. Roeddent yn gobeithio y byddai hyn yn rhoi'r cyhoeddusrwydd mwyaf posibl ar draws UDA. Roedd poblogaeth Birmingham tua 350,000, ac roedd 150,000 o'r rhain yn bobl ddu. Gobeithiai King y gallai ymgasglu carfan fawr ohonynt i gymryd rhan yn y gwrthdystiadau a drefnwyd.

Dechreuodd y gwrthdystiadau ym mis Ebrill 1963 ar ôl i rai ymgyrchwyr gael eu harestio. Yna, caeodd Eugene 'Bull' Connor, Pennaeth yr Heddlu, bob parc a maes chwarae cyhoeddus. Sbardunodd hyn King i annerch rali fawr lle dywedodd ei bod yn well mynd i garchar gydag urddas na derbyn arwahanu. Arestiwyd King mewn gwrthdystiad pellach am herio gwaharddiad ar orymdeithiau. Yn ystod ei gyfnod byr yn y carchar, aeth ati i ysgrifennu'r 'Llythyr o Garchar Birmingham' (gweler Ffynhonnell B). Daeth y llythyr hwn yn un o ddogfennau enwocaf y mudiad hawliau sifil.

Gwaethygodd y sefyllfa ar ôl i King gael ei ryddhau o'r carchar pan benderfynwyd defnyddio plant a myfyrwyr yn y gwrthdystiadau i brofi ymateb yr heddlu. Ar 3 Mai, dywedodd Connor y gallai ei ddynion ollwng y cŵn yn rhydd ar y protestwyr ac yna galwodd ar yr adran dân i ddefnyddio pibellau dŵr pwerus. Arestiodd Connor 2,000 o wrthdystwyr ynghyd â bron 1,300 o blant. Darlledwyd y digwyddiadau ar y teledu nid yn unig yn UDA, ond ar draws y byd. Cyhoeddwyd ffotograffau o'r gwrthdystiad ac ymateb yr heddlu mewn papurau newydd cenedlaethol. Rhoddodd hyn yr holl gyhoeddusrwydd yr oedd ei angen ar King. Roedd yn dangos trais yr awdurdodau yn erbyn gwrthdystwyr heddychlon. Erbyn dechrau mis Mai roedd Birmingham mewn anrhefn llwyr.

Dyma pryd y penderfynodd yr Arlywydd Kennedy ymyrryd. Anfonodd Burke Marshall, y Twrnai Cyffredinol Cynorthwyol, i ymyrryd a chymodi'r naill ochr a'r llall. Arweiniodd trafodaethau rhwng King ac arweinwyr dinas Birmingham at gytundeb ar 9 Mai a chytunwyd y byddai'r ddinas yn cael ei dadwahanu o fewn 90 diwrnod.

Yn sgil y trais hwn, penderfynodd Kennedy gyflwyno Mesur Hawliau Sifil. Ar yr un diwrnod, saethwyd Medgar Evers, arweinydd y *NACCP* ym Mississippi, yn farw yn Jackson gan saethwr cudd gwyn.

Ffynhonnell B Rhan o'r 'Llythyr o Garchar Birmingham' gan King

... ni ellid gohirio ein rhaglen o weithredu uniongyrchol mwyach ... Am flynyddoedd, rwyf wedi clywed y gair 'Aros!'. Mae'n air cyfarwydd iawn i bob Negro. Mae'r 'Aros!' hwn wedi golygu 'Byth' bron bob tro. Mae'n rhaid i ni sylweddoli bod gohirio cyfiawnder yn rhy hir yr un fath â gwrthod cyfiawnder. Mae cenhedloedd Asia ac Affrica yn carlamu tuag at ennill annibyniaeth wleidyddol, ond rydym yn dal i lusgo'n araf fel malwen tuag at ennill cwpan o goffi wrth gownter cinio.

Ffynhonnell C Cŵn yr heddlu yn ymosod ar wrthdystwyr hawliau sifil yn Birmingham, Alabama, 3 Mai 1963

TASGAU

4 Eglurwch pam yr oedd digwyddiadau Birmingham yn bwysig yn yr ymgyrch dros hawliau sifil.

5 Astudiwch Ffynhonnell B. Pam yr oedd 'Llythyr o Garchar Birmingham' King mor bwysig yn hanes y mudiad hawliau sifil?

6 Beth y mae Ffynhonnell C yn ei ddangos i chi am ddulliau'r heddlu yn Birmingham? (Am arweiniad ar sut i ateb y math hwn o gwestiwn, edrychwch ar dudalen 22.)

Martin Luther King a'r orymdaith i Washington, 1963

Pam y cynhaliwyd yr orymdaith?

Ar ôl Birmingham, roedd y grwpiau hawliau sifil yn awyddus i gynnal eu proffil uchel ac awgrymwyd y syniad o orymdaith i Washington DC gan Philip Randolph (gweler tudalen 72). Daeth y *NAACP*, y *CORE*, yr *SNCC* a'r *SCLC* at ei gilydd i drefnu'r orymdaith. Roedd King yn cefnogi'r orymdaith oherwydd ei fod yn gwybod bod rhai yn gweld y gwelliannau'n araf ac ofnai y byddai'r bobl hynny'n troi at ddulliau treisgar pe na bai'r proffil uchel yn parhau. Gwrthododd awdurdodau'r heddlu yn Washington wyliau i'w 3,000 o heddweision rhag ofn y byddai trais. Gofynnodd yr Arlywydd Kennedy i'r trefnwyr ganslo'r orymdaith am ei fod yn ofni trais.

Dechreuodd yr orymdaith trwy alw am swyddi a rhyddid, ond ehangodd i gynnwys nodau'r holl fudiad hawliau sifil. Yn naturiol, roedd galw am basio Mesur Hawliau Sifil Kennedy hefyd.

Yr orymdaith

Pan gynhaliwyd yr orymdaith ar 28 Awst 1963, daeth tua 250,000 o wrthdystwyr ynghyd. Roedd y trefnwyr wedi disgwyl llai na hanner hyn. Daeth pobl o bob rhan o UDA. Pan fyddai gwleidyddion yn ymddangos byddai'r dorf yn gweiddi 'Pasiwch y Mesur' (sef Mesur Hawliau Sifil Kennedy). King oedd siaradwr olaf y dydd ac mae ei araith nawr yn rhan o'r llenyddiaeth sy'n gysylltiedig â'r frwydr dros hawliau sifil (gweler Ffynhonnell CH).

Ffynhonnell CH O araith King yn Washington DC, 28 Awst 1963

Mae gen i freuddwyd. Mae'r freuddwyd wedi'i gwreiddio'n ddwfn yn y freuddwyd Americanaidd. Mae gen i freuddwyd y bydd y genedl hon, rhyw ddydd, yn codi ar ei thraed ac yn gwireddu gwir ystyr ei chred – mae'r gwirioneddau hyn yn gwbl amlwg, fod pob dyn wedi'i greu'n gyfartal ...

Mae gen i freuddwyd y bydd meibion caethweision a meibion eu cyn-berchenogion yn eistedd o amgylch bwrdd brawdgarwch ar fryniau coch Georgia – rhyw ddydd ...

Mae gen i freuddwyd y bydd fy mhedwar plentyn yn medru byw, rhyw ddydd, fel rhan o genedl lle y bydd ansawdd eu cymeriad yn bwysicach na lliw eu croen. Mae gen i freuddwyd heddiw!

Martin Luther King ger Cofeb Lincoln, 28 Awst 1963

Ystyriwyd yr orymdaith i Washington yn llwyddiant mawr. Fe'i darlledwyd ar y teledu ar draws UDA a bu'n lles mawr i'r mudiad hawliau sifil. Daeth â gwahanol adrannau o gymdeithas UDA at ei gilydd gan roi rhagor o bwysau ar yr Arlywydd Kennedy i symud ymlaen o ran hawliau sifil.

Ar ôl yr orymdaith, cynhaliwyd cyfarfod rhwng King ac arweinwyr eraill â'r Arlywydd Kennedy i drafod deddfwriaeth hawliau sifil. Roedd Kennedy yn awyddus i roi gwybod iddynt am ei ymrwymiad ei hun i'r Mesur Hawliau Sifil. Fodd bynnag, roedd pawb yn y cyfarfod yn ymwybodol bod llawer o wleidyddion Gweriniaethol yn parhau i wrthwynebu unrhyw newidiadau.

Dechreuodd gobeithion King ymddangos yn afreal. Ym mis Medi 1963, lladdwyd pedair merch ddu gan fom wrth iddynt fynd i'r ysgol Sul yn Birmingham. Roedd cynnydd y mudiad hawliau sifil fel petai'n arafu tua diwedd 1963 ac yna fe'i trawyd gan lofruddiaeth yr Arlywydd Kennedy.

Llwyddodd yr Arlywydd newydd, Lyndon Johnson, i yrru Mesur Hawliau Sifil Kennedy drwy'r Gyngres a daeth yn ddeddf yn 1964. Serch hynny, nid oedd yn rhoi sicrwydd pleidlais i Americanwyr du, felly penderfynodd King gynnal ymgyrch ddi-drais arall yn Selma, Alabama (gweler tudalennau 98–9) yn 1965. Penderfynodd gynnal gorymdaith o Selma i Birmingham, i gyflwyno deiseb yn mynnu hawliau pleidleisio. Ymosododd yr heddlu a milwyr y wladwriaeth ar y gorymdeithwyr. Galwyd y digwyddiad yn 'Sul y Gwaed'. Mewn ymateb i hyn, galwodd yr Arlywydd Johnson mewn araith i'r Gyngres ar 15 Mawrth am basio Deddf Hawliau Pleidleisio a fyddai'n rhoi'r bleidlais i Americanwyr du. Pasiwyd y Ddeddf ym mis Awst 1965: roedd polisi di-drais King wedi gweithio. Ar ôl 1965, ehangodd King ei waith a symudodd i'r Gogledd i helpu Americanwyr du tlawd. Daeth hefyd yn amlwg yn y mudiad yn erbyn Rhyfel Viet Nam ac 'Ymgyrch y Bobl Dlawd'.

Llofruddiaeth Martin Luther King

Ffynhonnell D O araith gan King mewn rali eglwys, 3 Ebrill 1968, am ei obeithion a'i ofnau am y dyfodol

Mae dyddiau anodd yn ein hwynebu. Ond nid yw hynny'n fy mhoeni nawr. Oherwydd rwyf wedi bod ar gopa'r mynydd. Efallai na fyddaf yn cyrraedd y copa gyda chi, ond rwyf eisiau i chi wybod heno ... y byddwn ni fel pobl yn cyrraedd gwlad yr addewid!

Ar 4 Ebrill 1968, y diwrnod ar ôl rhoi'r araith yn Ffynhonnell D, roedd Martin Luther King ym Memphis. Roedd yn ymweld â Memphis am ei fod yn cefnogi'r casglwyr sbwriel du a oedd ar streic er mwyn cael eu trin yn gyfartal â'u cydweithwyr gwyn. Roedd y bwlch economaidd ac addysgol rhwng pobl ddu a gwyn yn parhau'n sylweddol, yn y Gogledd yn ogystal â'r De. Llofruddiwyd King ar yr un diwrnod ym Memphis. Arestiwyd James Earl Ray, dyn gwyn hiliol, a'i garcharu am y drosedd, ond mae amheuaeth o hyd ai ef oedd y gwir lofrudd.

Ar ôl ei farwolaeth, roedd terfysgoedd ar draws y wlad. Bu farw pedwar deg chwech o bobl; anafwyd mwy na 3,000 mewn gwrthdaro treisgar a gwrthdystiadau mewn mwy na chant o ddinasoedd. Roedd hyn yn eironi mawr – roedd fel petai bod holl fywyd a gwaith King wedi bod yn ofer.

TASGAU

7 Eglurwch pam y cynhaliwyd yr orymdaith yn Washington ym mis Awst 1963.

8 A allwch chi awgrymu rhesymau pam y mae araith 'Mae gen i freuddwyd' King (Ffynhonnell CH) wedi dod yn un o'r areithiau enwocaf mewn hanes?

9 Astudiwch Ffynhonnell D. Beth yr oedd King yn ei olygu pan ddywedodd 'y byddwn ni fel pobl yn cyrraedd gwlad yr addewid!'?

10 Eglurwch pam yr arweiniodd llofruddiaeth Martin Luther King at derfysgoedd ar draws UDA.

Beth oedd rôl ac arwyddocâd Malcolm X?

Malcolm X a Chenedl Islam

I rai yn y mudiad hawliau sifil, roedd y cynnydd wedi bod yn ddifrifol o araf ac aeth mwy a mwy i gredu na fyddai dulliau Martin Luther King byth yn dod â chydraddoldeb i wleidyddiaeth a chyfle cyfartal mewn bywyd. Un grŵp nad oedd erioed wedi derbyn syniadau King oedd Cenedl Islam (neu Fwslimiaid Du) – roedd ei gefnogwyr yn cefnogi ymwahaniaeth (*separatism*). Gwrthododd yr aelodau eu cyfenwau caethwasaidd a galw eu hunain yn 'X'.

Aelod enwocaf Cenedl Islam oedd Malcolm X, a gwnaeth ei sgiliau areithio rhagorol helpu i gynyddu'r aelodaeth i tua 100,000 rhwng 1952 ac 1964. Roedd yn drefnydd gwych ac yn ystod ei gyfnod fel aelod o Genedl Islam, teithiodd ar draws UDA i ennill aelodau i'r mudiad. Helpodd Malcolm X i sefydlu rhaglenni addysgol a chymdeithasol ar gyfer pobl ifanc du mewn getos. Erbyn 1960, roedd mwy na 75 y cant o aelodau Cenedl Islam rhwng 17 a 35 oed. Mae'n cael y clod am ailgysylltu Americanwyr du â'u hetifeddiaeth Affricanaidd ac roedd yn gyfrifol am ledaenu Islam yn y gymuned ddu yn UDA. Roedd ei ddylanwad ar bobl fel Stokely Carmichael (gweler tudalen 92) yn allweddol.

Nid oedd llawer o aelodau'r grwpiau hawliau sifil prif ffrwd yn hoffi Cenedl Islam a chredai rhai bod gan Fwslimiaid 'athrawiaeth casáu-gwyn' a oedd mor beryglus ag unrhyw grŵp hiliol gwyn. Dywedodd Thurgood Marshall (gweler tudalennau 32 a 66) fod Cenedl Islam yn cael ei rhedeg gan 'griw o wehilion (*thugs*) wedi'u trefnu o'r carcharau a'u hariannu gan ryw grŵp Arabaidd'. Nid oedd beirniadaeth o'r fath byth yn poeni Malcolm X ac nid oedd ganddo ofn ymosod ar King ac arweinwyr eraill o'r mudiad hawliau sifil. Beirniadodd orymdaith 1963 i Washington, a rhoddodd yr enw 'y ffars i Washington' arni. Ni allai ddeall pam yr oedd cymaint o bobl ddu yn edmygu 'gwrthdystiad a gynhaliwyd gan bobl wyn o flaen cofeb arlywydd a fu farw 100 mlynedd yn ôl ac nad oedd yn hoff ohonom pan oedd yn fyw'.

Bywgraffiad Malcolm X, Malcolm Little yn wreiddiol, 1925–65

1925 Ganed 19 Mai yn Omaha
1931 Llofruddiwyd ei dad gan oruchafwyr gwyn
1942 Byw yn Efrog Newydd, yn gweithio fel 'pimp' a gwerthu cyffuriau
1946 Ei gael yn euog o ladrad a'i garcharu
1952 Ei ryddhau o'r carchar. Nawr yn dilyn Cenedl Islam. Newid ei enw i 'X'
1958 Priodi Betty Shabazz
1964 Gadael Cenedl Islam a sefydlu *Muslim Mosque, Inc.* a'r mudiad cenedlaetholgar du, *Organisation of Afro-American Unity*
1964 Mynd ar bererindod i Mecca. Newidiodd ei safbwyntiau gwleidyddol a chrefyddol. Newidiodd ei enw i Malik El-Hajj Shabazz
1965 Cael ei saethu gan dri aelod o Genedl Islam, 21 Chwefror

Ffynhonnell A O araith gan Malcolm X yn Efrog Newydd, 12 Rhagfyr 1964

Rwy'n credu mewn brawdoliaeth dyn, pob dyn, ond nid wyf yn credu mewn brawdoliaeth gyda rhywun sy'n gwrthod cael brawdoliaeth gyda mi. Rwy'n credu mewn trin pobl yn iawn, ond nid wyf am wastraffu fy amser yn ceisio trin rhywun yn iawn pan nad yw hwnnw'n gwybod sut i drin eraill yn iawn.

Ffynhonnell B O araith Malcolm X yn y Rali i Sefydlu'r *Organisation of Afro-American Unity*, 28 Mehefin 1964

Rydym wedi creu sefydliad o'r enw Organisation of Afro-American Unity sydd â'r un nodau ac amcanion i frwydro yn erbyn pwy bynnag sy'n sefyll yn y ffordd, i sefydlu annibyniaeth lwyr i bobl o linach Affricanaidd yma yn Hemisffer y Gorllewin, ac yn gyntaf yma yn yr Unol Daleithiau, gan ddod â rhyddid i'r bobl hyn drwy unrhyw ddull angenrheidiol. Dyna ein harwyddair. Rydym am weld rhyddid drwy unrhyw ddull angenrheidiol. Rydym am weld cyfiawnder drwy unrhyw ddull angenrheidiol. Rydym am weld cydraddoldeb drwy unrhyw ddull angenrheidiol.

Dylanwad Malcolm X

Cafodd Malcolm X ddylanwad enfawr ar Americanwyr du ifanc yn y trefi. Credai bod modd cyfiawnhau trais, nid yn unig er mwyn amddiffyn eu hunain ond hefyd fel ffordd o sicrhau cenedl ddu ar wahân. Fodd bynnag, ar ôl ymweld â Mecca newidiodd ei safbwyntiau a gadawodd y Mwslimiaid Du i sefydlu *Muslim Mosque, Inc.* a'r *Organisation of Afro-American Unity* er mwyn hyrwyddo cysylltiadau agosach rhwng Affricanwyr ac Americanwyr-Affricanaidd. Dywedodd Malcolm X fod y daith i Mecca wedi'i alluogi i weld Mwslimiaid o wahanol hiliau yn cysylltu â'i gilydd yn gyfartal. Daeth i gredu bod modd goresgyn problemau hiliol drwy Islam. Ymgyrchodd i roi diwedd ar wahaniaethu hiliol yn UDA, ond arweiniodd hyn at greu gelynion ac fe'i llofruddiwyd gan dri Mwslim du ym mis Chwefror 1965.

Daeth safbwyntiau a syniadau Malcolm X yn sylfaen i fudiadau hawliau sifil mwy radical fel y Pŵer Du (gweler tudalennau 92–3) a'r Pantherod Du (gweler tudalennau 94–5). Mae llawer o haneswyr wedi dweud bod Malcolm X wedi helpu i godi hunan-barch Americanwyr du yn fwy nag unrhyw unigolyn arall yn y mudiad hawliau sifil.

TASGAU

1. Pam y dewisodd Malcolm yr enw 'X'?
2. Disgrifiwch waith Malcolm X yn y 1950au. (Am arweiniad ar sut i ateb y math hwn o gwestiwn, edrychwch ar dudalennau 41–2.)
3. Beth y mae Ffynhonnell A yn ei ddangos i chi am agwedd Malcolm X tuag at hiliaeth? (Am arweiniad ar sut i ateb y math hwn o gwestiwn, edrychwch ar dudalen 22.)
4. Eglurwch pam yr oedd Malcolm X wedi denu cefnogaeth Americanwyr du ifanc.
5. Astudiwch Ffynhonnell B. Pa ddulliau y mae Malcolm X yn awgrymu y dylid eu defnyddio i sbarduno newid yn sefyllfa Americanwyr du?
6. Pa mor bwysig oedd Malcolm X yn yr ymgyrch dros hawliau sifil? (Am arweiniad ar sut i ateb y math hwn o gwestiwn, edrychwch ar dudalen 96.)

Beth oedd rôl ac arwyddocâd mudiad y Pŵer Du?

Er cynnydd y 1950au hwyr a'r 1960au cynnar, roedd llawer o Americanwyr du ifanc yn rhwystredig, ac roedd y rhai a oedd yn byw yn y getos yn ddig oherwydd y cyfraddau diweithdra uchel, y gwahaniaethu parhaus a'r tlodi.

Mudiad y Pŵer Du

Tyfodd mudiad y Pŵer Du yn sgil y rhwystredigaethau hyn. Slogan wleidyddol oedd Pŵer Du yn y lle cyntaf, ond yn y 1960au hwyr daeth i gynnwys amrywiaeth eang o weithgareddau a oedd yn ceisio cynyddu pŵer pobl ddu yn America. Roedd Stokely Carmichael ac eraill yn yr *SNCC* (gweler tudalen 85) eisiau i bobl ddu gymryd cyfrifoldeb am eu bywydau eu hunain a gwrthod cymorth pobl wyn. Roedd Carmichael a'i ddilynwyr eisiau i bobl ddu ddangos balchder yn eu hetifeddiaeth a mabwysiadwyd y slogan '*Black is beautiful*'. Roeddent eisiau i Americanwyr du ddatblygu ymdeimlad o falchder du ac roeddent yn hyrwyddo gwisgoedd ac ymddangosiad Affricanaidd.

Beirniadwyd Carmichael am ei agwedd ymosodol ac ymosodwyd arno pan gondemniodd rôl UDA yn Rhyfel Viet Nam. Gadawodd yr *SNCC* yn y pen draw a chydweithio â'r Pantherod Du, ond gadawodd UDA a symud i Guinée yn 1969 lle y bu'n byw tan ei farwolaeth yn 1998.

Ffynhonnell A O araith yn 1966 gan Stokely Carmichael, arweinydd yr *SNCC*, yn disgrifio ei rwystredigaethau ei hun a llawer o Americanwyr du. Roedd newydd ei ryddhau o garchar yr heddlu ar ôl cymryd rhan mewn gorymdaith hawliau sifil ym Mississippi

Dyma'r seithfed tro ar hugain i mi gael fy arestio. Nid wyf eisiau mynd i'r carchar ddim mwy. Yr unig ffordd y gallwn atal dynion gwyn rhag ein meistroli yw cymryd yr awenau. Rydym wedi bod yn gweiddi am ryddid ers chwe blynedd heb fynd i unlle. Mae'n rhaid i ni'n awr ddechrau gweiddi am Bŵer Du!

Bywgraffiad Stokely Carmichael 1941–98

1941 Ganed yn Port of Spain, Trinidad a Tobago
1943 Symud i Ddinas Efrog Newydd
1960 Mynychu Prifysgol Howard, Washington DC. Ennill gradd mewn Athroniaeth
1961 Cymryd rhan yn y teithiau rhyddid; carcharu am saith wythnos
1966 Cadeirydd yr *SNCC*
1966 Ei arestio am y 27ain tro; gwneud ei araith 'Pŵer Du'
1967 Ysgrifennu *Black Power*
1968 Ymuno â'r Pantherod Du
1969 Gadael UDA a symud i Guinée. Newid ei enw i Kwame Ture
1998 Bu farw yn Guinée

Ffynhonnell B Tommie Smith a John Carlos yn Gemau Olympaidd 1968 yn Ciudad de México. Enillodd Smith fedal aur a Carlos y fedal efydd yn y ras 200 metr. Mae enillydd y fedal arian, Peter Norman (chwith), yn gwisgo bathodyn i ddangos ei gefnogaeth i'r Americanwyr

Enillodd mudiad y Pŵer Du gyhoeddusrwydd eang yn ystod seremonïau enillwyr ras 200 metr a ras gyfnewid 400 metr y Dynion yng Ngemau Olympaidd Ciudad de México. (Gweler Ffynhonnell B). Gwisgodd yr athletwyr ran o wisg y mudiad – sef maneg ddu a beret du – a hefyd cau a chodi eu dwrn i saliwtio. Yn ystod y seremoni, pan ganwyd anthem genedlaethol UDA, rhoddodd Tommie Smith y saliwt gyda'i law dde i ddynodi'r Pŵer Du a chododd John Carlos ei law chwith i ddangos undod du. Hefyd, gwisgodd Smith sgarff ddu i gynrychioli balchder du a hosanau du heb esgidiau i gynrychioli tlodi du yn yr America hiliol. Anfonwyd Smith a Carlos yn ôl i UDA. Fe'i cyhuddwyd o ddod â gwleidyddiaeth i'r byd chwaraeon a niweidio ysbryd y Gemau Olympaidd. Ar ôl dychwelyd, derbyniodd y ddau sawl bygythiad i'w lladd.

Dangosodd Peter Norman, yr Awstraliad a ddaeth yn ail yn y ras 200 metr, ei gefnogaeth i'r Pŵer Du hefyd drwy wisgo bathodyn *OPHR* (*Olympic Project for Human Rights*). Roedd Pwyllgor Gemau Olympaidd Awstralia yn grac iawn gyda'i weithredoedd ac ni chafodd ei ddewis ar gyfer Gemau Olympaidd 1972. Bu farw Norman ar 3 Hydref 2006 ac roedd Tommie Smith a John Carlos yn ei angladd yn cario ei arch a chyflwyno teyrngedau.

Yn sgil gweithredoedd yr athletwyr hyn, roedd y byd i gyd yn ymwybodol nawr o fudiad y Pŵer Du.

TASGAU

1. Beth y mae Ffynhonnell A yn ei ddweud wrthych am Stokely Carmichael? (Am arweiniad ar sut i ateb y math hwn o gwestiwn, edrychwch ar dudalen 22.)
2. Disgrifiwch fudiad y Pŵer Du. (Am arweiniad ar sut i ateb y math hwn o gwestiwn, edrychwch ar dudalennau 41–2.)
3. Pa mor bwysig oedd Stokely Carmichael yn y frwydr dros hawliau sifil? (Am arweiniad ar sut i ateb y math hwn o gwestiwn, edrychwch ar dudalen 96.)
4. Gan weithio mewn parau, paratowch achos i gefnogi ac achos i gondemnio camau athletwyr UDA yng Ngemau Olympaidd Ciudad de México yn 1968.

Beth oedd rôl ac arwyddocâd mudiad y Pantherod Du?

Bobby Seale, chwith, a Huey Newton, cyd-sylfaenwyr Plaid y Pantherod Du dros Hunanamddiffyniad

Ar yr un adeg â'r terfysgoedd trefol a datblygiad mudiad y 'Pŵer Du', ymddangosodd y 'Pantherod Du'. Sefydlwyd y blaid hon gan Huey Newton a Bobby Seale ym mis Hydref 1966 yn Oakland, California. Roedd Malcolm X yn ddylanwad mawr ar y ddau. Roedd gan y Pantherod raglen deg pwynt ac roeddent yn fodlon defnyddio dulliau chwyldroadol i gyflawni'r nodau hynny.

Roedd y Pantherod Du hyd yn oed yn fodlon sefydlu cynghreiriau â grwpiau gwyn radical os oeddent yn credu y byddai hynny'n helpu i ddymchwel y 'sefydliad'. Roedd arweinwyr y Pantherod yn ymgyrchu i roi diwedd ar gyfalafiaeth a sefydlu cymdeithas sosialaidd. Dywedai Seale yn gyson: 'Rydym yn credu bod ein brwydr yn frwydr dosbarth, nid brwydr hil'.

Gwisgai'r Pantherod lifrai ac roeddent yn fodlon defnyddio arfau, gan hyfforddi aelodau i'w defnyddio. Roedd 5,000 o aelodau erbyn diwedd 1968. Fodd bynnag, lleihaodd y gefnogaeth yn sgil rhaniadau mewnol a digwyddiadau 1969, lle cafodd 27 o Bantherod eu lladd a 700 eu hanafu mewn gwrthdrawiadau â'r heddlu. Roeddent yn cael eu targedu'n gyson gan yr *FBI* ac erbyn 1982, roedd y blaid wedi ei diddymu.

Ffynhonnell A Symbol Plaid y Pantherod Du

Ffynhonnell B Rhaglen deg pwynt y Pantherod Du, mis Hydref 1966

1. *Rydym am gael rhyddid. Rydym am gael pŵer i benderfynu ar dynged ein Cymuned Ddu.*
2. *Rydym am weld ein holl bobl yn cael eu cyflogi.*
3. *Rydym am weld y dyn gwyn yn rhoi'r gorau i ddwyn oddi wrth y Gymuned Ddu.*
4. *Rydym am gael tai digonol, sy'n addas ar gyfer llochesu bodau dynol.*
5. *Rydym am gael addysg i'n pobl sy'n datgelu gwir natur y gymdeithas Americanaidd afradlon hon. Rydym am gael addysg sy'n ein galluogi i ddysgu am ein gwir hanes a'n rôl yn y gymdeithas sydd ohoni.*
6. *Rydym am i bob dyn du gael ei eithrio o wasanaeth milwrol.*
7. *Rydym am weld yr heddlu'n rhoi diwedd ar unwaith ar drais yn erbyn pobl ddu ac ar eu lladd.*
8. *Rydym am weld rhyddid i'r holl ddynion du sydd wedi'u carcharu yng ngharchardai ffederal, taleithiol, sirol a dinas ar unwaith.*
9. *Rydym am i'r holl bobl ddu, pan fyddant o flaen eu gwell, wynebu treial mewn llys gyda rheithgor o gyfoedion neu bobl o'u cymunedau du, fel y diffinnir gan Gyfansoddiad yr Unol Daleithiau.*
10. *Rydym am gael tir, bara, tai, addysg, dillad, cyfiawnder a heddwch.*

Ffynhonnell C J. Edgar Hoover, Cyfarwyddwr yr *FBI*, yn cael ei ddyfynnu yn y *New York Times*, 9 Medi 1968

Y Pantherod Du yw'r bygythiad mwyaf i ddiogelwch mewnol y wlad. Wedi'u haddysgu mewn ideoleg gomiwnyddol a dysgeidiaeth Mao Tse-tung, arweinydd Comiwnyddol China, mae ei aelodau wedi ymosod sawl gwaith ar heddweision ac wedi cymryd rhan mewn gwrthdrawiadau treisgar yn erbyn yr heddlu ar draws y wlad. Mae arweinwyr a chynrychiolwyr Plaid y Pantherod Du yn teithio'n helaeth ar hyd a lled yr Unol Daleithiau yn pregethu eu hefengyl o gasineb a thrais nid yn unig i drigolion y getos, ond i fyfyrwyr mewn colegau, prifysgolion ac ysgolion uwchradd hefyd.

Yn ystod y 1950au a'r 1960au, bu cynnydd aruthrol mewn sawl maes, yn enwedig addysg a chludiant. Roedd deddfwriaeth bellach yn amddiffyn Americanwyr du ac yn sicrhau cydraddoldeb (gweler Pennod 6, tudalennau 98–100, am ragor o ddeddfwriaeth). Erbyn diwedd y 1960au, roedd Americanwyr wedi gweld y mudiad hawliau sifil yn newid o fod yn sefydliad heddychlon, di-drais i un a oedd yn llawn sosialwyr radical yn cario gynnau ac yn ymladd a saethu mewn brwydrau yn erbyn yr heddlu. Llofruddiwyd ffigur hollbwysig y mudiad a daeth y 1960au i ben gyda therfysgoedd ar draws y wlad pan fu farw King.

TASGAU

1 Pa ddelwedd o'r Pantherod Du a welir yn Ffynhonnell A?

2 Astudiwch Ffynhonnell B. Pa rai o'r nodau hyn y byddai Martin Luther King wedi'u gwrthwynebu yn eich barn chi, a pham?

3 Astudiwch Ffynhonnell C. Eglurwch pam yr oedd mudiad y Pantherod Du yn cael ei ystyried yn fygythiad i gymdeithas UDA.

4 Pa mor llwyddiannus oedd mudiad y Pantherod Du? (Am arweiniad ar sut i ateb y math hwn o gwestiwn, edrychwch ar dudalen 96.)

5 Beth oedd y ffactorau pwysicaf wrth sicrhau gwell hawliau sifil ar gyfer Americanwyr du rhwng 1950 ac 1963?

Efallai y byddwch eisiau trafod y canlynol yn eich ateb:

- yr ymgyrch dros gydraddoldeb ym maes addysg
- yr ymgyrch dros gydraddoldeb ar gludiant cyhoeddus
- rôl Martin Luther King
- rôl Malcolm X

ac unrhyw ffactorau perthnasol eraill.

(Am arweiniad ar sut i ateb y math hwn o gwestiwn, edrychwch ar dudalennau 108–10.)

6 Gan weithio mewn parau, copïwch y tabl isod a'i lenwi drwy ddefnyddio'r wybodaeth o'r bennod hon.

Beth oedd wedi'i ennill i Americanwyr du erbyn 1965?	Pa faterion oedd heb eu datrys i Americanwyr du erbyn 1965?

Arweiniad ar arholiadau

Mae'r adran hon yn rhoi arweiniad ar sut i ateb cwestiynau 1(ch), 2(ch) a 3(ch) o Uned 3. Mae'n gwestiwn **ffurfio barn** sy'n gofyn i chi ffurfio barn am drobwynt neu bwysigrwydd neu lwyddiant digwyddiad, mudiad neu unigolyn penodol. Mae'n werth 8 marc.

Cwestiwn 1(ch) – ffurfio barn: dewis eich gwybodaeth eich hun a dadansoddi cysyniadau allweddol

Pa mor bwysig oedd y sefyllfa addysg i'r mudiad hawliau sifil?

Cyngor ar sut i ateb

- Mae'r cwestiwn hwn yn gofyn i chi **werthuso pwysigrwydd neu lwyddiant** digwyddiad, mudiad neu unigolyn penodol.
- Mae'n rhaid i chi geisio **dadansoddi a gwerthuso**'r rhesymau dros y pwysigrwydd/llwyddiant hwn.
- Hanner marciau yw'r uchaf a roddir am atebion disgrifiadol – **mae'n *rhaid* i chi ddadansoddi**.
- Mae angen i chi roi **manylion ffeithiol penodol** i gefnogi eich sylwadau.
- Cofiwch fod y cwestiwn hwn yn ei gwneud yn ofynnol i chi **ffurfio barn**, gan roi rhesymau penodol pam eich bod yn meddwl bod y digwyddiad, mudiad neu unigolyn hwn yn bwysig neu'n llwyddiannus.
- Gallwch, dan amgylchiadau penodol, **anghytuno** a dadlau nad oedd y digwyddiad, mudiad neu unigolyn yn bwysig neu'n llwyddiannus.

Ymateb yr ymgeisydd

Yn ystod y 1950au arweiniodd y NAACP y frwydr yn erbyn arwahanu ym maes addysg. Yn 1954, ymladdwyd achos Linda Brown gan y NAACP ac arweiniodd hynny at y datganiad gan y Pris Ustus fod arwahanu ym maes addysg yn anghyfreithlon ac yn groes i gyfansoddiad UDA. Fodd bynnag, parhaodd llawer o ysgolion yn y De gyda pholisi arwahanu a bu'n rhaid gweithredu eto yn y maes addysg uwchradd cyn sicrhau newid. Yn 1957, ceisiodd naw o fyfyrwyr du fynychu Ysgol Uwchradd Little Rock - lle'r oedd dim ond myfyrwyr gwyn - ond defnyddiodd Llywodraethwr Arkansas y Gwarchodfilwyr Cenedlaethol i'w hatal rhag mynd i mewn i'r ysgol. Bu'n rhaid i'r Arlywydd Eisenhower anfon 1,000 o awyrfilwyr i Little Rock cyn i'r myfyrwyr du gael eu gadael i mewn.

Helpodd y digwyddiadau hyn y mudiad hawliau sifil gan eu bod yn dangos annhegwch y system addysg ac yn rhoi sylwedd i'r ymgyrch dros sicrhau newid. Felly, roedd yn fater o bwys mawr i'r mudiad hawliau sifil.

Sylw'r arholwr

Mae hwn yn ateb manwl sydd wedi'i strwythuro'n dda. Mae holl sylwadau'r ymgeisydd yn mynd i'r afael â'r materion allweddol ac yn darparu sawl enghraifft i ddangos sut y defnyddiwyd addysg i herio'r deddfau arwahanu a sicrhau hawliau sifil. Mae'r paragraff olaf yn rhoi barn ac yn gwerthuso pwysigrwydd addysg yn y frwydr dros hawliau sifil. Mae'r ateb yn cyrraedd gofynion Lefel Tri ac yn haeddu'r marciau llawn (8).

Rhowch gynnig arni:

Ai'r frwydr i roi diwedd ar arwahanu ar gludiant cyhoeddus oedd y ffactor bwysicaf o ran ennill hawliau sifil i Americanwyr du? (8 marc)

6 Faint o gynnydd a wnaed gan Americanwyr du er y 1960au?

Ffynhonnell A O araith gan yr Arlywydd Kennedy, 1963

Fy ngobaith yw y bydd pob Americanwr yn stopio ac yn holi ei gydwybod. Heddiw, ein bwriad yw cefnogi'r frwydr fyd-eang i hyrwyddo ac amddiffyn hawliau pawb sydd am fod yn rhydd. A phan anfonir Americanwyr i Viet Nam neu i Orllewin Berlin, nid dim ond pobl wyn sy'n cael eu gofyn. Nawr mae'r amser wedi dod i'r genedl wireddu ei haddewid ... Mae fflamau rhwystredigaeth ac anghytgord yn llosgi ym mhob dinas, yn y Gogledd a'r De ... Felly, rydym yn wynebu argyfwng moesol ... mae'n amser i'r Gyngres weithredu.

TASG

Astudiwch Ffynhonnell A. Beth oedd yr Arlywydd Kennedy yn ei olygu wrth y canlynol?

- *'... pob Americanwr yn stopio ac yn holi ei gydwybod'*
- *'Felly, rydym yn wynebu argyfwng moesol ...'*
- *'... mae'n amser i'r Gyngres weithredu'.*

Rydych eisoes wedi gweld ym Mhennod 5 fod peth cynnydd wedi'i wneud yn yr ymgyrch dros hawliau sifil erbyn diwedd y 1960au, ond roedd yr hen hiliaeth draddodiadol yn dal i fodoli yn y De. Llwyddodd Martin Luther King i roi hawliau sifil ar dop agenda gwleidyddiaeth fewnol UDA ac yn sgil gwrthdystiadau 1963 (gweler tudalen 88) nid oedd modd i neb gyfiawnhau safbwyntiau oedd yn gwrthwynebu newid. Ar ôl 1963, cafwyd sawl deddfwriaeth oedd yn ceisio sicrhau cydraddoldeb i Americanwyr du.

Er y 1960au, mae newidiadau enfawr wedi digwydd ac etholwyd llawer mwy o swyddogion du yn ystod tri degawd olaf y ganrif. Safodd dau wleidydd du i gael eu henwebu fel arlywydd ar gyfer y Blaid Ddemocrataidd yn y 1970au a'r 1980 ac yn 2008 etholwyd arlywydd du cyntaf UDA.

Rhagorodd Americanwyr du ym mhob maes yn rhan olaf yr ugeinfed ganrif – gwleidyddiaeth, chwaraeon, adloniant, y cyfryngau a llenyddiaeth.

Mae'r bennod hon yn trafod y materion canlynol:

- Pam yr oedd deddfwriaeth hawliau sifil y 1960au yn bwysig?
- Pam y cafwyd terfysgoedd hil yn y 1960au?
- Beth oedd maint y newid a'r cynnydd i Americanwyr du er y 1960au?

Arweiniad ar arholiadau

Drwy'r bennod hon, byddwch yn cael cyfle i ymarfer cwestiynau arholiad o wahanol arddull a rhoddir arweiniad manwl ar sut i ateb y **cwestiwn traethawd synoptig** o Adran B Uned 3 y papur arholiad. Mae'n werth 10 marc.

Pam yr oedd deddfwriaeth hawliau sifil y 1960au yn bwysig?

Deddf Hawliau Sifil 1964

Yn dilyn llofruddiaeth yr Arlywydd Kennedy, llwyddodd ei olynydd, Lyndon Johnson, i wthio'r Mesur Hawliau Sifil drwy **Dŷ'r Cynrychiolwyr** a'r Senedd gan sicrhau bod digon o Weriniaethwyr i wrthbwyso'r Democratiaid o'r De a oedd yn gwrthwynebu'r Mesur. Roedd Johnson yn brofiadol mewn gwleidyddiaeth ar lefel uchel er 1938 a defnyddiodd ei holl sgiliau i berswadio'r Gweriniaethwyr i bleidleisio gydag ef. Roedd wedi cyflwyno ei weledigaeth o'r 'Gymdeithas Fawr' (gweler tudalen 30) a fyddai'n ymosod ar anghyfiawnder hiliol a thlodi. Roedd hyn yr un ysbryd â 'Goror Newydd' Kennedy.

Roedd llofruddiaeth yr Arlywydd Kennedy wedi bod yn ergyd fawr i UDA a phleidleisiodd rhai aelodau o'r Gyngres dros y Mesur mewn cydymdeimlad. Llwyddodd Johnson i ennill cefnogaeth yn y Gyngres hefyd oherwydd ei fod yn ddeheuwr, o Texas.

Mae llawer yn credu mai'r Ddeddf Hawliau Sifil oedd un o lwyddiannau mwyaf yr Arlywydd Johnson. Fodd bynnag, roedd llawer o Americanwyr du yn feirniadol am ei bod yn annigonol a'u bod wedi aros yn hir amdani. Yn naturiol, roedd llawer o Americanwyr gwyn y De yn ei gwrthwynebu ac yn gwneud popeth o fewn eu gallu i'w gwneud yn fethiant.

Y Ddeddf Hawliau Sifil, 1964

- Gwaharddwyd arwahanu mewn gwestai, motelau, tai bwyta, cownteri cinio a theatrau.
- Yn ôl y Ddeddf, cyfrifoldeb y llywodraeth ffederal oedd cyflwyno achosion gerbron y llys lle'r oedd gwahaniaethu'n dal i ddigwydd.
- Roedd busnes a oedd yn ymwneud â'r llywodraeth yn cael ei fonitro i sicrhau nad oedd unrhyw wahaniaethu.
- Roedd gan fyfyrwyr du hawliau cyfartal i gael defnyddio pob man a sefydliad cyhoeddus a oedd yn derbyn arian gan y llywodraeth, gan gynnwys ysgolion.
- Sefydlwyd y Comisiwn Arferion Cyflogaeth Teg (*FEPC*), a oedd wedi'i sefydlu yn ystod yr Ail Ryfel Byd (gweler tudalen 72), ar sail barhaol.
- Creodd y Ddeddf y Comisiwn Cyfle Cyfartal mewn Cyflogaeth (*EEOC: Equal Employment Opportunity Commission*) i roi'r gyfraith ar waith.

Hawliau pleidleisio

Hawliau pleidleisio

Yn 1870, yn unol â'r Pymthegfed Diwygiad (Gwelliant), cafodd dynion du Americanaidd yr hawl i bleidleisio. Fodd bynnag, roedd rhai taleithiau yn **dadryddfreinio** dynion du Americanaidd drwy ddulliau fel trethi annheg a phrofion llythrennedd. Nid prawf darllen ac ysgrifennu oedd y profion llythrennedd – roeddent yn gofyn cwestiynau rhifyddeg a chwestiynau diwylliannol anodd a oedd yn amhosibl i'r mwyafrif o bobl.

Yn 1962, trefnodd llywodraeth UDA y Project Addysg i Bleidleiswyr. Cafodd y project ei staffio'n bennaf gan aelodau'r *Student Non-violent Coordinating Committee* (*SNCC*). Byddent yn treulio llawer o'u hamser gyda phleidleiswyr cymwys yn dangos iddynt sut i gofrestru a delio â'r rhwystrau a oedd yn cael eu gosod o'u blaen – er enghraifft, y cwestiynau mathemategol a oedd yn amhosibl i'w hateb. Yn sgil y project, llwyddodd 650,000 o bobl newydd i gofrestru i bleidleisio ond gwrthodwyd yr hawl i lawer o bobl am resymau amheus. Dioddefodd aelodau'r *SNCC* dan law'r gwrthwynebwyr – yn Georgia, bomiwyd nifer o eglwysi a chafodd gweithwyr eu curo a'u saethu. Ar ôl llwyddo i gofrestru ac yna phleidleisio gorfodwyd rhai i adael eu tir, diswyddwyd eraill a gwrthodwyd credyd hefyd i rai.

Yn 1965, penderfynodd Martin Luther King a'i gydweithwyr i wthio'r mater drwy gynnal ymgyrch ddi-drais arall. Tref Selma, Alabama, fyddai maes y gad gan mai dim ond 383 o bleidleiswyr Americanaidd du oedd wedi gallu cofrestru allan o 15,000 posibl. Siryf Selma oedd Jim Clark ac roedd ganddo enw cynddrwg â 'Bull' Connor yn Birmingham (gweler tudalen 87). Roedd King yn gobeithio y byddai'r ymateb i'r gwrthdystiadau yn llym oherwydd roedd yn gwybod y byddai'r wasg a'r teledu unwaith eto'n rhoi cyhoeddusrwydd i'r rhagfarn barhaus yn y De.

Ymdrechwyd am ddau fis i gofrestru pleidleiswyr du a chafwyd dau fis o wrthwynebiadau. Cafodd King a'i ddilynwyr eu curo a'u harestio. Llofruddiwyd un gwrthdystiwr. Penderfynwyd gorymdeithio o Selma i Birmingham, sef prifddinas y dalaith, er mwyn cyflwyno deiseb i'r Llywodraethwr Wallace yn gofyn am hawliau pleidleisio. Gwaharddodd y Llywodraethwr Wallace yr orymdaith, ond roedd King yn benderfynol i arwain ei gefnogwyr i berswadio Wallace.

Cynhaliwyd yr orymdaith ar 7 Mawrth, ond ar ôl croesi Pont Edmund Pettus nid oedd modd mynd ddim pellach gan fod dynion y Siryf Clark a milwyr y dalaith wedi ymosod ar y gorymdeithwyr. Bu'n rhaid i'r gorymdeithwyr wynebu nwy dagrau, ceffylau a phastynau ac fe'u gorfodwyd i ddychwelyd i Selma. Galwyd y digwyddiad hwn yn 'Sul y Gwaed' ac o ganlyniad bu'n rhaid i'r Arlywydd Johnson weithredu. Cynhaliwyd ail orymdaith ddau ddiwrnod yn ddiweddarach ond trodd King y gorymdeithwyr i ffwrdd – am ei fod ef a Johnson wedi cytuno y byddai'n osgoi brwydr dreisgar arall gyda Clark.

Roedd y farn gyhoeddus ar draws UDA yn gefnogol iawn o King a'r mudiad hawliau sifil ac ar 15 Mawrth rhoddodd yr Arlywydd Johnson addewid y byddai'n cyflwyno mesur a fyddai'n rhyddfreinio Americanwyr du. Yn y pen draw, rhoddwyd caniatâd i orymdaith o Selma i Montgomery cyn belled â'i bod yn heddychlon. Arweiniodd King fwy na 25,000 o bobl ar 21 Mawrth – hwn oedd y digwyddiad mwyaf erioed i'w gynnal yn y De.

TASGAU

1 Eglurwch pam yr oedd rhai Americanwyr du a gwyn yn feirniadol o Ddeddf Hawliau Sifil 1964.

2 Pa mor bwysig oedd Deddf Hawliau Sifil 1964? (Am arweiniad ar sut i ateb y math hwn o gwestiwn, edrychwch ar dudalen 96.)

3 Ysgrifennwch erthygl papur newydd yn canmol pasio'r Ddeddf Hawliau Sifil. Peidiwch â defnyddio mwy na thua chwe gair yn eich pennawd.

4 Beth y mae Ffynhonnell A yn ei ddangos i chi am yr orymdaith hawliau sifil o Selma? (Am arweiniad ar sut i ateb y math hwn o gwestiwn, edrychwch ar dudalen 22.)

5 A ellir cyfiawnhau penderfyniad King i roi bywydau ei ddilynwyr mewn perygl yng ngorymdeithiau Selma? Eglurwch eich ateb.

6 Pa mor llwyddiannus oedd gorymdeithiau Selma? (Am arweiniad ar sut i ateb y math hwn o gwestiwn, edrychwch ar dudalen 96.)

Ffynhonnell A Yr orymdaith hawliau sifil i Bont Edmund Pettus, Selma, 7 Mawrth 1965

Y Ddeddf Hawliau Pleidleisio, 1965

Roedd llwyddiant gorymdaith Selma wedi creu awyrgylch o obaith ac, yn ystod yr haf, cyflwynodd yr Arlywydd Johnson y Mesur Hawliau Pleidleisio a chafodd y mesur ei ddeddfu'n gyflym gan y Gyngres. Roedd y Ddeddf yn:

- rhoi diwedd ar brofion llythrennedd
- sicrhau y gallai asiantaethau ffederal fonitro cofrestriadau – ac ymyrryd os oedd achosion posibl o wahaniaethu. Gellid rhagdybio bod sefyllfa o wahaniaethu hiliol yn bodoli os oedd llai na 50 y cant o ddinasyddion oed pleidleisio wedi'u cofrestru.

Erbyn diwedd 1965, roedd 250,000 o Americanwyr du wedi cofrestru i bleidleisio (roedd un o bob tri wedi'u cynorthwyo gan systemau monitro'r llywodraeth a oedd yn gwneud yn siŵr bod y ddeddf yn cael ei dilyn).

Ffynhonnell B Tabl yn dangos pleidleiswyr cofrestredig mewn taleithiau penodol yn UDA, 1969

Talaith	Canran y bobl wyn a oedd wedi cofrestru	Canran y bobl ddu a oedd wedi cofrestru
Alabama	94.6	61.3
Arkansas	81.6	77.9
Florida	94.2	67.0
Georgia	88.5	60.4
Louisiana	87.1	60.8
Mississippi	89.8	66.5
Gogledd Carolina	78.4	53.7
De Carolina	71.5	54.6
Tennessee	92.0	92.1
Texas	61.8	73.1
Virginia	78.7	58.9
UDA i gyd	80.4	64.8

Cofrestrodd 750,000 arall erbyn diwedd 1968. Hefyd, cynyddodd nifer y cynrychiolwyr du a etholwyd yn sylweddol ar ôl y Ddeddf.

Roedd yn ymddangos bod polisi King o ymgyrchu di-drais wedi gweithio. Roedd cefnogaeth eang a chydymdeimlad gan Americanwyr gwyn ac roedd dau ddarn o ddeddfwriaeth a oedd wedi cael gwared ar wahaniaethu a dadryddfreinio.

Fodd bynnag, roedd grwpiau eraill yn ymddangos a oedd yn gwrthwynebu syniad King o ymgyrchu di-drais. Roedd rhai'n teimlo bod y cynnydd yn araf a bod King wedi bod yn rhy barod yn aml i daro bargen gyda'r awdurdodau gwyn (gweler Pennod 5, tudalen 88).

Cyflwynwyd diwygiadau pellach i hawliau sifil cyn i'r Arlywydd Johnson adael ei swydd yn 1968:

- 1967: cyhoeddodd y Llys Goruchaf fod cyfreithiau taleithiol a oedd yn gwahardd priodasau rhynghiliol yn anghyfansoddiadol.
- 1968: y Ddeddf Tai Teg. Gwaharddwyd gwahaniaethu ym maes tai ar sail hil, lliw, rhyw, tarddiad cenedlaethol neu grefydd.

TASGAU

7 Beth y mae Ffynhonnell B yn ei ddangos i chi am bleidleiswyr yn UDA yn 1969? (Am arweiniad ar sut i ateb y math hwn o gwestiwn, edrychwch ar dudalen 22.)

8 Ailddarllenwch adrannau'r Ddeddf Hawliau Sifil (tudalen 98) a'r Ddeddf Hawliau Pleidleisio (uchod). Pa un oedd y pwysicaf yn eich barn chi? Copïwch a llenwch y tabl isod.

Roedd y Ddeddf Hawliau Sifil yn bwysicach oherwydd ...	Roedd y Ddeddf Hawliau Pleidleisio yn bwysicach oherwydd ...

9 A oedd 'breuddwyd' Martin Luther King o roi triniaeth gyfartal i Americanwyr du wedi'i gwireddu erbyn diwedd 1968?

Pam y cafwyd terfysgoedd hil yn y 1960au?

Ffynhonnell A
Y Gwarchodfilwyr Cenedlaethol (*National Guard*) a'r heddlu yn wynebu terfysgwyr yn Detroit, 1967

Er y cyfreithiau hawliau sifil, roedd llawer o Americanwyr du ifanc yn rhwystredig, a theimlai'r rhai a oedd yn byw yn y getos yn ddig oherwydd y cyfraddau uchel o ddiweithdra, gwahaniaethu parhaus a thlodi. Ar 11 Awst 1965, ffrwydrodd y rhwystredigaeth yn derfysg difrifol a oedd yn cynnwys 30,000 o bobl yn rhanbarth Watts o Los Angeles. Yn ystod y terfysg, cafodd 34 eu lladd, 1,072 eu hanafu, 4,000 eu harestio ac achoswyd tua $40 miliwn o ddifrod. Roedd terfysgoedd ar draws dinasoedd mawr UDA yn ystod y ddau haf canlynol. Roedd llawer o'r terfysgoedd yn dilyn patrwm tebyg – arestio person ifanc du, sibrydion am greulondeb yr heddlu ac yna terfysg.

Roedd trais hiliol ar ei anterth yn ystod haf 1967, pan welwyd terfysgoedd mewn 125 o ddinasoedd yn UDA. Digwyddodd y ddau derfysg mwyaf ym mis Gorffennaf: lladdwyd 26 yn Newark ac anafwyd dros 1,000, a lladdwyd dros 40 yn Detroit, anafwyd cannoedd ac arestiwyd 7,000. Yn ystod y tri haf o derfysgoedd, lladdwyd mwy na 130 o bobl ac achoswyd gwerth mwy na $700 miliwn o ddifrod.

Yn sgil terfysgoedd 1965–67, aeth yr Arlywydd Johnson a'i gynghorwyr ati i weld beth oedd wrth wraidd yr helynt. Nododd Adroddiad Kerner (1968) fod hiliaeth yn rhan annatod o gymdeithas UDA. Datgelodd y problemau economaidd a oedd yn wynebu Americanwyr du yn ogystal â 'rhagfarn a chreulondeb systematig yr heddlu' ac argymhellodd fentrau ffederal y gellid eu gweithredu gyda mwy o wariant. Anwybyddwyd yr adroddiad i bob pwrpas.

Roedd 1968 fel petai yn ddiwedd cyfnod. Roedd rhyfel Viet Nam wedi dechrau dominyddu sylw pawb gartref a daeth mudiad y myfyrwyr i'r amlwg. Fodd bynnag, roedd newidiadau pwysig wedi digwydd ac roedd deddfwriaeth hawliau sifil y 1960au wedi rhoi cydraddoldeb a diogelwch o flaen y gyfraith. Ond dangosodd terfysgoedd 1965–67 a'r rhai a welwyd ar ôl marwolaeth Martin Luther King yn 1968 fod rhwystredigaeth fawr yn bodoli o hyd ymysg y boblogaeth ddu.

TASGAU

1. Beth y mae Ffynhonnell A yn ei ddangos i chi am y terfysg yn Detroit? (Am arweiniad ar sut i ateb y math hwn o gwestiwn, edrychwch ar dudalen 22.)
2. Disgrifiwch derfysgoedd hil 1965–67 yn America. (Am arweiniad ar sut i ateb y math hwn o gwestiwn, edrychwch ar dudalennau 41–2.)
3. Pam y mae 1968 yn cael ei ystyried fel 'diwedd cyfnod'?

Beth oedd maint y newid a'r cynnydd i Americanwyr du er y 1960au?

Bu newid sylweddol i sefyllfa Americanwyr du ym mlynyddoedd olaf yr ugeinfed ganrif. Roedd ethol arlywydd Americanaidd du, Barack Obama, yn 2008 yn dystiolaeth o'r datblygiadau hynny. Mae Americanwyr du wedi cyfrannu'n fawr at ddatblygu pob agwedd ar fywyd eu gwlad.

Gwelwyd eisoes ym Mhennod 5 fod Americanwyr du wedi dod yn fwy balch o'u treftadaeth hiliol a diwylliannol yng nghanol yr ugeinfed ganrif pan fathwyd y term '*black is beautiful*'. Mae Americanwyr du wedi profi llwyddiant mewn nifer o feysydd er y 1960au, o wleidyddiaeth i chwaraeon, ac mae eu llwyddiannau wedi'u cydnabod ar draws y byd. Gan amlaf, roedd yn enghraifft o fod yr Americanwr du cyntaf i ennill gwobr neu i gael swydd arbennig gan agor y drws i lawer mwy o'u hil i'w dilyn.

Ond, dylid cofio mai anghyson fu'r gwelliant i fywydau llawer o Americanwyr du.

Gwleidyddiaeth

Ychydig iawn o lwyddiant sydd wedi bod o ran gwleidyddiaeth genedlaethol. Dim ond 121 o Americanwyr du sydd wedi'u hethol i ddwy gangen Cyngres UDA er 1880. Shirley Chisholm oedd y fenyw ddu gyntaf i gael ei hethol i'r Gyngres yn 1968 ac yn 1972 ymgeisiodd am enwebiad arlywyddol y Blaid Ddemocrataidd, ond collodd i George McGovern. Deuddeg mlynedd yn ddiweddarach, ymgeisiodd y Parchedig Jesse Jackson am enwebiad arlywyddol y Blaid Ddemocrataidd, ond collodd i Walter Mondale. Carol Moseley-Braun oedd y fenyw ddu gyntaf i'w hethol yn Seneddwr UDA ym mis Ionawr 1993. Fodd bynnag, mae Americanwyr du wedi profi llwyddiant cyson ar lefel leol er 1964. Mae pobl ddu yn aelodau o gynghorau neu'n faer mewn llawer o'r dinasoedd erbyn hyn (gweler Ffynhonnell A).

Yn bwysicach, Colin Powell oedd yr Americanwr cyntaf i gael ei benodi'n Gadeirydd y Cyn-benaethiaid Staff yn 1989 a pharhaodd yn y swydd hollbwysig hon yn ystod Rhyfel y Gwlff 1990–91. Ef oedd yr Ysgrifennydd Gwladol du cyntaf, gan ddal y swydd rhwng 2001–05.

TASGAU

1. Beth y mae Ffynhonnell A yn ei ddangos i chi am rhan Americanwyr du mewn gwleidyddiaeth rhwng 1970 a 2000? (Am arweiniad ar sut i ateb y math hwn o gwestiwn, edrychwch ar dudalen 22.)
2. Ysgrifennwch eich pennawd eich hun ar gyfer y ffotograff o Obama a Jackson ar dudalen 103.

Ffynhonnell A Tabl yn dangos swyddogion du a etholwyd yn UDA, 1970–2000

Blwyddyn	Dynion	Menywod	Cyfanswm	Canran yr holl swyddogion
1970	1309	160	1469	10.9
1975	2973	530	3503	15.1
1980	3936	976	4912	19.9
1985	4697	1359	6056	22.4
1990	5420	1950	7370	26.5
1995	5782	2637	8419	31.3
2000	5921	3119	9040	34.5

Barack Obama yn cyfarch Jesse Jackson yn angladd Dorothy Height, yr arweinydd hawliau sifil, 29 Ebrill 2010

Economeg

Ffynhonnell B O erthygl am hawliau sifil mewn cylchgrawn Prydeinig i fyfyrwyr hanes TGAU

Gwellodd ansawdd bywyd yn bendant i nifer o bobl ddifreintiedig America; yn 1965, roedd 19 y cant o Americanwyr du yn ennill y cyflog cyfartalog, erbyn 1967, roedd y ffigur hwn wedi codi i 27 y cant; yn 1960, oedran darllen Americanwyr du wedi'u haddysgu ar gyfartaledd oedd 10.8, erbyn 1967 roedd y ffigur hwn wedi codi i 12.2.

Erbyn diwedd y 1960au, roedd llawer iawn o Americanwyr du yn parhau i fyw o dan y ffin tlodi. Roeddent yn byw yn yr ardaloedd mwyaf tlawd mewn dinasoedd, yn mynd i'r ysgolion mwyaf tlawd ac yn profi mwy o amddifadedd nag Americanwyr gwyn ar y cyfan. Dangosodd astudiaeth un brifysgol UDA yn yr 1980au fod gan Americanwr du dosbarth canol â PhD lai o gyfle i fyw mewn cymdogaeth wyn nag Americanwr-Sbaenaidd a oedd wedi gadael yr ysgol ar ôl tair blynedd yn yr ysgol gynradd. Roedd llawer o'r banciau'n dal i fod yn amharod i gynnig morgais i Americanwyr du, er eu bod yn gallu fforddio cartrefi drud.

Ffynhonnell C Incwm blynyddol teuluoedd Americanwyr du

Blwyddyn	Incwm ($)	Nifer y teuluoedd
1970	20,000 – 49,000	1.9 miliwn
1980	20,000 – 49,000	2.3 miliwn
1987	20,000 – 49,000	2.6 miliwn

Ffynhonnell CH Cyflogau wythnosol gweithwyr llaw Americanaidd du fel canran o gyflogau gweithwyr gwrywaidd gwyn

Blwyddyn	1970	1980	1990	2000
Memphis	63	73	71	78
Atlanta	62	75	75	78
Washington	72	80	81	83
Efrog Newydd	75	76	77	78
Philadelphia	79	77	77	77
Baltimore	71	78	76	79
Chicago	75	75	74	74
Detroit	81	83	81	78
Los Angeles	74	77	81	80
San Francisco	78	79	82	80

TASGAU

3 Beth y mae Ffynhonnell B yn ei ddangos i chi am newidiadau i ansawdd bywyd Americanwyr du? (Am arweiniad ar sut i ateb y math hwn o gwestiwn, edrychwch ar dudalen 22.)

4 Defnyddiwch Ffynonellau C ac CH a'ch gwybodaeth eich hun i egluro i ba raddau y gwellodd bywydau Americanwyr du ar ôl 1970. (Am arweiniad ar sut i ateb y math hwn o gwestiwn, edrychwch ar dudalennau 60–2.)

Addysg

Ffynhonnell D Cyraeddiadau addysg uwch dynion du a gwyn yn yr Unol Daleithiau

	Canran y dynion du				Canran y dynion gwyn			
	1970	1980	1990	2000	1970	1980	1990	2000
Gradd gyntaf	5	9	9	10	16	23	18	20
Ôl-radd	1	1	4	4	2	3	11	11

Roedd rhai yn dal i wrthwynebu integreiddio mewn ysgolion hyd yn oed ar ôl Deddf Hawliau Sifil 1964. Ond ceisiodd rhai dinasoedd fynd ati i integreiddio a sicrhau cymysgedd ethnig drwy gludo myfyrwyr ar fysiau ar draws rhaniadau hiliol. Roedd yr Arlywydd Nixon yn erbyn cludo myfyrwyr ar fysiau ac yn 1973 gwaharddwyd hyn gan y Llys Goruchaf. Nid oedd fawr ddim cymysgedd hiliol mewn rhai dinasoedd erbyn 1978.

Parhaodd llawer o Americanwyr du i adael yr ysgol uwchradd ac, erbyn 2000, roedd cyfraddau graddio ac ymrestru yn y coleg yn debyg i gyfraddau myfyrwyr gwyn yn 1975. Fodd bynnag, nid yw'r darlun yn *rhy* llwm – rhwng 1980 a 2007, cynyddodd cyfraddau ymrestru Americanwyr du mewn colegau o 44 y cant i 56 y cant.

Chwaraeon

Er bod athletwyr Americanaidd du wedi bod yn gewri yn y byd chwaraeon erioed, roeddent yn cael eu gwahardd mewn rhai meysydd neu'n cael cymryd rhan mewn cystadlaethau ar wahân yn unig. Er 1960, daeth arwyr ac arwresau du i'r amlwg mewn chwaraeon o bob math ac maent wedi dod yn bencampwyr byd a phencampwyr y Gemau Olympaidd.

O ran bocsio, mae Americanwyr du wedi cynhyrchu rhai o'r bocswyr pwysau trwm gorau yn hanes y gamp. Yn y 1960au, daeth Muhammad Ali i'r amlwg fel pencampwr bocsio pwysau trwm y byd. Enillodd y teitl dair gwaith a bu'n gawr yn y maes am fwy nag ugain mlynedd. Mae llawer o arbenigwyr bocsio yn ei ystyried fel y bocsiwr gorau erioed. Yn 1999, enillodd Ali y teitl '*Sportsman of the Century*' gan *Sports Illustrated* (cylchgrawn chwaraeon o UDA) a 'Phersonoliaeth Chwaraeon y Ganrif' gan y BBC.

Yn yr un modd, mae'r byd athletau yn UDA wedi creu pencampwyr du rhagorol dros y blynyddoedd. Enillodd Carl Lewis naw medal aur yn y Gemau Olympaidd yn ystod ei yrfa, a phedair ohonynt yng Ngemau Olympaidd Los Angeles yn 1984. Ynghyd â Michael Johnson, mae'n dal y record am y nifer uchaf o fedalau a enillwyd gan athletwr. Yng Ngemau Olympaidd 1984, enillodd menywod du, sef 6 y cant yn unig o boblogaeth UDA, 75 y cant o'r holl fedalau trac a maes a enillwyd gan fenywod America. Erbyn i Jackie Joyner-Kersee ymddeol o athletau proffesiynol, roedd wedi ennill tair medal aur, un arian a dwy efydd yn y Gemau Olympaidd.

Muhammad Ali yn amddiffyn ei deitl bocsio yn erbyn Sonny Liston, Mai 1965

Yng nghampau golff a thennis, parhaodd y polisi 'gwyn yn unig' er bod pêl fas, pêl-droed a phêl-fasged wedi integreiddio athletwyr du a gwyn yn llawer cynt.

Althea Gibson oedd yr unig seren fenywaidd ddu yn y byd tennis yn y 1950au, ac Arthur Ashe oedd yr unig bencampwr du yn ystod y 1970au. Ashe oedd yr Americanwr du cyntaf i ennill pencampwriaeth Agored UDA (1968), pencampwriaeth Agored Awstralia (1970) a Wimbledon (1975). Yng Ngemau Olympaidd 2000, enillodd Venus Williams y fedal aur am y gamp unigol a'r fedal aur am y gamp ddwbl gyda Serena, ei chwaer. Dyma ddechrau degawd lle bu'r ddwy fenyw Americanaidd ddu yn teyrnasu ar y gamp ar draws y byd.

Y byd golff oedd y gamp lle gwelwyd y gwrthwynebiad mwyaf i integreiddio Americanwyr du ym maes chwaraeon, lle parhaodd system o hiliaeth agored am lawer o flynyddoedd. Roedd yn 1975 erbyn i'r Americanwr du cyntaf (Lee Elder) gael chwarae ym mhencampwriaeth y Masters yn Augusta. Aeth Elder ymlaen i fod yr Americanwr du cyntaf i chwarae yn nhîm Cwpan Ryder UDA yn 1979. Eldrick 'Tiger' Woods oedd yr Americanwr du cyntaf i ennill twrnamaint golff y Masters yn 1997.

Teledu

Mae'r byd teledu wedi cynhyrchu llawer o raglenni sydd wedi creu sêr Americanaidd du. Roedd pob degawd fel petai'n arwain at ragor o lwyddiant. Yn y 1960au, roedd *I Spy* yn gyfres boblogaidd iawn, gyda Bill Cosby yn serennu. Roedd sioeau comedi eraill yn yr 1980au a'r 1990au gydag Americanwyr du yn cynnwys *Diff'rent Strokes* gyda Gary Coleman a *The Fresh Prince of Bel-Air* gyda Will Smith. Roedd *Roots* yn gyfres deledu fer, boblogaidd. Roedd wedi'i seilio ar lyfr Alex Haley, ac yn dilyn hynt a helynt Americanwr du yn olrhain ei wreiddiau yn ôl i ddechrau'r ddeunawfed ganrif.

Yn ôl astudiaeth Screen Actors Guild yn 1999, gwelwyd mai Americanwyr du oedd 16 y cant o'r cymeriadau ar y teledu rhwydwaith. Mae'r ystadegyn hwn yn arwyddocaol o'i gymharu â'r ffaith mai dim ond 13 y cant o boblogaeth America oedd yn ddu ar adeg yr astudiaeth.

Mae gan Oprah Winfrey ei sioe sgwrsio ei hun ar y teledu, ond mae hefyd yn actores, cynhyrchydd a dyngarwr. Hi yw un o bobl gyfoethocaf UDA, ac mae nawr yn arwres i fenywod du America.

Er eu llwyddiant ar y teledu, mae Americanwyr du wedi bod yn araf yn ennill eu lle yn cyflwyno rhaglenni chwaraeon. Dim ond yn y blynyddoedd diwethaf y mae darlledwyr chwaraeon fel Greg Gumbel a Robin Roberts wedi symud i swyddi blaenllaw ar y rhwydwaith. Mae'r prif gyflwynwyr eraill yn cynnwys Stuart Scott, Fred Hickman a Nick Charles.

Mae Oprah Winfrey wedi defnyddio'i rhaglen deledu i hyrwyddo llenyddiaeth yn sgil *Oprah's Book Club*. O ganlyniad, mae gan awduron gynulleidfa lawer ehangach ac mae wedi dylanwadu ar gynyddu eu gwerthiant

TASGAU

5 Beth y mae Ffynhonnell D yn ei ddangos i chi am gyraeddiadau addysgol Americanwyr du yn y blynyddoedd 1970–2000? (Am arweiniad ar sut i ateb y math hwn o gwestiwn, edrychwch ar dudalen 22.)

6 Awgrymwch resymau pam y mae cymaint o Americanwyr du wedi llwyddo yn y byd bocsio ac athletau, ond ychydig ym meysydd golff a thennis.

Llenyddiaeth

Fel mewn meysydd eraill, mae llwyddiant mawr wedi bod ym maes llenyddiaeth. Enillodd Toni Morrison y Wobr Nobel am lenyddiaeth yn 1993. Mae awduron fel Alice Walker a Maya Angelou yn enwog ar draws y byd. Robert Hayden oedd y bardd llawryfog (*poet laureate*) Americanaidd du cyntaf (1976–78) a Rita Dove oedd y bardd llawryfog benywaidd cyntaf (1993–95).

Sinema

Yn y sinema, mae'r 30 blynedd diwethaf wedi cynhyrchu llawer o sêr Americanaidd du fel Eddie Murphy, Samuel L. Jackson, Morgan Freeman, Whoopi Goldberg ac Angela Bassett. Denzel Washington oedd yr ail Americanwr du i ennill Oscar am yr actor gorau ac mae wedi chwarae rhannau eiconig fel Malcolm X a Steve Biko. Mae llawer o'r actorion hyn wedi ymwneud â'r byd gwleidyddol cenedlaethol, mae rhai yn codi arian ar gyfer sefydliadau du ac mae eraill yn gweithio ar brojectau ieuenctid du.

Un o'r cyfarwyddwyr mwyaf dylanwadol yn rhan olaf y ganrif yw'r Americanwr du, Spike Lee. Mae ffilmiau Lee wedi mynd i'r afael â chysylltiadau hiliol, rôl y cyfryngau mewn bywyd cyfoes, troseddau trefol a thlodi.

Cerddoriaeth

Mae cyfraniad Americanwyr du at fyd cerddoriaeth boblogaidd wedi bod yn anferth. Yn y 1960au, rhoddodd y label recordio Tamla Motown lwyfan i grwpiau fel y *Supremes, Martha and the Vandellas, Four Tops, Smokey Robinson and the Miracles, Temptations, Martin Gaye, Stevie Wonder* a'r *Jackson Five*. Roedd Michael Jackson yn aelod o'r *Jackson Five*, a daeth yn ffenomen cerddoriaeth bop fyd-eang. Aeth ei albwm *Thriller* yn 1982 i dop y siartiau ar draws y byd a dyma'r albwm mwyaf llwyddiannus a fu erioed.

Ffynhonnell DD Sylwadau'r cerddor Smokey Robinson ar effaith ddiwylliannol Motown

Gwelais y pontydd roddem yn eu croesi, y problemau hiliol a'r rhwystrau oedd yn diflannu yn sgil cerddoriaeth. Gwelais hynny oherwydd mai dyna oedd fy mywyd. Byddwn yn teithio i'r De yn nyddiau cynnar Motown a byddai'r cynulleidfaoedd wedi'u harwahanu. Yna, byddai cerddoriaeth Motown yn dechrau gafael a phan fyddem yn dychwelyd byddai'r cynulleidfaoedd wedi'u hintegreiddio a'r bobl ifanc yn dawnsio gyda'i gilydd law yn llaw.

Er yr 1980au

Mae Americanwyr du wedi datblygu arddulliau cerddoriaeth unigryw newydd eu hunain gyda hip hop a rap. Mae rhai gwleidyddion, newyddiadurwyr ac arweinwyr crefyddol wedi cyhuddo rapwyr o greu diwylliant o drais a hedoniaeth drwy eu geiriau. Fodd bynnag, mae gan rai rapwyr negeseuon sy'n cynnwys beirniadaeth wleidyddol a sylwadau cymdeithasol. Un o'r prif rapwyr yw Ice T. Roedd ei recordiau cyntaf yn canolbwyntio ar hanesion am werthu cyffuriau, rheoli puteiniaid a rhyfel rhwng gangiau, gan bortreadu delwedd y rebel neu'r 'gangsta' ac aeth ati i feithrin y ddelwedd honno. Mae cerddoriaeth rap yn ffurf fygythiol ar gelf i rai Americanwyr dosbarth canol gwyn, ond i rai Americanwyr du, mae'n ffordd iddynt fynegi eu ffordd o fyw.

Ffynhonnell E O araith gan Pat Buchanan yn ei ymgais i gael ei enwebu yn ymgeisydd arlywyddol Gweriniaethol, i goleg bach yn Los Angeles adeg terfysgoedd Rodney King, Mai 1992

Ond o ble daeth y dorf? Daeth allan o gyngherddau roc lle mae cerddoriaeth rap yn dathlu chwantau cignoeth a lladd heddweision.

Ffynhonnell F O gyfweliad papur newydd gyda'r rapiwr Ice T. Fe'i cyhoeddwyd yn ystod terfysgoedd Rodney King ym mis Mai 1992

Nid wyf yn dweud fy mod i wedi eich rhybuddio, ond mae rapwyr wedi bod yn adrodd o faes y gad ers blynyddoedd ... mae pobl ddu yn ystyried yr heddlu fel y Gestapo. Roedd pobl yn credu y byddai hyn efallai'n dod i ben [gyda threial Rodney King] ac y byddent yn cael cyfiawnder. Gobaith ffals oedd hynny. Gwelodd pobl mai myth yw cyfiawnder os ydych chi'n ddu. Wrth gwrs y bydd pobl yn creu terfysg.

Y terfysgoedd yn Los Angeles, 1992

Er yr holl gynnydd a wnaed o ran hawliau sifil, cafwyd terfysgoedd ar draws UDA yn 1992 ar ôl arestio Rodney King, Americanwr du, yn Los Angeles (gweler tudalen 39). Wrth i King gael ei arestio, cafodd ei guro gan yr heddlu. Roedd camera fideo gan rywun a oedd yn digwydd pasio a ffilmiodd yr holl ddigwyddiad. Rhoddwyd yr heddweision ar brawf yn y diwedd ond fe'u cawsant yn ddieuog o unrhyw drosedd.

Yn sgil y newyddion bod yr heddweision wedi'u canfod yn ddieuog, cafwyd terfysgoedd ar draws Los Angeles am fod Americanwyr du yn credu bod y system gyfreithiol yn annheg. Roedd y terfysgoedd mor ddifrifol, bu'n rhaid defnyddio'r fyddin, y Morlu a'r Gwarchodfilwyr Cenedlaethol i adfer trefn: lladdwyd 53 o bobl, anafwyd 2,383, arestiwyd 9,000 a chafodd dros 7,000 o danau eu cynnau yn y ddinas. Roedd difrod i 3,100 o fusnesau ac amcangyfrifwyd bod y colledion ariannol tua $1 biliwn. Pwysleisiodd arweinwyr cymunedol du yn Los Angeles fod toriadau o 60 y cant wedi bod mewn hyfforddiant gwaith i Americanwyr du a thoriadau o 82 y cant mewn tai cymorthdaledig o dan arlywyddiaeth Reagan a Bush yr hynaf.

Daeth rhai i'r casgliad nad oedd yn ddymuniad gan yr arlywyddion i drethu Americanwyr er mwyn datrys problemau tlodi pobl ddu. Americanwyr gwyn oedd yn talu trethi gan mwyaf. Nid yw pob Americanwr du wedi mwynhau ffyniant ac, yn 1990, roedd 50 y cant o holl blant du UDA yn byw o dan y ffin tlodi ac roedd **cyfradd marwolaethau babanod** du yn 19 y cant – yn uwch nag mewn rhai gwledydd datblygedig.

TASGAU

7 Beth y mae Ffynhonnell DD yn ei ddangos i chi am ddylanwad cerddoriaeth ddu ar UDA? (Am arweiniad ar sut i ateb y math hwn o gwestiwn, edrychwch ar dudalen 22.)

8 Defnyddiwch Ffynonellau E a F a'ch gwybodaeth eich hun i egluro pam yr oedd cerddoriaeth rap yn achos pryder yn UDA. (Am arweiniad ar sut i ateb y math hwn o gwestiwn, edrychwch ar dudalennau 60–2.)

9 Copïwch a llenwch y tabl isod. Rhowch resymau pam, yn eich barn chi, y mae pob un o'r penawdau wedi helpu i newid bywydau Americanwyr du er 1960.

Teledu	Llenyddiaeth	Chwaraeon	Sinema	Cerddoriaeth	Unigolion	Gwleidyddiaeth

10 Ysgrifennwch erthygl papur newydd cryno am achos Rodney King.

11 Beth yw'r ffactorau pwysicaf sydd wedi newid bywydau Americanwyr du er 1960?

Efallai y byddwch eisiau trafod y canlynol yn eich ateb:

- Deddf Hawliau Sifil 1964
- Deddf Hawliau Pleidleisio 1965
- rôl mewn gwleidyddiaeth
- llwyddiant ym maes chwaraeon a diwylliant

ac unrhyw ffactorau perthnasol eraill.

(Am arweiniad ar sut i ateb y math hwn o gwestiwn, edrychwch ar dudalennau 108–11.)

Arweiniad ar arholiadau

Mae'r adran hon yn rhoi arweiniad ar sut i ateb y **cwestiwn traethawd synoptig** o Adran B Uned 3. Mae'n werth 10 marc.

Cwestiynau 4, 5, 6 – cwestiwn traethawd synoptig: dewis eich gwybodaeth eich hun a gwerthuso cysyniadau allweddol

Sut y newidiodd bywydau Americanwyr du rhwng 1929 a 2000?

Efallai y byddwch eisiau trafod y canlynol yn eich ateb:

- sefyllfa Americanwyr du yn y 1930au
- effaith yr Ail Ryfel Byd
- y mudiad hawliau sifil
- y cynnydd a wnaed gan Americanwyr du erbyn 2000

unrhyw ffactorau perthnasol eraill.

(Rhoddir dau ateb enghreifftiol i'r cwestiwn hwn ar dudalennau 109 ac 110.)

Cyngor ar sut i ateb

Cwestiwn traethawd synoptig yw hwn sy'n ceisio cwmpasu'r holl gyfnod rydych chi wedi'i astudio. Eich nod yw amlinellu graddau'r newid neu'r diffyg newid trwy gydol y cyfnod 1929–2000. Mae'n hanfodol eich bod yn:

- cynnwys **gwybodaeth sy'n cwmpasu'r holl gyfnod**, er y gallwch ddethol. Er enghraifft, blynyddoedd y Dirwasgiad; effaith yr Ail Ryfel Byd; newidiadau yn y 1950au a'r 1960au; digwyddiadau yn y 1970au a'r 1980au; datblygiadau diweddar tan 2000
- **rhoi sylw i'r wybodaeth a ddarperir yn y strwythur** a gofalwch eich bod yn cynnwys y pwyntiau hynny, yn ogystal â manylion ychwanegol o'ch gwybodaeth eich hun am y pwnc hwn
- ceisio **cyfuno ymwybyddiaeth gronolegol a gwahaniaethiad**
- ceisio dangos sut y mae pethau wedi newid neu aros yr un fath, gan gofio y bydd **cyflymdra'r newid yn amrywio gydag amser** – bydd yn gyflymach mewn rhai cyfnodau nag eraill
- cofio **nad oedd newid yn effeithio ar bob adran o gymdeithas yn yr un ffordd**: er enghraifft, nid oedd pob Americanwr yn mwynhau'r ffordd faestrefol o fyw yn y 1950au; er bod rhai Americanwyr du yn llwyddiannus yn y cyfnod ar ôl hawliau sifil, nid oedd pawb, a pharhaodd llawer i fyw o dan amodau cyfyngedig
- cynnwys cymaint o'r cyfnod â phosibl gan **beidio â chanolbwyntio'n ormodol ar un cyfnod**
- cofio **rheolau ysgrifennu traethawd**. Bydd eich ateb yn gofyn am **gyflwyniad**, sawl paragraff o **drafodaeth**, a **chasgliad** rhesymegol
- cofio y byddwch yn cael eich asesu ar ansawdd eich cyfathrebu ysgrifenedig (ACY).

Nid yw'r traethawd yn rhoi digon o fanylion a sylw i'r holl gyfnod.

ACY – nid yw'r gwaith hwn wedi'i drefnu yn baragraffau ac nid oes cyflwyniad na chasgliad.

Ymateb Ymgeisydd A

Yn ystod y 1930au nid oedd sefyllfa'r Americanwyr du yn dda. Roeddent yn cael eu harwahanu oddi wrth yr Americanwyr gwyn ym mhopeth roeddent yn ei wneud bron. Roedd y KKK a llawer o ymgyrchwyr gwyn eraill yn eu casáu ac roedd llawer ohonynt yn ddi-waith. Nid oedd plant Affricanaidd-Americanaidd yn cael mynychu'r un ysgolion â phlant gwyn, ac roedd llawer ohonynt yn mynd i ysgolion heb wres, roedd eu ffenestri wedi torri ac roedd yr adeiladau mewn cyflwr gwael. Dechreuodd pethau edrych yn fwy addawol i Americanwyr du yn ystod yr Ail Ryfel Byd pan gafodd y Tuskegee Airmen, yr awyrlu Americanaidd du cyntaf, eu llongyfarch am beidio â cholli'r un awyren. Trobwynt arall oedd y mudiad hawliau sifil lle y bu pobl fel Martin Luther King yn gwrthdystio mewn protestiadau eistedd, gorymdeithiau a boicot bysiau er mwyn sicrhau bod Americanwyr du yn ennill mwy o hawliau sifil. Roedd y mudiad hawliau sifil yn llwyddiannus gan iddo helpu i wella bywydau Americanwyr du oherwydd bod ysgolion wedi'u hintegreiddio, bysiau wedi'u dadwahanu ac roedd mwy a mwy o Americanwyr du yn llwyddo i gael swyddi. Roedd bywydau Americanwyr du yn gwella ac roedd llawer ohonynt yn ennill enwogrwydd, fel Vanessa Williams, sef yr Americanes-Affricanaidd gyntaf i ennill cystadleuaeth Miss America yn 1983. Mae mwy o bobl enwog Affricanaidd-Americanaidd a ddaeth i'r amlwg yn cynnwys Michael Jackson a'r Jackson Five, ac actorion fel Denzel Washington a Samuel L. Jackson.

Sylwadau'r arholwr

Mae'r ateb hwn yn dangos gafael gronolegol resymol ond nid yw'n rhoi sylw cytbwys nac yn cyfeirio'n ddigonol at y testun, sef newid. Mae'n trafod yn gryno sefyllfa'r 1930au, effaith yr Ail Ryfel Byd a gwaith Martin Luther King. Cyfeirir at gynnydd Americanwyr du yn y blynyddoedd diweddar ond nid oes unrhyw ymgais i wahaniaethu. Mae'r ymateb yn dangos dealltwriaeth ddigonol i ymylu ar Lefel Tri a gellid dyfarnu 6 phwynt am yr ateb. Mae ansawdd y cyfathrebu ysgrifenedig yn dda ar y cyfan ond nid oes unrhyw ymgais i drefnu'r gwaith yn baragraffau gyda chyflwyniad a chasgliad rhesymegol.

Paragraff sy'n dangos gwybodaeth am y diffyg cynnydd yn ystod y 1930au.

Nodi'r newidiadau pwysig yn y 1950au a'r 1960au. Mae ymgais i wahaniaethu'r graddau o lwyddiant.

Mynd y tu hwnt i'r 1960au gyda chyfeiriadau clir at lwyddiant/diffyg llwyddiant yn yr 1980au a'r 1990au.

Gwahaniaethu o ran graddfa'r newid.

Ymateb Ymgeisydd B

O dan gyfansoddiad UDA, mae pob Americanwr yn gyfartal ond yn sgil bwlch yn y gyfraith llwyddodd llawer o bobl a oedd yn gweithredu'r gyfraith yn nhaleithiau'r De i arwahanu pobl ddu oddi wrth bobl wyn ar y sail bod ar wahân yn golygu cyfartal. Roedd deddfau Jim Crow yn arwahanu Americanwyr du mewn bywyd cyhoeddus. Roedd y KKK yn dal i weithredu a dioddefodd Americanwyr du yn fwy na neb yn sgil Dirwasgiad y 1930au. Helpodd y Fargen Newydd yr Americanwyr du oherwydd eu bod yn dlawd, nid oherwydd eu bod yn ddu. Mudodd rhai i'r Gogledd i chwilio am fywyd gwell lle nad oedd arwahanu.

Pan ymunodd UDA â'r rhyfel yn 1941, ymrestrodd llawer o Americanwyr du yn y lluoedd arfog tra bu eraill yn gweithio mewn ffatrïoedd, ond parhaodd hiliaeth gartref ac ar faes y gad. Cynyddodd aelodaeth yr NAACP. Yn y 1950au, y maes addysg ddaeth â'r broblem i'r amlwg. Roedd achos Brown v Topeka yn fuddugoliaeth ac o ganlyniad daeth arwahanu'n anghyfreithlon, ond erbyn diwedd 1956 nid oedd yr un plentyn du yn mynychu ysgolion integredig. Yn yr un modd, derbyniwyd disgyblion du i Ysgol Uwchradd Little Rock ar ôl i'r Arlywydd ymyrryd, ond erbyn 1960 dim ond 2,500 o blant du allan o 2 filiwn oedd yn mynychu ysgolion integredig yn nhalaith Arkansas. Pan wrthododd Rosa Parks ildio ei sedd ar fws ym Montgomery yn 1955, newidiodd cyfeiriad y Mudiad Hawliau Sifil yn sydyn. O dan arweinyddiaeth Martin Luther King yn y boicot, enillwyd buddugoliaeth hanesyddol wrth i arwahanu gael ei wneud yn anghyfreithlon ar fysiau.

Cyrhaeddodd rhaglen brotest heddychlon Martin Luther King ei huchafbwynt gyda'r araith enwog 'Mae gen i freuddwyd' o flaen 250,000 o gefnogwyr du a gwyn yn Washington yn 1963. Fodd bynnag, aeth rhai Americanwyr du yn rhwystredig gydag arafwch y newid. Roeddent yn gwrthwynebu dull goddefol, Cristnogol King, ac yn troi at Genedl Islam gan annog trais a galw am greu gwladwriaeth ddu ar wahân yn UDA. Dan arweiniad Malcolm X a Stokely Carmichael, trodd llawer o Americanwyr ifanc du at y Pantherod Du. Yn sgil Deddf Hawliau Sifil 1964 a'r newidiadau dilynol yn y gyfraith daeth diwedd ar wahaniaethu - ond a yw hynny'n hollol wir?

Gwelwyd newid ond mae cyflymdra'r newid wedi bod yn anghyson i wahanol grwpiau o gymdeithas. Cafwyd enillion a cholledion. Yn 1984, safodd y Parchedig Jesse Jackson am enwebiad arlywyddol, a thrwy gydol y 1970au a'r 1980au bu cynnydd parhaus yn llwyddiant academaidd pobl ddu, gan gynyddu maint y dosbarth canol du yn sylweddol. Yn 1983, pennodd yr Arlywydd Reagan 20 Ionawr yn ddiwrnod gŵyl genedlaethol blynyddol i gofio Martin Luther King. Yn y lluoedd arfog, daeth y Cadfridog Colin Powell yn gadeirydd y Cyd-benaethiaid Staff a gwnaeth gyfraniad pwysig yn Rhyfel y Gwlff. Ar y teledu, cafodd Bill Cosby lwyddiant mawr gyda'r Cosby Show, sef y rhaglen gyntaf i ddangos teulu dosbarth canol du. O ran cerddoriaeth, gwerthodd albwm 'Thriller' Michael Jackson fwy o gopïau na'r un albwm arall erioed. Fodd bynnag, o dan arlywyddiaeth Reagan, bu tipyn o newid i lawer o Americanwyr du. Yn 1990, roedd cyflog cyfartalog teulu du lai na hanner cyfartaledd teulu gwyn. Erbyn 1999, roedd incwm cyfartalog teuluoedd Affricanaidd-Americanaidd yn $33,000 o gymharu â $55,000 ar gyfer Americanwyr Ewropeaidd. Mae Americanwyr du wedi gweld newid byd, ond mae'r cyflymdra wedi amrywio ac nid yw wedi dylanwadu i'r un graddau ar bawb.

Sylw'r arholwr

Dyma adroddiad trefnus a gwybodus sy'n darparu trosolwg effeithiol o'r prif ddatblygiadau rhwng 1929 a 2000. Mae ymgais glir i drafod y mater o newid a chydnabod effaith amrywiol newid. Mae'r paragraff olaf yn ceisio llunio barn sy'n mynd i'r afael â'r cwestiwn sylfaenol. Mae ansawdd y cyfathrebu ysgrifenedig yn dda iawn ac mae'r traethawd wedi'i rannu yn baragraffau gyda chyflwyniad manwl a chasgliad rhesymegol. Mae'r ateb yn cyrraedd Lefel Pedwar ac yn haeddu'r marciau llawn (10).

7 Sut a pham y gwnaeth polisi tramor UDA newid rhwng 1929 ac 1945?

Ffynhonnell A O araith gan Henry Cabot Lodge i Senedd UDA am Gynghrair y Cenhedloedd, Awst 1919

Rwy'n gwrthwynebu'n gryf iawn y gallai UDA fod yn cytuno, yn uniongyrchol neu'n anuniongyrchol, i gael ei rheoli gan gynghrair a allai ar unrhyw adeg gael ei thynnu i mewn i ddelio â gwrthdaro mewnol mewn gwlad arall, beth bynnag fo'r gwrthdaro hwnnw. Mae'n rhaid dweud yn hollol glir na all unrhyw filwyr Americanaidd gymryd rhan mewn rhyfel neu gael eu gorchymyn i fynd i unrhyw le ac eithrio dan orchymyn cyfansoddiadol yr Unol Daleithiau.

TASG

Beth y mae Ffynhonnell A yn ei ddweud wrthych chi am UDA a Chynghrair y Cenhedloedd? (Am arweiniad ar sut i ateb y math hwn o gwestiwn, edrychwch ar dudalen 22.)

Yn ystod y 1920au dilynodd UDA bolisi tramor a oedd yn seiliedig ar **ynysiaeth**. Nid oedd gan UDA unrhyw ddymuniad i fod yn rhan o unrhyw wrthdaro rhyngwladol ac felly gwrthododd gytundebau heddwch 1919–20 gan hefyd wrthod i ymuno â **Chynghrair y Cenhedloedd**.

Ond wrth i sefyllfa wleidyddol y byd waethygu yn ystod y 1930au yn sgil bygythiad yr unbenaethau a'r cyfundrefnau milwrol, roedd yn rhaid i UDA ailystyried ei pholisi ynysiaeth o hyd ac o hyd. Roedd y deddfau niwtraliaeth amrywiol a basiwyd yn y 1930au (gweler tudalen 114) yn dystiolaeth o bolisi UDA. Er y pwysau i beidio ag ymyrryd yn y gwrthdaro Ewropeaidd ar ôl 1939, roedd UDA mewn rhyfel yn erbyn Japan ar ôl yr ymosodiad ar Pearl Harbor ym mis Rhagfyr 1941. O fewn dyddiau i'r ymosodiad, cyhoeddodd yr Almaen ryfel yn erbyn UDA a bu'n rhaid anghofio am bolisi ynysiaeth. Yn dilyn ei rhan yn yr Ail Ryfel Byd, UDA oedd y wlad bwysicaf yn y byd.

Mae'r bennod hon yn trafod y materion canlynol:

- Pam y dilynodd UDA bolisi ynysiaeth?
- Sut y daeth UDA yn rhan o'r rhyfel yn Ewrop rhwng 1939 ac 1941?
- Beth oedd rôl UDA yn Ewrop ac yn y Cefnfor Tawel?
- Pam y gollyngodd UDA y bom atomig?

Arweiniad ar arholiadau

Drwy'r bennod hon, byddwch yn cael cyfle i ymarfer cwestiynau arholiad o wahanol arddull a rhoddir arweiniad manwl ar sut i ateb cwestiynau 1(c), 2(c) a 3(c) o Uned 3 y papur arholiad. Cwestiwn **newid a pharhad** yw hwn lle y bydd angen cymharu dwy ffynhonnell a defnyddio eich gwybodaeth eich hun. Mae'n werth 8 marc.

Pam y dilynodd UDA bolisi ynysiaeth?

Ar ddiwedd y Rhyfel Byd Cyntaf yn 1918, gwrthododd UDA y cytundeb heddwch y cytunwyd arno a phenderfynu peidio ag ymuno â Chynghrair y Cenhedloedd. Credai rhai Americanwyr y byddai'r cytundebau heddwch yn arwain at ryfeloedd yn y dyfodol ac y byddai hynny'n gostus o ran bywydau ac arian i UDA. Hefyd, roedd Ewrop ymhell i ffwrdd ac nid oedd ganddo unrhyw beth i'w wneud ag UDA. Ofnai rhai gwleidyddion golli sofraniaeth pe bai UDA yn ymuno â'r Gynghrair ac roedd hyn yn groes i bopeth yr oedd UDA wedi brwydro drosto pan enillodd annibyniaeth oddi ar Brydain.

Fodd bynnag, gweithiodd UDA gyda'r Gynghrair o ran projectau iechyd a chaethwasiaeth. Roedd cydweithio agos hefyd pan fu problemau economaidd ac yn 1924 cadeiriodd Charles Dawes, bancwr Americanaidd, y pwyllgor a sefydlwyd gan y Gynghrair er mwyn datrys problemau **iawndaliadau**'r Almaen. Helpodd Cynllun Dawes i adfer ffyniant economaidd yn yr Almaen.

Roedd UDA hefyd eisiau sicrhau ei diogelwch ei hun a bu'n rhan o Gynhadledd Lyngesol Washington yn 1922 lle cytunodd pum prif bŵer y byd (Prydain, Ffrainc, UDA, yr Eidal a Japan) ar nifer penodol o longau ar gyfer eu llyngesau. Yn 1928, arwyddodd UDA, ynghyd â 60 o genhedloedd eraill, Gytundeb Kellogg-Briand a oedd yn ymwrthod â rhyfel fel ffordd o ddatrys cwynion rhyngwladol.

Polisi tramor Roosevelt

'Polisi y Cymydog Da'

Pan ddaeth Roosevelt yn arlywydd yn 1933, roedd mwyafrif aelodau'r Gyngres yn ynyswyr a chredai rhai na ddylai UDA gael unrhyw beth o gwbl i'w wneud ag unrhyw wlad arall gan fod UDA yn gryf yn economaidd, a hefyd ymhell i ffwrdd o ardaloedd cythryblus y byd.

Fel ei ragflaenwyr, nid oedd Roosevelt yn bwriadu ymyrryd o gwbl â materion Ewropeaidd. Roedd eisiau i UDA ddilyn polisi o gyfeillgarwch tuag at wledydd eraill a chredai y gallai UDA weithredu fel 'grym moesol' er daioni yn y byd. Yr argyfwng economaidd a oedd yn wynebu UDA oedd ei brif dasg. Bu'n annog cydweithrediad economaidd drwy syniad 'Polisi y Cymydog Da'.

Ffynhonnell A O erthygl papur newydd a ysgrifennwyd gan y Seneddwr Gerald Nye, ynyswr blaenllaw, 1937

Ni all neb wrthwynebu unrhyw ymdrech gan ein llywodraeth i ddod â heddwch i'r byd, dim ond i'r ymdrech honno beidio ag arwain 130 miliwn o bobl ar orymdaith arall i farwolaeth. Rwy'n ofni'n fawr ein bod eto'n cael ein gorfodi i deimlo mai dyletswydd America yw rheoli byd sy'n dewis dilyn arweinwyr gwallgof. Rydym nawr yn wynebu amodau truenus sy'n debyg i'r adeg y bu i ni blymio i mewn i'r rhyfel Ewropeaidd yn 1917. A fyddwn yn gwneud yr un camgymeriad ofer eto?

Yng Nghynhadledd Ryng-Americanaidd Montevideo 1933, cytunodd Uruguay, UDA a gwladwriaethau America-Ladin eraill nad oedd gan yr un wlad hawl i ymyrryd ym materion mewnol neu allanol y llall. Erbyn 1938, roedd Polisi y Cymydog Da wedi arwain at ddeg cytundeb gyda gwledydd America-Ladin gan arwain at gynnydd sylweddol mewn masnach i UDA. Profodd Roosevelt y byddai'n cadw addewid cynhadledd Montevideo yn 1938 pan wrthododd weithredu ar ôl i México wladoli rhai o gwmnïau olew UDA.

Cysylltiadau â Japan

Roedd cysylltiadau â Japan yn broblem i UDA drwy gydol y 1920au a'r 1930au. Er cytuno ar gyfyngiadau llyngesol yng Nghynhadledd Washington yn 1922, gwaethygodd y berthynas ar ôl pasio Deddf Tarddiadau Cenedlaethol [Mewnfudo] 1924 a oedd, i bob pwrpas, yn atal mudo o Japan i UDA bron yn llwyr. Ond roedd pryder cynyddol hefyd ynglŷn â phŵer cynyddol Japan.

Roedd angen tir ac adnoddau ychwanegol ar Japan gan fod y boblogaeth yn tyfu'n gyflym. Yn 1931, roedd milwyr Japan wedi goresgyn talaith Manchuria yn China. Roedd yr Arlywydd Roosevelt yn gwrthwynebu'r goresgyniad yn fawr iawn gan gondemnio'r weithred ar sail foesol, ond ni roddodd gefnogaeth i sancsiynau yn erbyn Japan. Chwe blynedd yn ddiweddarach, goresgynnodd Japan ogledd China a bomio Shanghai a dinasoedd eraill yn China. Yn y lle cyntaf, y cyfan a wnaeth UDA oedd cefnogi Cynghrair y Cenhedloedd gan enwi Japan fel yr ymosodwr a rhoi cymorth ariannol i China. Ni ddefnyddiodd Roosevelt **sancsiynau masnachu**, dim ond gofyn i Americanwyr roi boicot ar sidan Japaneaidd.

Digwyddiad USS *Panay*

Ym mis Rhagfyr 1937, suddwyd yr USS *Panay* gan fomwyr Japan ynghyd â thri thancer a oedd yn perthyn i'r *US Standard Oil Company* ar Afon Yangtze yn Nanking. Lladdwyd dau Americanwr ac anafwyd 30. Mynnodd llywodraeth UDA ymddiheuriad, iawndal a sicrwydd na fyddai'r fath beth yn digwydd eto. Ufuddhaodd y Japaneaid a thalwyd $2 filiwn o iawndal. Dim ond ar ôl 1940 y dechreuodd y berthynas â Japan ddirywio'n ddifrifol.

TASGAU

1. Eglurwch pam y dilynodd UDA bolisi ynysiaeth ar ôl 1918.
2. Ym mha ffyrdd yr oedd polisi tramor UDA yn y 1920au yn groes i'r syniad o ynysiaeth?
3. Beth y mae Ffynhonnell A yn ei ddweud wrthym am safbwyntiau ynyswyr yn y 1930au? (Am arweiniad ar sut i ateb y math hwn o gwestiwn, edrychwch ar dudalen 22.)
4. Disgrifiwch Bolisi Cymydog Da Roosevelt. (Am arweiniad ar sut i ateb y math hwn o gwestiwn, edrychwch ar dudalennau 41–2.)
5. Eglurwch pam y gwaethygodd y berthynas rhwng UDA a Japan yn ystod y 1930au.
6. Copïwch a llenwch y tabl isod.

Rhesymau dros weithredu yn erbyn Japan yn ystod y 1930au	Rhesymau dros beidio â gweithredu yn erbyn Japan yn ystod y 1930au

Yr USS *Panay* yn suddo ar ôl ymosodiad awyr gan fomwyr Japan, 12 Rhagfyr 1937

Y deddfau niwtraliaeth

Drwy gydol y 1930au, parhaodd y farn gyffredinol yn UDA bod cymryd rhan yn y Rhyfel Byd Cyntaf wedi bod yn gamgymeriad. Daeth hyn yn amlwg pan basiodd y Gyngres gyfres o ddeddfau niwtraliaeth er mwyn cadw UDA allan o ryfeloedd yn y dyfodol.

Deddf Niwtraliaeth Gyntaf 1935	Roedd gan yr Arlywydd y pŵer i wahardd llongau UDA rhag cludo arfau rhyfel a wnaed gan UDA i wledydd a oedd yn rhyfela (gwaharddiad arfau). Gallai hefyd atal dinasyddion UDA rhag teithio ar longau gwledydd a oedd yn rhyfela ac eithrio ar eu menter eu hunain.
Ail Ddeddf Niwtraliaeth 1936	Roedd y ddeddf hon yn gwahardd rhoi benthyciadau neu gredyd i wledydd a oedd yn rhyfela.
Trydedd Ddeddf Niwtraliaeth 1937 (Ionawr)	Roedd y ddeddf hon yn caniatáu i genhedloedd a oedd yn rhyfela i brynu nwyddau ac eithrio arfau rhyfel oddi wrth UDA, cyn belled â'u bod yn talu mewn arian parod ac yn defnyddio eu llongau eu hunain. Ei bwriad hefyd oedd osgoi ymyrryd yn Rhyfel Cartref Sbaen, gan wahardd allforio arfau rhyfel i'w defnyddio gan y naill fyddin na'r llall yn Sbaen.
Pedwaredd Ddeddf Niwtraliaeth 1937 (Mai)	Roedd y ddeddf hon yn awdurdodi'r arlywydd i restru nwyddau ac eithrio arfau rhyfel y gellid talu amdanynt ar ôl eu cyflenwi. Hefyd, roedd yn anghyfreithlon teithio ar longau gwledydd a oedd yn rhyfela.
Pumed Ddeddf Niwtraliaeth 1939	Awdurdododd yr arlywydd allforio arfau ac arfau rhyfel i wledydd a oedd yn rhyfela ar sail **talu a chario**.

Fodd bynnag, roedd gan Roosevelt broblemau. Dechreuodd ei safbwyntiau newid yn hwyrach yn y 1930au ac roeddent yn wahanol i safbwyntiau'r Gyngres ac, yn bwysicach, yn wahanol i'r mwyafrif o Americanwyr. Roedd Roosevelt yn casáu twf **totalitariaeth** yn yr Almaen a'r Eidal, ac erbyn 1937 sylweddolodd efallai y byddai'n rhaid i UDA ymyrryd yn y sefyllfa Ewropeaidd. I rai, roedd y syniad o UDA yn ymyrryd ym mhroblemau rhywun arall yn hollol atgas ac i eraill byddai mynd i ryfel yn rhoi diwedd ar ddiwygiadau'r Fargen Newydd (gweler tudalennau 13–15).

Fodd bynnag, llwyddodd Roosevelt i ehangu llynges UDA ac, yn 1938, neilltuwyd $1 biliwn ar gyfer ei datblygiad parhaus. Ond, dim ond 100,000 o ddynion oedd ym myddin UDA a thua 1,600 o awyrennau oedd yn perthyn i'r awyrlu. Nid oedd UDA yn barod am ryfel.

Ffynhonnell B O araith gan yr Arlywydd Roosevelt, mis Hydref 1937. Roedd yn siarad am ymosodiad Japan ar China

Heb gyhoeddi rhyfel a heb rybudd na chyfiawnhad o unrhyw fath, mae dinasyddion, gan gynnwys niferoedd sylweddol o fenywod a phlant, yn cael eu llofruddio'n ddidostur gan fomiau o'r awyr ... Os yw'r pethau hyn yn digwydd mewn rhannau eraill o'r byd, ni ddylai neb feddwl y bydd America'n dianc, y gall America ddisgwyl trugaredd, ac na fydd Hemisffer y Gorllewin yn dioddef ymosodiadau ...

TASGAU

7 Ym mha ffyrdd y newidiodd y deddfau niwtraliaeth rhwng 1935 ac 1939?

8 Astudiwch Ffynhonnell B. Pa neges y mae Roosevelt yn ceisio'i chyfleu?

Sut y daeth UDA yn rhan o'r rhyfel yn Ewrop rhwng 1939 ac 1941?

Ffynhonnell A O araith gan Charles Lindbergh, 15 Medi 1939, ddeuddeg diwrnod ar ôl i Brydain gyhoeddi rhyfel yn erbyn yr Almaen. Roedd Lindbergh yn ffigur poblogaidd iawn yn UDA ar ôl hedfan ar ei ben ei hun ar draws Cefnfor Iwerydd. Daeth yn aelod blaenllaw o Bwyllgor America Gyntaf yr ynyswyr (gweler isod)

Ni ddylem gael ein camarwain gan bropaganda tramor sy'n awgrymu bod ffiniau ein gwlad yn Ewrop. Dim ond edrych ar fap sydd ei angen i weld lle mae ein ffiniau go iawn. Am beth mwy y gallwn ofyn na'r Cefnfor Iwerydd i'r Dwyrain a'r Cefnfor Tawel i'r Gorllewin?

Pan ddechreuodd y rhyfel yn Ewrop ym mis Medi 1939, dywedodd yr Arlywydd Roosevelt ar y radio na fyddai UDA yn cymryd rhan ynddi. Roedd safbwyntiau'r Americanwyr cyffredin ar y rhyfel yn Ewrop yn amrywio. Ar yr un llaw, roedd Pwyllgor Amddiffyn America (*CDA: Committee to Defend America*), a sefydlwyd yn 1939, yn cefnogi dymuniad Roosevelt i estyn cymorth i Brydain – ond nid drwy ryfel. Roedd y *CDA* yn dadlau bod y rhyfel yn golygu nad oedd UDA yn fwy diogel nag unrhyw wlad arall. Ar y llaw arall, roedd Pwyllgor America Gyntaf (*AFC: America First Committee*), a sefydlwyd yn 1940, yn gwrthwynebu unrhyw beth a allai beryglu niwtraliaeth America. Teimlai'r *AFC* fod Prydain yn parhau i wrthod trafod â Hitler oherwydd ei bod am berswadio America i ymuno â'r rhyfel ar ei hochr hi.

Erbyn mis Gorffennaf 1940, yn sgil llwyddiant yr Almaen yn Ewrop, roedd Roosevelt yn ofni y gallai Hitler feddiannu tiriogaeth Ffrengig yn y Caribî. Trefnodd gynhadledd yn Cuba yn ystod y mis hwnnw a thrwy Ddeddf Havana, cyhoeddodd gwledydd Gogledd a De America y gallent feddiannu a gweinyddu unrhyw eiddo Ewropeaidd yn y Byd Newydd a oedd yn wynebu ymosodiad er mwyn amddiffyn eu gwledydd eu hunain. Drwy hyn, y gobaith oedd atal yr Almaen Natsïaidd rhag meddiannu unrhyw drefedigaeth Ewropeaidd.

Roedd mis Medi 1940 yn fis pwysig iawn i UDA oherwydd dangosodd nad oedd y polisi ynysiaeth mor syml ag y credai'r Americanwyr. Ym mis Medi:

- cynyddodd y Gyngres y gyllideb ar gyfer gwariant ar amddiffyn
- pasiodd Roosevelt y drafft consgripsiwn adeg heddwch cyntaf, a oedd yn ei gwneud yn ofynnol i bob dyn rhwng 21 a 35 oed ymrestru. Roedd yn rhaid i'r dynion a ddrafftiwyd wasanaethu yn y lluoedd arfog am flwyddyn. Golygai drafft adeg heddwch 1940 hefyd y byddai'n rhaid i'r milwyr, pe bai eu hangen, ymladd dros UDA neu ei chynghreiriaid
- gwaharddwyd gwerthu haearn a dur sgrap i Japan
- rhoddodd UDA 50 o hen longau rhyfel i Brydain yn gyfnewid am ganolfannau llyngesol strategol yn y Caribî a Newfoundland.

Ffynhonnell B O erthygl yn y *New York Times*, Awst 1940

Pe bai Prydain yn colli rheolaeth ar y moroedd, nid rhwystr fyddai Cefnfor Iwerydd mwyach – ond priffordd eang i'r gorchfygwr symud tua'r gorllewin. Nid dihangfa yw ynysiaeth. Dim ond dau ddewis sydd gennym: ildio neu gymryd ein lle ar linell y frwydr.

TASGAU

1. Beth y mae Ffynhonnell A yn ei ddangos i chi am Bwyllgor America Gyntaf? (Am arweiniad ar sut i ateb y math hwn o gwestiwn, edrychwch ar dudalen 22.)
2. Beth y mae Ffynhonnell B yn ei ddangos i chi am bwysigrwydd Cefnfor Iwerydd i UDA? (Am arweiniad ar sut i ateb y math hwn o gwestiwn, edrychwch ar dudalen 22.)

Beth oedd Les-fenthyca?

Yn ystod ymgyrch arlywyddol 1940, gwnaeth Roosevelt araith ym mis Hydref am UDA a'r rhyfel yn Ewrop. Dywedodd:

> 'Yr wyf wedi dweud hyn o'r blaen, ond fe'i dywedaf eto ac eto ac eto. Ni fydd eich bechgyn yn cael eu hanfon i unrhyw ryfeloedd tramor.'

Ar ôl ymgyrch yr etholiad arlywyddol, roedd yn glir bod agweddau yn newid yn America. Pan gollodd y Gweriniaethwr Wendell Wilkie y ras arlywyddol, galwodd ar bob Americanwr i gefnogi polisi Roosevelt i gynorthwyo Prydain yn erbyn y ffasgwyr. Gofynnodd Prydain am gymorth parhaus gan America ac ym mis Mawrth 1941, pasiodd y Gyngres 'Deddf Bellach i Hyrwyddo Amddiffyniad yr Unol Daleithiau'. Hon oedd y cytundeb les-fenthyca. Rhoddodd hyn y pŵer i Roosevelt 'drosglwyddo neu fenthyg' arfau a nwyddau eraill i unrhyw wlad 'yr oedd angen ei hamddiffyn er mwyn amddiffyn UDA'. Roedd Prydain yn gallu gohirio talu am y nwyddau. Roedd y cyfanswm yn $31.4 biliwn erbyn diwedd y rhyfel.

Ffynhonnell C O ddarllediad radio gan yr Arlywydd Roosevelt, Medi 1940. Roedd Roosevelt yn egluro ei benderfyniad i gynnig les-fenthyca

Mae rhai o'n pobl yn hoffi credu nad oes angen i ni boeni am ryfeloedd yn Ewrop ac Asia. Ond mae'n hollbwysig ein bod yn sicrhau na fydd rhyfelwyr Ewropeaidd ac Asiaidd yn cael rheoli'r moroedd sy'n arwain at yr hemisffer hwn. Os yw Prydain Fawr yn cael ei goresgyn, bydd Pwerau'r Axis yn rheoli cyfandiroedd Ewrop, Asia, Affrica, Awstralasia, a'r cefnforoedd ... Nid gorliwio'r sefyllfa yw dweud y byddai pawb yn America gyfan yn byw dan fygythiad gwn.

Roedd eu cyfraniad anuniongyrchol yn y rhyfel Ewropeaidd yn dal i dyfu yn 1941 ac roedd Roosevelt bob amser yn gallu honni ei fod yn gweithredu yn gyfan gwbl er mwyn amddiffyn UDA:

- Yn sgil goresgyniad Hitler o'r Undeb Sofietaidd ym mis Mehefin, gallodd Roosevelt gynnig nwyddau gwerth $1 biliwn i Stalin drwy'r cynllun Les-fenthyca.
- Ym mis Gorffennaf, lleolwyd lluoedd UDA yng Ngwlad yr Iâ i atal yr Almaen rhag ei meddiannu.

Ffynhonnell CH Cartŵn Prydeinig a gyhoeddwyd ychydig ar ôl cyhoeddi Siarter yr Iwerydd, Awst 1941. Y ddau ddyn yn y canol yw Roosevelt a Churchill

Beth oedd Siarter yr Iwerydd?

Ym mis Awst 1941, yn dilyn cyfarfod rhwng yr Arlywydd Roosevelt a Winston Churchill ar long ger Newfoundland, cyhoeddwyd dogfen, sef Siarter yr Iwerydd. Parhaodd y cyfarfod am bedwar diwrnod a phennodd y ddau arweinydd gyfres o nodau ar gyfer y byd ar ôl y rhyfel:

- masnach rydd yn y byd
- rhyddid y moroedd
- rhyddid i bobl ddewis eu llywodraeth eu hunain
- diwedd ar y defnydd o luoedd arfog
- dinistrio gormes y Natsïaid unwaith ac am byth.

Erbyn diwedd mis Medi, roedd pymtheg gwlad arall wedi llofnodi'r Siarter a chyflwynwyd y syniad o sefydliad rhyngwladol i amddiffyn diogelwch pob gwlad. (Dyma oedd dechrau'r Cenhedloedd Unedig.)

Yn ystod haf 1941, rhoddodd UDA fwy a mwy o gymorth i Brydain. Defnyddiwyd llongau rhyfel UDA i hebrwng llongau masnach Prydeinig cyn belled â Gwlad yr Iâ ac, hefyd, atgyweiriwyd rhai llongau Prydeinig yn iardiau llongau UDA. Ym mis Medi, ar ôl i long danfor Almaenig ymosod ar long ryfel Americanaidd, gorchmynnodd Roosevelt i lynges UDA saethu unrhyw longau rhyfel Almaenig neu Eidalaidd. Y mis canlynol suddwyd y llong rhyfel Americanaidd *Reuben James* ger Gwlad yr Iâ a chollwyd 115 o fywydau. Diwygiodd y Gyngres y deddfau niwtraliaeth i ganiatáu i longau masnach UDA gario a chludo arfau rhyfel yn uniongyrchol i Brydain. Roedd y newid agwedd yn amlwg iawn. Daeth ynysiaeth i ben. Erbyn diwedd mis Tachwedd 1941, nid oedd llawer o Americanwyr o blaid y syniad o ynysiaeth. Yn wir, roedd tua 15,000 o Americanwyr wedi ymrestru yn lluoedd arfog Canada neu Brydain.

Ffynhonnell D O Araith gan yr Arlywydd Roosevelt i'r Genedl, 11 Medi 1941

Nid ein dymuniad ni oedd mynd i ryfel arfog yn erbyn Hitler. Nid ein dymuniad yw gwneud hynny nawr ... Ond pan welwch chi neidr ar fin ymosod, nid ydych yn aros iddi eich taro cyn i chi ei lladd. A dyna yw llongau tanfor ac ysbeilwyr y Natsïaid – nadroedd Cefnfor Iwerydd.

Ffynhonnell DD O *The Second World War*, Winston Churchill, 1949. Yma mae'n siarad am Roosevelt a Siarter yr Iwerydd

Pe na bai Roosevelt wedi gweithredu bryd hynny, fel y gwnaeth ... gallai tynged erchyll yn hawdd fod wedi gorchfygu dynolryw gan ddwyn ei holl ddyfodol am ganrifoedd i warth a distryw. Efallai'n wir y gwnaeth nid yn unig ragweld hanes, ond hefyd newid ei gwrs a'i newid mewn ffordd sydd wedi achub rhyddid ac ennill diolchgarwch yr hil ddynol am genedlaethau i ddod.

TASGAU

3 Lluniwch restr o resymau i egluro pam y byddai Pwyllgor Amddiffyn America (*CDA*) yn cefnogi gweithredoedd Roosevelt a'r Gyngres a pham y byddai Pwyllgor America Gyntaf (*AFC*) yn eu beirniadu.

4 Beth y mae Ffynhonnell C yn ei ddangos i chi am resymau'r Arlywydd Roosevelt dros gynnig Les-fenthyca? (Am arweiniad ar sut i ateb y math hwn o gwestiwn, edrychwch ar dudalen 22.)

5 Disgrifiwch Siarter yr Iwerydd. (Am arweiniad ar sut i ateb y math hwn o gwestiwn, edrychwch ar dudalennau 41–2.)

6 Beth y mae Ffynhonnell CH yn ei ddangos i chi am rolau Roosevelt a Churchill? (Am arweiniad ar sut i ateb y math hwn o gwestiwn, edrychwch ar dudalen 22.)

7 Awgrymwch resymau pam yr oedd cymaint o Americanwyr wedi ymrestru yn lluoedd arfog Prydain erbyn diwedd 1941.

8 Astudiwch Ffynonellau D a DD. Eglurwch pam yr oedd Roosevelt yn barod i fynd ag UDA i ryfel unwaith eto.

9 I ba raddau yr oedd Roosevelt wedi llwyddo i gadw UDA wedi'i hynysu yn y 1930au? (Am arweiniad ar sut i ateb y math hwn o gwestiwn, edrychwch ar dudalen 96.)

Perthynas â Japan yn dirywio, 1939–41

Nid oedd y berthynas rhwng UDA a Japan yn y 1930au yn gyfeillgar ac ar ôl 1939, dirywiodd y sefyllfa'n gyflym. Ym mis Gorffennaf 1940, bu newid llywodraeth yn Japan a chyhoeddodd y cabinet militaraidd newydd yr 'Ardal Cyd-ffyniant Dwyrain Asia Fawr' (*Greater East Asia Co-prosperity Sphere*). Y cyfan wnaeth hyn oedd creu ymerodraeth Japaneaidd er mwyn darparu lle i'w phoblogaeth gynyddol fyw. Yna, daeth Japan yn aelod o Gytundeb y Tri Phŵer ym mis Medi 1940 gyda'r Almaen a'r Eidal. Roedd Japan yn gobeithio y byddai hyn yn rhybudd i America i'w rhwystro rhag gweithredu'n filwrol wrth i Japan ehangu yn y dyfodol.

Ymateb America oedd ceisio rheoli'r Japaneaid trwy roi pwysau economaidd arnynt. Ym mis Gorffennaf 1940, gwaharddwyd allforio nwyddau penodol o UDA i Japan. Diddymwyd eu cytundebau masnach gyda chwmnïau Japaneaidd ynghyd â gwerthiant awyrennau, cemegau a haearn. Aeth pethau i'r pen ym mis Gorffennaf 1941, pan oresgynnodd Japan y trefedigaethau Ffrengig yn Indo-China. Ymatebodd yr Americanwyr drwy atal yr holl gyflenwadau olew i Japan. Gan fod Japan yn mewnforio bron 90 y cant o'i olew o UDA, roedd y gwaharddiad yn ergyd drom a chwynodd y Japaneaid y byddai eu heconomi'n methu. Mynnodd yr Americanwyr mai dim ond pe bai'r Japaneaid yn cynnal trafodaethau heddwch â'r Tsieineaid y byddai'r gwaharddiad yn cael ei godi.

Pan etholwyd y Cadfridog Tojo yn Brif Weinidog Japan ar 18 Hydref 1941, caledodd agwedd y Japaneaid. Byddai'r Japaneaid yn gwneud unrhyw beth i ddarganfod ffynhonnell olew newydd, felly cynlluniwyd i ymosod ar drefedigaethau'r Prydeinwyr a'r Iseldirwyr yn Ne Ddwyrain Asia lle'r oedd digon o olew. Roeddent yn gwybod nad oeddent yn ddigon cryf i ymladd yn erbyn yr Americanwyr a'r Prydeinwyr ar yr un pryd. Eu cynllun felly oedd dinistrio Llynges UDA yn y Cefnfor Tawel yn Pearl Harbor, Hawaii, ac yna ymosod ar y Prydeinwyr.

Er y tensiwn cynyddol, parhaodd yr Americanwyr a'r Japaneaid i drafod drwy gydol Tachwedd a Rhagfyr. Roedd llywodraeth Japan yn fodlon parhau â'r trafodaethau er mwyn ennill amser i baratoi ar gyfer eu hymosodiad annisgwyl ar Pearl Harbor.

Ffynhonnell E Addasiad o werslyfr ysgol gan B. Williams, *Modern Japan*, 1973

Roedd Japan angen rhywbeth fel Ardal Cyd-ffyniant Dwyrain Asia Fawr, lle byddai ei marchnadoedd dan reolaeth uniongyrchol ... roedd ysbryd ymosodol Japan wedi'i feithrin gan eithafwyr milwrol at eu dibenion eu hunain. Er 1931, roedd y fyddin wedi bod yn agosáu yn araf at sefyllfa o reoli llywodraeth Japan. Yn 1941, eu nod oedd cynnal eu pŵer gwleidyddol eu hunain ac ennill bri i Japan drwy oresgyn ymerodraeth.

Ffynhonnell F Araith gan aelod o lywodraeth Japan i wleidyddion blaenllaw ac arweinwyr milwrol, 5 Tachwedd 1941

Ym misoedd cyntaf y rhyfel mae'n debygol iawn y byddem yn ennill buddugoliaeth lwyr. Rwy'n argyhoeddedig y dylem fanteisio ar y cyfle hwn. Byddwn yn defnyddio morâl arbennig pobl Japan a'u penderfyniad i oresgyn yr argyfwng sy'n wynebu ein gwlad, hyd yn oed pan fo perygl i ni golli ein bywydau. Byddai'n well ymosod yn awr nag eistedd ac aros tra bo'r gelyn yn rhoi mwy a mwy o bwysau arnom ni.

TASGAU

10 Beth y mae Ffynhonnell E yn ei ddangos i chi am rôl lluoedd arfog Japan rhwng 1931 ac 1941? (Am arweiniad ar sut i ateb y math hwn o gwestiwn, edrychwch ar dudalen 22.)

11 Eglurwch pam y dirywiodd y berthynas rhwng UDA a Japan rhwng 1939 ac 1941.

12 I ba raddau yr oedd yr angen am olew wedi llywio polisi tramor Japan yn ystod y cyfnod hwn? (Am arweiniad ar sut i ateb y math hwn o gwestiwn, edrychwch ar dudalen 96.)

Ffynhonnell Ff Llong ryfel UDA a fomiwyd gan awyrennau Japan yn Pearl Harbor, 7 Rhagfyr 1941

Yr ymosodiad ar Pearl Harbor

Ar doriad gwawr, dydd Sul, 7 Rhagfyr 1941, ymosododd y Japaneaid ar lynges UDA yn Pearl Harbor, Hawaii. Roedd yn ymosodiad dewr oherwydd bod yn rhaid i fyddin Japan hwylio mwy na 3,000 o filltiroedd cyn lansio'r ymosodiad. Roedd systemau cudd-wybodaeth UDA wedi deall cynlluniau byddin Japan a'i negeseuon cudd, ond methodd rybuddio Pearl Harbor mewn pryd. Ymosododd tri chant chwe deg o awyrennau torpido ac awyrennau bomio ar longau UDA a lansiwyd yr awyrennau o longau cludo Japaneaidd 400 cilometr i ffwrdd. Lladdwyd 2,345 o filwyr UDA, anafwyd 1,240, lladdwyd 57 o ddinasyddion a chafodd 35 eu clwyfo.

Roedd y difrod yn cynnwys:

- suddo 4 llong ryfel, difrodi 4 llong ryfel
- suddo 2 long ryfel fechan, difrodi 1
- difrodi 3 llong ryfel gyflym
- suddo 1 llong arall, difrodi 3
- dinistrio 188 awyren
- difrodi 155 awyren.

Effeithiau'r ymosodiad

O fewn dwy awr, parlyswyd Llynges Cefnfor Tawel UDA, ond gallai'r ymosodiad fod wedi bod hyd yn oed yn fwy niweidiol. Drwy lwc, nid oedd pedair o longau cludo awyrennau'r llynges yn y porthladd ar y diwrnod hwnnw. Hefyd, ni cheisiodd y Japaneaid ddinistrio'r tanciau storio olew enfawr a oedd yn cyflenwi tanwydd i lynges UDA. Y canlyniad uniongyrchol oedd bod UDA nawr yn rhan o'r rhyfel ac, ar 8 Rhagfyr, cyhoeddodd Prydain ac UDA ryfel yn erbyn Japan. Gan eu bod yn gynghreiriaid i Japan, ymatebodd yr Almaen a'r Eidal drwy gyhoeddi rhyfel yn erbyn UDA.

TASGAU

13 Astudiwch Ffynhonnell F. Pa resymau y mae llywodraeth Japan yn eu rhoi am lansio'r ymosodiad yn erbyn UDA?

14 Beth y mae Ffynhonnell Ff yn ei ddangos i chi am ddigwyddiadau Pearl Harbor ar 7 Rhagfyr 1941? (Am arweiniad ar sut i ateb y math hwn o gwestiwn, edrychwch ar dudalen 22.)

15 Gwnewch gopi o'r tabl isod a'i lenwi i ddangos llwyddiannau a chyfyngiadau'r ymosodiad ar Pearl Harbor.

Llwyddiannau	Cyfyngiadau

Beth oedd rôl UDA yn Ewrop ac yn y Cefnfor Tawel?

Y rhyfel yn Ewrop

Cyn gynted ag y daeth UDA yn rhan o'r Ail Ryfel Byd, cytunodd Roosevelt a Churchill mai'r flaenoriaeth yn y rhyfel oedd trechu'r Almaen. Roedd ymosodiad cyntaf UDA yng Ngogledd Affrica ym mis Tachwedd 1942. Erbyn mis Mai 1943, roedd yr Almaenwyr wedi'u trechu yng Ngogledd Affrica ac ildiodd mwy na 250,000 o filwyr yr Almaen i luoedd y Cynghreiriaid a oedd o dan reolaeth y Cadfridog Americanaidd Dwight Eisenhower. Ar ôl y fuddugoliaeth, aeth byddinoedd UDA a Phrydain ymlaen i oresgyn Sicilia (Gorffennaf 1943) a thir mawr yr Eidal (Medi 1943).

Ym mis Rhagfyr 1943, gwnaeth Roosevelt, Stalin (arweinydd yr Undeb Sofietaidd) a Churchill gyfarfod am y tro cyntaf. Cytunodd y 'Tri Mawr' y byddai'r **ail ffrynt** yn cael ei agor ym mis Mai neu fis Mehefin 1944. Cytunodd yr Undeb Sofietaidd y byddent yn cyhoeddi rhyfel yn erbyn Japan cyn gynted ag y byddai'r Almaen yn cael ei threchu. Ar ôl y gynhadledd, penodwyd y Cadfridog Eisenhower yn Gomander Uchaf ar Luoedd Alldeithiol y Cynghreiriaid. Erbyn iddo ddechrau yn y swydd, roedd cynlluniau yn eu lle i oresgyn Normandie o dan yr enw cod *'Operation Overlord'*.

Dydd-D

Daeth cannoedd o filoedd o filwyr UDA i Brydain, a bu darparu hyfforddiant, bwyd a gwaith ar eu cyfer yn broblem logistaidd enfawr. Cafodd rhai o'r byddinoedd eu hyfforddi am fwy na blwyddyn a lladdwyd llawer yn ystod yr ymarferion. Hefyd, anfonodd UDA lawer iawn o ddeunyddiau milwrol er mwyn paratoi ar gyfer *Operation Overlord*. Roedd yr eitemau allweddol yn cynnwys llongau glanio (llongau i fynd â milwyr a cherbydau i'r traethau) a gleiderau. Pwrpas y gleiderau oedd glanio miloedd o filwyr y tu ôl i linellau'r gelyn cyn ymosod ar draethau Normandie. Wrth i *Operation Overlord* ddatblygu, rhoddwyd yr enw Dydd-D ar union ddiwrnod y goresgyniad.

Dechreuodd Dydd-D ar noson 5–6 Mehefin 1944 pan laniodd awyrfilwyr a milwyr mewn gleiderau yn Normandie. Glaniodd 15,500 o filwyr UDA o'r awyr ac anfonodd Prydain 7,900 o ddynion y tu ôl i linellau'r gelyn gan ddefnyddio bron 1,000 o gleiderau. Ymgasglodd bron 7,000 o longau'r llynges yn y Sianel ger Normandie a glaniodd y milwyr cyntaf ar y traethau penodol (Utah ac Omaha oedd traethau UDA) am 6.30 a.m. ar 6 Mehefin. Erbyn diwedd y dydd, roedd

Ffynhonnell A Milwyr UDA yn syth ar ôl gadael llong lanio Gwylwyr y Glannau, yn anelu am draethau Normandie, 6 Mehefin 1944 (Dydd-D)

156,000 o filwyr y Cynghreiriaid gyda cherbydau mecanyddol wedi glanio. Glaniodd 23,250 o ddynion UDA ar draeth Utah a 34,250 ar draeth Omaha, yn ogystal â 15,500 o awyrfilwyr. Lladdwyd 2,499 o Americanwyr ar Ddydd-D. Erbyn diwedd Gorffennaf 1944, roedd miliwn o filwyr America, Prydain, Canada, Ffrainc a Gwlad Pwyl a channoedd o filoedd o gerbydau a deunyddiau cynnal wedi glanio yn Normandie.

Trechu'r Almaen

Rhyddhawyd Paris gan y Cynghreiriaid ym mis Awst 1944 ac aethant yn eu blaenau tua'r Almaen. Brwydr y Bulge oedd safiad olaf Hitler yn ystod mis Rhagfyr 1944 ac Ionawr 1945. Yn ystod y frwydr, lladdwyd 19,000 o Americanwyr a chafodd 60,000 eu hanafu, eu dal neu eu colli. Ni allai'r Almaen gystadlu â'r Cynghreiriaid o ran dynion a chyflenwadau. Wedi'u dal yn y canol rhwng yr Undeb Sofietaidd yn y dwyrain ac UDA, Prydain a lluoedd y Cynghreiriaid i'r gorllewin, ildiodd yr Almaenwyr ar 8 Mai 1945.

TASGAU

1 Beth y mae Ffynhonnell A yn ei ddangos i chi am ddigwyddiadau 6 Mehefin 1944? (Am arweiniad ar sut i ateb y math hwn o gwestiwn, edrychwch ar dudalen 22.)

2 Pa mor llwyddiannus oedd glaniadau Dydd-D? (Am arweiniad ar sut i ateb y math hwn o gwestiwn, edrychwch ar dudalen 96.)

Y rhyfel yn y Cefnfor Tawel

Erbyn diwedd 1942, roedd Byddin Ymerodraeth Japan wedi cipio Burma, Malaya, y Pilipinas, India Dwyreiniol yr Iseldiroedd, rhannau o Guinea Newydd a sawl ynys yng Ngorllewin y Cefnfor Tawel (gweler y map isod). Yn sgil eu buddugoliaethau ym misoedd cynnar y rhyfel yn y Cefnfor Tawel roedd Japan wedi ennill tri chwarter o gronfeydd rwber naturiol y byd, dwy ran o dair o'r tun, a chyflenwadau hanfodol o olew.

Yn awr, aeth Japan ati i amddiffyn ei henillion economaidd drwy atgyfnerthu ei ffin i'r de, gan gipio Port Moresby yn Guinea Newydd a thorri'r llwybr i Awstralia. Roedd systemau cudd-wybodaeth UDA wedi deall negeseuon Japan bod byddin oresgyn yn mynd i fynd drwy'r Môr Cwrel. Trefnwyd tasglu o longau cludo awyrennau a llongau rhyfel i dorri ar draws ac ymosod ar y cymdeithiau (*convoys*) Japaneaidd. Dyma'r frwydr lyngesol gyntaf lle na welodd y naill ochr na'r llall ei gilydd. Roeddent yn dibynnu ar awyrennau sgowtio i gyfeirio ymosodiadau yn erbyn llongau rhyfel ei gilydd o'r awyr. Yn ystod y frwydr rhwng 4 ac 8 Mai 1942, bu niwed difrifol i'r ddwy ochr ond collodd Japan ddwy long cludo awyrennau o gymharu ag un America. Hefyd, methodd Japan gipio gweddill Guinea Newydd, lle gallent fod wedi lansio ymosodiadau ar Awstralia. Dyma eu methiant cyntaf. Un mis yn unig yn ddiweddarach fe'u trechwyd eto, ond yn waeth y tro hwn.

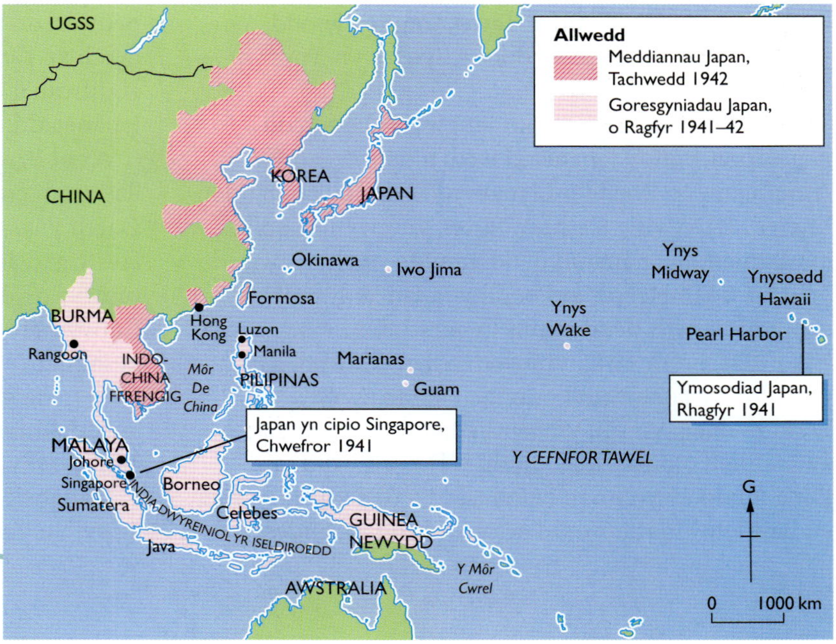

Map yn dangos buddugoliaethau Japan hyd at 1942

Brwydr Midway

Yn 1942 ac 1943, symudodd y Cadfridog Americanaidd MacArthur ymlaen i Ynysoedd Solomon ar ôl llwyddo i gipio Guadalcanal.

Map yn dangos cynnydd America, 1942–45

Arweiniodd y Llyngesydd Nimitz o UDA ymosodiad o'r môr tua'r gorllewin ar hyd y Cefnfor Tawel. Dywedwyd ei fod yn 'symud o ynys i ynys' wrth iddo geisio ail-gipio'r gadwyn o ynysoedd a gipiwyd gan y Japaneaid. Yn hytrach na cheisio goresgyn pob ynys, gadawodd UDA rai ohonynt gan ynysu garsiynau Japaneaidd.

Roedd cynllun comander llynges Japan, y Llyngesydd Yamamoto, yn fentrus a'i nod oedd dinistrio pŵer llynges UDA yn y Cefnfor Tawel. Penderfynodd ymosod ar ganolfan allweddol y llynges yn Ynys Midway.

Ond nid oedd Yamamoto yn gwybod bod cod negeseuon radio'r Japaneaid wedi'u datrys gan yr Americanwyr. Roedd y Llyngesydd Nimitz, comander Llynges UDA yn y Cefnfor Tawel, yn gwybod holl gynlluniau Japan ac nid oedd ganddo unrhyw fwriad i gael ei ddal. Hefyd, nid oedd y Japaneaid wedi sylweddoli beth oedd maint llynges UDA.

Ar 4 Mehefin 1942, ymosodwyd ar Midway gan ymladdwyr Japaneaidd o longau cludo awyrennau. Fodd bynnag, yn sgil ymosodiadau annisgwyl gan awyrennau o ddwy long gludo UDA, cipiwyd tair llong gludo awyrennau Japaneaidd a oedd wrthi'n cael eu hail-lenwi â thanwydd ar ôl ymosod ar Midway. Targedodd grŵp bach o fomwyr deifio Americanaidd y llongau cludo a gafodd eu llosgi'n ulw. Dihangodd pedwaredd long gludo Japaneaidd ac ymunodd yn y cyrch ar *Yorktown*, llong gludo Americanaidd, a gafodd ei difrodi'n ddifrifol ac yna'i suddo gan long danfor Japaneaidd.

Ar ôl Brwydr Midway, nid oedd y naill ochr na'r llall wedi ennill rheolaeth o Dde'r Cefnfor Tawel. Daeth ynys Guadalcanal, un o Ynysoedd Solomon, yn faes y gad allweddol (gweler y map uchod). Glaniodd milwyr o'r ddwy ochr ar yr ynys ym mis Awst 1942. Cafwyd brwydro agos, ffyrnig yn ystod y pum mis nesaf tan i'r Japaneaid adael yr ynys ym mis Ionawr 1943 gyda gweddill eu byddin o 10,000. Dyma frwydr lwyddiannus gyntaf UDA ar y tir ac roedd yn drobwynt arall yn rhyfel y Cefnfor Tawel.

Dangosir digwyddiadau allweddol rhyfel y Cefnfor Tawel yn y siart ar dudalen 123.

Amserlen cynnydd UDA yn y Cefnfor Tawel, 1943–45	
Dyddiad	**Digwyddiad allweddol**
1943 Tachwedd	Cipiodd milwyr UDA ynys Tarawa yn Ynysoedd Gilbert. O garsiwn Japan o 4,836, dim ond 17 ildiodd.
Rhagfyr	Cipiodd milwyr UDA Ynysoedd Solomon ar ôl brwydro am bedwar mis.
1944 Ionawr–Chwefror	Cipiodd milwyr UDA Ynysoedd Marshall.
Mehefin–Gorffennaf	Cipiodd UDA Saipan. Rhoddodd hyn ganolfan awyr i UDA o fewn pellter bomio o Japan ei hun.
Gorffennaf	UDA yn goresgyn Guam yn Ynysoedd Marianas, dros gyfnod o dair wythnos.
Awst	Brwydr Môr y Pilipinas. Naw llong gludo o Japan i atal UDA rhag goresgyn yr ynysoedd. Trechwyd Japan pan suddwyd tair llong gludo a difrodwyd tair arall.
Hydref	Y frwydr lyngesol fwyaf erioed: Brwydr Gwlff Leyte. Japan yn ceisio dal eu gafael ar y Pilipinas. Collodd Japan 27 o longau rhyfel mawr a chollodd America chwech. Dyma'r adeg y dechreuodd Japan anfon peilotiaid *kamikaze* yn erbyn llynges UDA. Ystyr *kamikaze* yw 'Gwynt Dwyfol' a byddai peilotiaid yn hedfan eu hawyrennau'n fwriadol i mewn i longau rhyfel Americanaidd. Roedd lladd eu hunain fel hyn yn cael ei ystyried yn weithred anrhydeddus. Cyn diwedd y rhyfel, roedd peilotiaid *kamikaze* wedi suddo 34 o longau UDA a difrodi 288 arall.
1945 Chwefror	Cipiodd UDA reolaeth o'r Pilipinas, gan gynnwys y brifddinas, Manila. Lladdwyd 1,100 o filwyr UDA a 16,000 o filwyr Japan ym mrwydr Manila.
Chwefror–Mawrth	Glaniodd milwyr UDA ar Iwo Jima, lle'r oedd meysydd glanio Japaneaidd. Cipiodd UDA yr ynys, lladdwyd 4,000 o fôr-filwyr UDA a 20,000 o Japaneaid. Roedd y gyfradd marwolaethau yn 75 y cant mewn dwy o adrannau Môr-filwyr UDA.
Mawrth	Yn sgil cyrch awyr UDA ar Tōkyō, cafwyd storm o dân a lladdwyd 80,000 o Japaneaid.
Mawrth–Awst	Ar ôl cipio meysydd glanio Japaneaidd, UDA yn eu defnyddio ar gyfer ymgyrchoedd bomio ac awyrennau bomio B29 Superfortress newydd. Dinistriodd awyrlu UDA chwarter o'r holl dai Japaneaidd mewn ymosodiadau bomiau tân. Gadawodd miliynau y dinasoedd i chwilio am fwyd a lloches yng nghefn gwlad, gan adael ffatrïoedd heb ddigon o weithwyr a lleihau'r allbwn diwydiannol.
Ebrill–Mehefin	Goresgynnodd UDA ynys Okinawa. Ar ôl bron tri mis o ymladd chwyrn, cipiwyd yr ynys gan golli mwy eto o fywydau ar y ddwy ochr. Lladdwyd 100,000 o filwyr Japan a 12,000 o filwyr UDA.

TASGAU

3 Pam yr oedd Brwydr y Môr Cwrel yn bwysig i UDA?

4 Pam yr oedd Brwydrau Midway a Guadalcanal yn ddau drobwynt yn rhyfel y Cefnfor Tawel? (Am arweiniad ar sut i ateb y math hwn o gwestiwn, edrychwch ar dudalennau 75–6.)

5 Edrychwch ar yr amserlen yn y tabl uchod. Eglurwch bwysigrwydd y canlynol yng nghynnydd UDA yn 1943–45:

- Brwydr Gwlff Leyte
- Iwo Jima
- Okinawa
- peilotiaid *kamikaze*.

Pam y gollyngodd UDA y bom atomig?

Erbyn haf 1945, roedd bron pob un o oresgyniadau Japan yn y Cefnfor Tawel wedi'u hail-feddiannu ac roedd byddinoedd Japan yn ffoi i Dde Ddwyrain Asia. Serch hynny, roedd y dasg o oresgyn Japan ei hun yn parhau. Yn Japan roedd yr arweinyddiaeth wedi'i rhannu gyda'r 'grŵp rhyfel' a oedd eisiau ymladd hyd y diwedd, a'r 'grŵp heddwch' dan arweiniad y Prif Weinidog Suzuki, a oedd eisiau trafod diwedd i'r rhyfel. Cysylltodd y llywodraeth yn gyfrinachol â'r Undeb Sofietaidd i ofyn iddynt fod yn gysylltwr gydag UDA.

Penderfynodd Harry Truman, arlywydd newydd UDA, ddefnyddio'r bom atomig er mwyn dod â'r rhyfel i ben cyn gynted â phosibl. Ar 6 a 9 Awst 1945, gollyngwyd bomiau atomig ar ddinasoedd Hiroshima a Nagasaki yn Japan. Ymhen yr wythnos, roedd llywodraeth Japan wedi ildio.

Difrodwyd y ddwy ddinas yn llwyr gan y bomiau. Yn Hiroshima, yng nghalon y ffrwydrad, roedd y gwres mor gryf nes bod popeth o fewn cyrraedd wedi troi o ddeunydd solid i nwy. Ar ymylon y ffrwydrad cafodd pobl eu llosgi'n fyw. Yn sgil y ffrwydrad, cafodd llawer o bobl eu gwasgu gan wynt 800 cilometr yr awr.

Ond mewn sawl ffordd achoswyd y difrod gwaethaf gan ymbelydredd. Roedd yn ymdoddi'r cnawd ac yn gwneud iddo hongian yn stribedi. Yn Hiroshima, lladdwyd 80,000 o bobl, ond cododd y ffigur i 138,000 yn sgil salwch ymbelydredd. Yn Nagasaki, lladdwyd 40,000, gan godi i fwy na 48,000.

Ffynhonnell A O *Memoirs of Harry S. Truman*, 1955

Rhwng popeth, rhagwelwyd y byddai'n cymryd hyd at ddiwedd 1946 i drechu Japan yn llwyr. Sylweddolodd pawb y byddai'r ymladd yn ffyrnig ac y byddai colledion trwm. Dywedodd y Cadfridog Marshall wrthyf y gellid disgwyl colledion o hanner miliwn o bobl er mwyn gorfodi'r gelyn i ildio ar eu tir eu hunain ... Roeddwn yn ystyried y bom yn arf milwrol ac nid oedd gennyf unrhyw amheuaeth ynglŷn â'i ddefnyddio. Wrth benderfynu defnyddio'r bom hwn, roeddwn am sicrhau y byddai'n cael ei ddefnyddio yn unol â chyfarwyddiadau deddfau rhyfel. Felly, roeddwn am ei ollwng ar darged milwrol.

Hiroshima ar ôl gollwng y bom atomig

Ffynhonnell B O gyfweliad â milwr UDA yn fuan ar ôl diwedd yr Ail Ryfel Byd

Nid oedd y Japaneaid yn fodlon ildio o gwbl. Yn Guadalcanal, roeddem ni wedi amgylchynu'r Japaneaid yn y dyffrynnoedd. Roedden nhw'n ymladdwyr caled. Llwyddwyd i dorri gweddill y gatrawd Japaneaidd i ffwrdd. Ar ôl i ni eu hamgylchynu, aethom ati gydag uchelseinydd i geisio eu perswadio i ildio. Ond roeddent yn benderfynol o ddal ati i ymladd. Roedd yn rhaid i ni fynd i mewn i'r dyffrynnoedd a'u lladd. Nid oeddent yn fodlon ildio.

Bum diwrnod ar ôl bomio Nagasaki, cytunodd llywodraeth Japan i ildio'n ddiamod. Ar 27 Awst, dechreuodd byddinoedd UDA feddiannu Japan. Wythnos yn ddiweddarach, arwyddwyd yr ildiad ffurfiol gan y prif weinidog ac arweinwyr milwrol Japan ar fwrdd USS *Missouri* ym Mae Tōkyō.

Y rhesymau dros fuddugoliaeth UDA yn y Cefnfor Tawel

Roedd UDA yn gallu cynhyrchu mwy o awyrennau, llongau cludo awyrennau ac arfau na Japan. Hefyd, roedd gan UDA weithlu enfawr, adnoddau naturiol helaeth ac, yn fwy na dim, nid oedd neb wedi ymosod ar ei chanolfannau diwydiannol. Effeithiwyd yn wael ar gynhyrchiant Japan gan gyrchoedd awyr UDA. Yn aml, roedd pedwar gweithiwr allan o bob pump ar goll o'r gwaith ar ôl y cyrchoedd awyr. Yn sgil yr absenoldeb roedd allbwn diwydiant Japan wedi lleihau. Cynhyrchwyd llai o ddur, gan syrthio o 7.8 miliwn tunnell yn 1944, i 1 miliwn tunnell yn 1945. Cynhyrchwyd traean yn llai o awyrennau. Gostyngodd y cyflenwad olew, a oedd yn 43 miliwn casgen ar ddechrau'r flwyddyn, i 4 miliwn yn unig erbyn mis Mawrth 1945.

Llwyddodd UDA i ennill rheolaeth o'r môr a'r awyr ar ôl brwydrau'r Môr Cwrel, Midway, a Gwlff Leyte. Roedd hyn yn hanfodol er mwyn sicrhau gweithredoedd llwyddiannus yn Ynysoedd y Cefnfor Tawel. Ar ôl cipio Iwo Jima ac Okinawa, gallai UDA ddefnyddio'r meysydd glanio i fomio Japan fel y mynnent yn 1945. Suddodd llongau tanfor UDA fwy na 75 y cant o longau masnach Japan a difrodwyd cartrefi a ffatrïoedd Japan gan fomiau UDA. Yn 1945, roedd llawer o bobl yn Japan yn newynu a chwympodd cynhyrchiant diwydiannol. O fis Mawrth i fis Medi 1945, dinistriwyd 275 cilometr^2 o ddinasoedd Japan gan fomiau tân. Dinistriwyd chwarter o gartrefi Japan. Roedd dau ddeg dau miliwn o bobl – chwarter y boblogaeth – yn ddigartref.

Roedd UDA wedi ceisio osgoi cymryd rhan ym materion y byd ar ôl 1919, ond yn raddol dechreuodd helpu Prydain yn erbyn yr Almaen a'r Eidal ar ôl 1939. Sicrhaodd yr ymosodiad ar Pearl Harbor y byddai UDA nawr yn bendant yn rhan o'r rhyfel. Erbyn diwedd y rhyfel yn 1945, UDA oedd pŵer diwydiannol mwyaf y byd. Hefyd, oherwydd y bom atomig roedd ganddi'r pŵer milwrol i ddinistrio unrhyw elyn. Nid oedd polisi ynysiaeth yn opsiwn nawr ar ôl Hiroshima a Nagasaki.

TASGAU

1. Astudiwch Ffynhonnell A. Pa resymau y mae'r Arlywydd Truman yn eu rhoi dros ddefnyddio'r bom atomig?
2. Beth y mae Ffynhonnell B yn ei ddweud wrthym am y Japaneaid fel ymladdwyr? (Am arweiniad ar sut i ateb y math hwn o gwestiwn, edrychwch ar dudalen 22.)
3. Eglurwch pam y gwnaeth Japan ildio ym mis Awst 1945.
4. I ba raddau y newidiodd rôl UDA ym materion y byd rhwng 1929 ac 1945?

   Efallai y byddwch eisiau trafod y canlynol yn eich ateb:

   - polisi ynysiaeth
   - y Deddfau Niwtraliaeth
   - y rhyfel yn Ewrop 1939–41
   - Pearl Harbor

   ac unrhyw ffactorau perthnasol eraill.

   (Am arweiniad ar sut i ateb y math hwn o gwestiwn, edrychwch ar dudalennau 108–10.)

Arweiniad ar arholiadau

Mae'r adran hon yn rhoi arweiniad ar sut i ateb cwestiynau 1(c), 2(c) a 3(c) o Uned 3. Mae'n werth 6 marc.

Cwestiwn 1(c) – deall **newid neu barhad** drwy gymharu dwy ffynhonnell a defnyddio eich gwybodaeth eich hun

Defnyddiwch Ffynonellau A a B a'ch gwybodaeth eich hun i egluro pam y newidiodd polisi tramor UDA erbyn y 1940au hwyr.

(Rhoddir dau ateb enghreifftiol i'r cwestiwn hwn ar dudalennau 127 ac 128.)

Ffynhonnell A Gwleidydd Americanaidd yn siarad yn 1935

Ni fydd neb yn gwrthwynebu unrhyw gamau gan ein llywodraeth i ddod â heddwch i'r byd dim ond i'r camau hynny beidio ag arwain 130 miliwn o Americanwyr i ryfel byd arall. Rwy'n ofni bod disgwyl i ni eto blismona'r byd a datrys problemau Ewrop. Nid ydym yn dymuno ymyrryd yn Ewrop.

Ffynhonnell B Yr Arlywydd Truman yn cyhoeddi Athrawiaeth Truman i'r Gyngres ym mis Mawrth 1947

Cyngor ar sut i ateb

Mae'r cwestiwn hwn yn gofyn i chi nodi newid neu ddiffyg newid (parhad) a defnyddio eich gwybodaeth eich hun i helpu i ddisgrifio ac egluro'r newid neu'r parhad hwn, gan roi pob ffynhonnell yn ei chyd-destun. Er mwyn gwneud hyn, mae'n rhaid i chi:

- **ddisgrifio** beth sydd ym mhob ffynhonnell, gan ddefnyddio'r pennawd sydd wedi'i ysgrifennu uwchben pob ffynhonnell
- **cyfeirio'n uniongyrchol at bob ffynhonnell**, er enghraifft 'Mae Ffynhonnell A yn dweud ... Mae hyn yn groes i Ffynhonnell B sy'n dangos ...'
- ceisio **croesgyfeirio**, gan nodi'r hyn sydd yr un fath neu'n wahanol ym mhob ffynhonnell
- cofio cynnwys **manylion ffeithiol penodol** o'ch gwybodaeth eich hun i helpu i roi pob ffynhonnell yn ei chyd-destun hanesyddol
- cofio mai **dim ond hanner y marciau yw'r mwyaf y gallwch eu cael os na fyddwch yn cyfeirio'n benodol at y ffynonellau** a dim ond yn defnyddio eich gwybodaeth eich hun
- gwneud yn siŵr eich bod wedi disgrifio ac egluro'r ddwy ffynhonnell, **wedi canolbwyntio ar y mater allweddol o newid neu barhad**, ac ategu hyn gyda'ch gwybodaeth eich hun am y pwnc.

Ymateb Ymgeisydd A

Yn y 1930au roedd America yn dilyn ynysiaeth ac nid oedd eisiau ymyrryd ym materion gwledydd eraill. Roedd polisi tramor America wedi newid erbyn y 1940au hwyr am nifer o resymau. Ar ôl i Japan fomio Pearl Harbor, bu'n rhaid i America fynd i ryfel ac ymunodd â Phrydain i ymladd yn erbyn Japan, yr Almaen a'r Eidal. Daeth America yn fwy amlwg ym materion y byd a phan ddaeth y rhyfel i ben, daeth yn arweinydd y byd rhydd yn erbyn bygythiad cynyddol comiwnyddiaeth. Roedd hyn yn dangos newid sylweddol ym mholisi tramor America, o beidio ag ymyrryd i fod yn cymryd rhan weithredol.

Gwybodaeth bersonol dda ond heb gyfeirio at y naill ffynhonnell na'r llall yn uniongyrchol.

Sylw'r arholwr

Efallai bod yr ymgeisydd wedi defnyddio'r ddwy ffynhonnell fel canllaw, ond nid yw'r ymateb yn cynnwys unrhyw gyfeiriad uniongyrchol at y naill ffynhonnell na'r llall ac felly mae hyn yn cyfyngu'r ateb i Lefel Dau. Mae gwybodaeth bersonol yr ymgeisydd yn ategu'r ateb yn dda, gan nodi'r newid polisi o ynysiaeth i gymryd rhan weithredol a nodi'r Ail Ryfel Byd fel y rheswm dros y newid polisi. Mae'r ateb ar frig Lefel Dau, sef 4 marc.

Ymgais dda i osod Ffynhonnell A yn ei chyd-destun hanesyddol.

Nodi'r rheswm dros newid polisi.

Dangos gwybodaeth bersonol dda i helpu i egluro cyd-destun Ffynhonnell B.

Croesgyfeirio ffynonellau'n dda ac eglurhad clir o newid.

Ymateb Ymgeisydd B

Drwy gydol y 1920au a'r 1930au roedd America wedi bod yn benderfynol o gadw at ei pholisi ynysiaeth. Dangosir hyn yn Ffynhonnell A gan wleidydd sy'n nodi yn 1935 na fydd America yn ymyrryd ym materion gwledydd eraill, yn enwedig yn Ewrop. Fodd bynnag, roedd sicrhau ynysiaeth lwyr bron yn amhosibl gan fod America yn masnachu nwyddau'n gyson â gwledydd eraill ac oherwydd ei bod wedi tyfu yn wlad economaidd bwerus.

Bu'n rhaid i bolisi tramor America newid yn sylweddol ar ôl i'r Japaneaid fomio canolfan lyngesol UDA yn Pearl Harbor, Hawaii ym mis Rhagfyr 1941. Gorfodwyd America i roi'r gorau i'w pholisi ynysiaeth ac ymuno â'r Ail Ryfel Byd. Ar ôl i'r rhyfel orffen, roedd yr Arlywydd Truman yn bryderus ynglŷn â thwf comiwnyddiaeth yn nwyrain Ewrop a rhoddodd hyn bwysau ar y berthynas â'r UGSS. Credai fod gan America gyfrifoldeb i helpu i atal twf comiwnyddiaeth ac yn Ffynhonnell B fe'i gwelir yn cyhoeddi Athrawiaeth Truman i'r Gyngres. Roedd hwn yn bolisi o gyfyngiant a'i nod oedd cynnig cymorth i wledydd yn eu hymdrechion i frwydro yn erbyn comiwnyddiaeth.

Mae Ffynonellau A a B yn dangos cyferbyniadau llwyr ym mholisi tramor America. Mae Ffynhonnell A yn dangos y polisi traddodiadol o ynysiaeth a gafodd ei dorri gan weithredoedd Japan. Ar ôl y rhyfel, roedd America yn benderfynol o chwarae rhan fwy gweithredol ym materion y byd ac mae Ffynhonnell B yn dangos cyhoeddi rôl America fel 'arweinydd y byd rhydd'. Roedd hyn yn hollol groes i'w pholisi blaenorol o ynysiaeth.

Sylw'r arholwr

Mae'r ymgeisydd wedi llunio ateb gwybodus sy'n enwi'r ddwy ffynhonnell, sy'n disgrifio ac egluro neges pob ffynhonnell, a rhoi'r digwyddiadau hyn yn eu cyd-destun hanesyddol. Mae'r paragraff olaf yn croesgyfeirio'r ffynonellau ac yn nodi'r newid sylfaenol ym mholisi tramor UDA. Mae hwn yn ymateb manwl a threfnus sy'n haeddu'r marciau llawn (6).

8 Sut a pham yr oedd UDA yn rhan o'r Rhyfel Oer?

Ffynhonnell A Joseph Stalin yn siarad yn 1945 am ei gynghreiriaid Churchill, Prif Weinidog Prydain, a Roosevelt, Arlywydd UDA

Efallai eich bod yn meddwl, gan ein bod yn gynghreiriaid i'r Saeson, ein bod wedi anghofio pwy ydynt a phwy yw Churchill. Does dim yn well ganddynt na thwyllo'u cynghreiriaid. A Churchill? Bydd Churchill yn dwyn arian mân o'ch poced os nad ydych yn cadw llygad barcud arno. A Roosevelt? Nid yw Roosevelt yr un fath. Yn y punnoedd, nid y ceiniogau, y mae ei ddiddordeb ef.

TASG

Darllenwch Ffynhonnell A. Ydych chi'n cael yr argraff bod Stalin yn ymddiried yn ei gynghreiriaid?

Yn 1945, gwnaeth arweinwyr UDA, Prydain a'r **UGSS** gyfarfod mewn dwy gynhadledd heddwch, Yalta a Potsdam, i benderfynu ar ddyfodol yr Almaen a Dwyrain Ewrop. Erbyn diwedd yr ail gynhadledd yn Potsdam, roedd UDA a'r UGSS yn herio'i gilydd yn yr hyn a alwyd yn Rhyfel Oer.

Mabwysiadodd UDA bolisi o **gyfyngiant** i atal lledaeniad **comiwnyddiaeth** yn Ewrop ac yna'r byd ehangach. Arweiniodd hyn at sawl argyfwng rhwng y ddau **archbŵer**, yn enwedig Gwarchae Berlin yn 1948–49 ac Argyfwng Taflegrau Cuba yn 1962. Hefyd, daeth UDA yn rhan o'r gwrthdaro yn Viet Nam er mwyn rhwystro'r comiwnyddion rhag meddiannu'r wlad. Yn sgil y gwrthdaro hwn, cafwyd llawer o wrthwynebiad yn UDA, yn enwedig gan fudiad y myfyrwyr. Yn y diwedd gorchfygwyd byddinoedd America a galwyd y milwyr yn ôl adref.

Mae'r bennod hon yn trafod y materion canlynol:

- Pam y daeth UDA yn rhan o'r Rhyfel Oer?
- Beth oedd polisi o gyfyngiant UDA?
- Sut y ceisiodd UDA gyfyngu ar ledaeniad comiwnyddiaeth yn Ewrop?
- Beth oedd prif nodweddion Argyfwng Taflegrau Cuba?
- Beth oedd prif nodweddion rôl UDA yn Viet Nam?

Arweiniad ar arholiadau

Drwy'r bennod hon, byddwch yn cael cyfle i ymarfer cwestiynau arholiad o wahanol arddull. Byddwch hefyd yn cael arweiniad manwl ar sut i ateb cwestiynau 1(a), 2(a) a 3(a) o Uned 3 y papur arholiad. Cwestiwn **deall ffynhonnell** yw hwn sy'n werth 2 farc.

Pam y daeth UDA yn rhan o'r Rhyfel Oer?

Ffynhonnell B Y Tri Mawr – Churchill, Roosevelt a Stalin (o'r chwith i'r dde) – yng nghynhadledd Yalta ym mis Chwefror 1945. Yma, roeddent yn trafod beth i'w wneud â'r Almaen ac Ewrop ar ôl y fuddugoliaeth. Dyma eu cyfarfod olaf

Yn ystod yr Ail Ryfel Byd bu'n rhaid i UDA a'r UGSS gydweithio er mwyn trechu eu gelyn cyffredin, sef Hitler a'r Almaen Natsïaidd. Fodd bynnag, ar ôl trechu cyfundrefn Hitler ym mis Mai 1945, dechreuodd y berthynas rhwng y ddau archbŵer ddirywio.

Yn y blynyddoedd ar ôl 1945, datblygodd rhyfel oer rhwng UDA a'r Undeb Sofietaidd gan barhau am dros 40 mlynedd. Rhyfel boeth yw gwrthdaro lle mae brwydro go iawn yn digwydd mewn gwirionedd. Rhyfel oer yw gwrthdaro o bob math yn erbyn gelyn heb ymladd go iawn. Roedd UDA yn ymwneud â'r rhyfel oer am nifer o resymau.

Ofn comiwnyddiaeth

Roedd UDA o blaid **cyfalafiaeth** ac yn ofni twf comiwnyddiaeth. Roedd yr ofn hwn yn tarddu o oresgyniad y Bolsieficiaid (comiwnyddion) yn Rwsia yn 1917, yn enwedig gan fod y Bolsieficiaid yn credu mewn chwyldro byd-eang i ledaenu comiwnyddiaeth. Daeth i'r amlwg yn ystod y Bygythiad Coch a McCarthyaeth yn ystod y 1940au hwyr a'r 1950au (gweler tudalennau 26–9).

Ymlediad y Sofietiaid i Ddwyrain Ewrop

Ar ôl rhyddhau llawer o Ddwyrain Ewrop o afael y Natsïaid, parhaodd y **Fyddin Goch** i feddiannu'r ardal hon a sefydlodd yr Undeb Sofietaidd lywodraethau comiwnyddol o dan oruchwyliaeth fanwl Moskva (Moscow). Galwyd y rhain yn daleithiau dibynnol Sofietaidd ac roeddent yn cynnwys Gwlad Pwyl, România, Bwlgaria, Tsiecoslofacia a Hwngari. Roedd Truman yn siŵr bod Stalin eisiau ymledu i Orllewin Ewrop.

Agwedd Truman

Ym mis Ebrill 1945, daeth Harry Truman yn Arlywydd UDA. Roedd Truman yn ddrwgdybus o Stalin ac roedd yn siŵr bod yr Undeb Sofietaidd yn bwriadu meddiannu Ewrop gyfan. Roedd yn benderfynol o herio'r arweinydd Sofietaidd. Ar 16 Gorffennaf 1945, llwyddodd yr Americanwyr i brofi'r bom atomig ar safle diffaith yn UDA. Ar ddechrau Cynhadledd Potsdam, dywedodd Truman wrth Stalin am hyn. Roedd yr arweinydd Sofietaidd yn grac iawn nad oedd wedi trafod hyn gydag ef o flaen llaw.

Ffynhonnell C Roedd George Kennan yn swyddog UDA yn Moskva. Yn 1946 ysgrifennodd delegram hir at yr Arlywydd Truman yn ei rybuddio am ymlediad yr Undeb Sofietaidd

Hyd y gellir rhagweld, mae'n amlwg na all yr Unol Daleithiau ddisgwyl cael perthynas agos â'r gyfundrefn Sofietaidd. Mae'n rhaid iddi barhau i ystyried yr Undeb Sofietaidd fel gelyn, nid fel partner, yn y byd gwleidyddol. Mae'n rhaid iddi barhau i ddisgwyl na fydd polisïau Sofietaidd yn dangos unrhyw gariad haniaethol at heddwch a sefydlogrwydd, dim gwir ffydd yn y posibilrwydd o gydfodolaeth hapus a pharhaol rhwng y byd comiwnyddol a'r byd cyfalafol. Yn hytrach, bydd polisïau Sofietaidd yn bwysau cyson a gofalus sy'n gwanhau a tharfu ar bob dylanwad a phŵer cystadleuol.

Cynhadledd Potsdam, Gorffennaf 1945

Cynhadledd Potsdam oedd yr ail gynhadledd heddwch yn 1945, ar ôl Yalta ym mis Ionawr. Anghytunodd Truman a Stalin ar sawl mater. Roedd ugain miliwn o Rwsiaid wedi marw yn ystod y rhyfel ac roedd Stalin yn disgwyl iawndal enfawr a fyddai wedi parlysu'r Almaen yn llwyr ac yn barhaus. Gwrthododd Truman. Credai y byddai Almaen newydd o bosibl yn rhwystro'r Sofietiaid rhag ymledu yn y dyfodol. Roedd Truman eisiau gweld etholiadau rhydd yn y gwledydd yn Nwyrain Ewrop a feddiannwyd gan fyddinoedd Sofietaidd. Gwrthododd Stalin ildio i bwysau UDA, gan gredu bod hynny'n ymyrraeth ddigroeso. Roedd Truman yn grac iawn a dechreuodd weithredu polisi llym yn erbyn yr Undeb Sofietaidd.

Yng Nghynhadledd Potsdam, cytunwyd:

- i rannu'r Almaen a Berlin fel y cytunwyd yn flaenorol. Meddiannwyd a gweinyddwyd pedwar rhanbarth yr Almaen a phedwar sector Berlin gan un o'r Cynghreiriaid
- i ddadfilwroli'r Almaen
- i ailsefydlu democratiaeth yn yr Almaen, gan gynnwys etholiadau rhydd, gwasg rydd a rhyddid i fynegi barn
- y byddai'n rhaid i'r Almaen dalu iawndal i'r Cynghreiriaid mewn cyfarpar a deunyddiau. Byddai'r rhan fwyaf o'r rhain yn mynd i'r Undeb Sofietaidd, a oedd wedi dioddef fwyaf. Byddai'r Undeb Sofietaidd yn cyfnewid chwarter y nwyddau diwydiannol a wnaed yn rhanbarthau'r gorllewin am fwyd a glo o'r rhanbarth Sofietaidd
- i wahardd y Blaid Natsïaidd. Diswyddwyd Natsïaid o swyddi pwysig a rhoddwyd Natsïaid blaenllaw o flaen eu gwell am droseddau rhyfel yn Nürnberg (Nuremberg) yn 1946
- i gymryd rhan lawn yn sefydliad y Cenhedloedd Unedig
- y byddai ffin Gwlad Pwyl yn cael ei symud i'r gorllewin at afonydd Oder a Neisse.

Ffynhonnell CH Clement Attlee, prif weinidog Prydain, yn sôn am Gynhadledd Potsdam yn 1960

Roedd y Rwsiaid wedi bod yn anoddach na'r disgwyl. Ar ôl Potsdam, ni allai rhywun fod yn obeithiol iawn mwyach. Roedd yn eithaf amlwg eu bod eisiau achosi problemau. Roedd y rhyfel wedi caniatáu iddynt dreiddio yn llawer rhy bell i mewn i Ewrop a meddiannu safleoedd yno. Nid oedd gennyf unrhyw amheuaeth eu bod yn bwriadu eu defnyddio.

TASGAU

1. Beth y mae Ffynhonnell C yn ei ddangos i chi am agwedd UDA tuag at ymlediad y Sofietiaid i mewn i Ddwyrain Ewrop? (Am arweiniad ar sut i ateb y math hwn o gwestiwn, edrychwch ar dudalen 144.)
2. Defnyddiwch Ffynonellau A ac CH a'ch gwybodaeth eich hun i egluro pam y newidiodd y berthynas rhwng UDA a'r Undeb Sofietaidd ar ôl 1945. (Am arweiniad ar sut i ateb y math hwn o gwestiwn, edrychwch ar dudalennau 126–8.)

Beth oedd polisi o gyfyngiant UDA?

Ym mis Mawrth 1946, o fewn blwyddyn i ddiwedd yr Ail Ryfel Byd, mewn araith yn Fulton, Missouri, UDA dangosodd Winston Churchill pa mor rhanedig yr oedd Ewrop. Yn yr araith enwog iawn hon meddai, 'O Stettin yn y Môr Baltig i Trieste ym Môr Adria, mae **llen haearn** wedi disgyn ar draws cyfandir Ewrop'.

Athrawiaeth cyfyngu Truman

Yn 1947, dywedodd Prydain, a oedd wedi bod yn rhoi cymorth ariannol i Roeg a Thwrci er 1944, wrth UDA na allai fforddio rhoi'r cymorth hwn mwyach. Achubodd UDA y dydd gyda'r cymorth ariannol angenrheidiol oherwydd ei bod yn ofni y byddai'r ddwy wlad hyn yn dod o dan ddylanwad Sofietaidd. Cyhoeddodd Truman gefnogaeth UDA mewn araith bwysig ym mis Mawrth 1947. Nododd yr araith drobwynt ym mholisi tramor UDA. Roedd yn ymrwymo UDA i bolisi o gyfyngiant a enwyd yn Athrawiaeth Truman.

Ffynhonnell A Athrawiaeth Truman, 12 Mawrth 1947

Credaf y dylai polisïau'r Unol Daleithiau gefnogi pobl sy'n gwrthwynebu cael eu caethiwo gan leiafrifoedd arfog neu gan bwysau o'r tu allan. Mae'n rhaid i ni helpu i roi'r rhyddid i bobl benderfynu ar eu tynged eu hunain yn eu ffordd eu hunain.

Cynllun Marshall

Cefnogodd Truman ei bolisi o gyfyngiant gyda chymorth economaidd i Ewrop. Cynllun Marshall oedd yr enw a roddwyd ar y cymorth. Credai fod comiwnyddiaeth ar y cyfan yn ennill cefnogaeth mewn gwledydd lle'r oedd problemau economaidd, diweithdra a thlodi. Roedd llawer o wledydd Ewrop wedi dioddef yn ddrwg oherwydd yr Ail Ryfel Byd ac yn ymdrechu i ymdopi â'r difrod a achoswyd. Roedd prinder o bopeth bron, felly aeth gwledydd ati i roi systemau dogni ar waith. Os byddai UDA yn gallu helpu'r gwledydd hyn i wella'n

Ffynhonnell B Pobl yn Berlin yn defnyddio arian o Gynllun Marshall i helpu i ailadeiladu adeiladau a ddinistriwyd yn ystod yr Ail Ryfel Byd

economaidd a darparu gwaith a ffyniant rhesymol, yna ni fyddai angen troi at gomiwnyddiaeth.

Enw swyddogol y cynllun oedd y Cynllun Adfer Ewropeaidd ond gan fod y cynllun wedi cael ei gyhoeddi gan y Cadfridog George Marshall, Ysgrifennydd Gwladol UDA, ym mis Mehefin 1947, Cynllun Marshall fu'r enw arno o'r adeg honno ymlaen. Byddai'r cymorth hwn ar ffurf arian parod, peiriannau, bwyd a chymorth technolegol. O ganlyniad i hyn, byddai'r gwledydd hyn yn cytuno i brynu nwyddau UDA a chaniatáu i gwmnïau UDA fuddsoddi cyfalaf yn eu diwydiannau.

Gyda chymorth peiriannau UDA, rhoddwyd ffatrïoedd Ewropeaidd yn ôl ar eu traed ar ôl effeithiau'r Ail Ryfel Byd. Daeth ymgynghorwyr UDA i helpu i ailadeiladu systemau cludiant. Datblygodd rhaniad pendant rhwng Dwyrain a Gorllewin Ewrop. I ddechrau, roedd Stalin yn ymwneud â'r broses, ond rhoddodd yr Undeb Sofietaidd y gorau i unrhyw drafodaethau gan nad oedd Stalin yn ymddiried yn UDA ac nid oedd eisiau dangos pa mor wan oedd yr Undeb Sofietaidd yn economaidd mewn gwirionedd. Rhwystrodd Stalin wledydd Dwyrain Ewrop, fel Tsiecoslofacia a Gwlad Pwyl, rhag bod yn rhan o'r cynllun. Erbyn 1953, roedd UDA wedi darparu $17 biliwn trwy Gymorth Marshall.

Damcaniaeth y Dominos

Roedd cyfyngu'n cael ei seilio ar **Ddamcaniaeth y Dominos**, y gred pe bai un wlad yn ildio i gomiwnyddiaeth y byddai ei chymdogion hefyd. Roedd y ddamcaniaeth yn berthnasol i Asia yn ddiweddarach.

TASGAU

1. Disgrifiwch Athrawiaeth Truman. (Am arweiniad ar sut i ateb y math hwn o gwestiwn, edrychwch ar dudalen 160.)
2. Beth y mae Ffynhonnell B yn ei ddangos i chi am Gynllun Marshall? (Am arweiniad ar sut i ateb y math hwn o gwestiwn, edrychwch ar dudalen 144.)
3. A oedd y cyfnod 1945–47 yn drobwynt ym mholisi tramor UDA? (Am arweiniad ar sut i ateb y math hwn o gwestiwn, edrychwch ar dudalen 75.)
4. Beth y mae Ffynhonnell C yn ei ddangos i chi am Ddamcaniaeth y Dominos? (Am arweiniad ar sut i ateb y math hwn o gwestiwn, edrychwch ar dudalen 144.)

Ffynhonnell C Damcaniaeth y Dominos

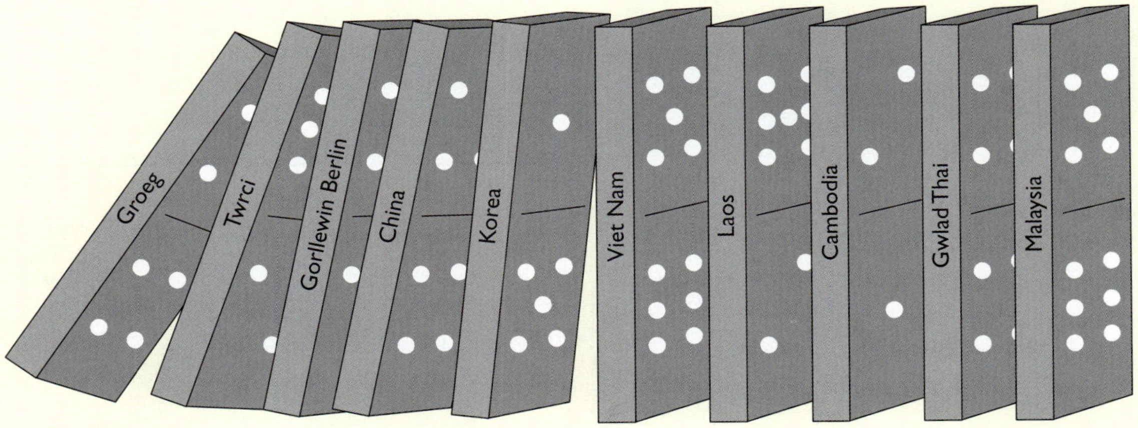

Sut y ceisiodd UDA gyfyngu ar ledaeniad comiwnyddiaeth yn Ewrop?

Rhoddodd Truman ei bolisi o gyfyngiant ar waith yn argyfwng Berlin 1948–49 a thrwy sefydlu Cyfundrefn Cytundeb Gogledd Iwerydd (***NATO***: *North Atlantic Treaty Organisation*) yn 1949.

Argyfwng Berlin 1948–49

Yn 1948, gosododd Stalin warchae ar bob llwybr ar dir a rheilffordd i Orllewin Berlin. Sbardunodd hyn argyfwng mawr cyntaf y Rhyfel Oer a gwaethygodd y cysylltiadau rhwng yr archbwerau hyd yn oed yn fwy.

Map yn dangos rhaniad yr Almaen a Berlin

Yn ystod cynadleddau heddwch 1945 yn Yalta (Chwefror) a Potsdam (Gorffennaf), roedd y Cynghreiriaid wedi cytuno i rannu'r Almaen a Berlin yn bedwar rhanbarth (gweler tudalen 134). Roedd Berlin yng nghanol Dwyrain yr Almaen, sef y rhanbarth Sofietaidd, ac roedd Cynghreiriaid y Gorllewin yn cael mynd i mewn i Berlin ar hyd y ffyrdd, y rheilffyrdd, y camlesi ac o'r awyr.

Aeth Cynghreiriaid y gorllewin yn eu blaenau i adfer yr economi yn eu rhanbarthau, yn arbennig drwy ddarparu arian cyfred am fod galw mawr amdano. Derbyniodd rhanbarthau'r gorllewin arian mawr o Gymorth Marshall (tudalennau 132–3). Hefyd, sefydlwyd etholiadau rhydd i sicrhau democratiaeth. Roedd hyn yn wahanol iawn i bolisïau'r Sofietiaid. Roedd cael Almaen unedig, gref, ddemocrataidd ar ffiniau'r Undeb Sofietaidd yn codi ofn ar Stalin.

Ffynhonnell A Cartŵn Prydeinig ym mis Gorffennaf 1948. Stalin sy'n dal y gwn ac mae'r storciaid yn cynrychioli'r awyrennau sy'n cludo cyflenwadau

THE BIRD WATCHER

Roedd yn ofni y byddai arian cyfred 'gorllewinol' a syniadau democrataidd yn lledaenu i'r rhanbarth Sofietaidd ac yn tanseilio ei reolaeth ar Ddwyrain Berlin. Pan gyhoeddodd y Cynghreiriaid gynlluniau yn 1948 i greu gwladwriaeth Gorllewin yr Almaen ac arian cyfred newydd, cyhuddodd Stalin y Gorllewin o ymyrryd yn y rhanbarth Sofietaidd. Ar 24 Mehefin 1948, torrodd yr holl gysylltiadau ffyrdd, rheilffyrdd a chamlesi i Berlin o ranbarth gorllewin yr Almaen gan obeithio newynu'r Cynghreiriaid a'u gorfodi i adael Gorllewin Berlin.

Roedd Truman yn benderfynol o wrthsefyll yr Undeb Sofietaidd a dangos ei fod o ddifrif ynglŷn â'i bolisi o gyfyngiant (gweler tudalen 132). Roedd yn gweld Berlin fel achos prawf. Pe bai Cynghreiriaid y gorllewin yn ildio i Stalin ar y mater hwn, efallai mai rhanbarthau gorllewin yr Almaen fyddai nesaf. Roedd Truman eisiau i Berlin fod yn symbol o ryddid y tu ôl i'r Llen Haearn. Yr unig ffordd i mewn i Berlin oedd o'r awyr. Felly, penderfynodd y Cynghreiriaid awyrgludo cyflenwadau o'u canolfannau yng Ngorllewin yr Almaen. Ond, a fyddai'r Undeb Sofietaidd yn saethu at yr awyrennau hyn? Cafwyd eiliadau pryderus wrth i'r awyrennau cyntaf hedfan dros Berlin ond ni saethwyd atynt.

Dechreuwyd awyrgludo ar 28 Mehefin 1948 gan barhau am ddeg mis. Yr enw a roddodd y Prydeinwyr ar y cyrch oedd '*Operation Plainfare*'. Dyma oedd yr awyrgludiad mwyaf erioed. Cyn bo hir roedd awyrennau'n hedfan ddydd a nos ar hyd y **coridorau awyr**. Parhaodd drwy'r gwanwyn a daeth i'w anterth ar 16–17 Ebrill 1949 pan laniodd 1398 o deithiau awyr bron 13,000 tunnell o gyflenwadau mewn 24 awr. Yn ystod yr awyrgludiad, cludwyd pob math o bethau – o fwyd a dillad i olew a deunyddiau adeiladu i bobl Gorllewin Berlin, ond roedd prinder sylweddol o hyd yn y ddinas a phenderfynodd llawer adael. Yn ystod y cyfnod hwn roedd cyfanswm o 275,000 o deithiau awyr, gyda 4000 tunnell o gyflenwadau bob dydd ar gyfartaledd.

Ar 12 Mai 1949, rhoddodd Stalin ddiwedd ar y **gwarchae**. Roedd wedi methu newynu'r Cynghreiriaid a'u gorfodi i adael Berlin. Y noson honno gwisgodd pobl Berlin eu dillad gorau a dawnsio ar y strydoedd. Cynyddodd yr argyfwng yr elyniaeth rhwng y Dwyrain a'r Gorllewin a chadarnhau'r rhaniadau yn yr Almaen a Berlin. Yn sgil hynny crëwyd Cyfundrefn Cytundeb Gogledd Iwerydd neu *NATO*. Roedd canlyniad yr argyfwng yn fuddugoliaeth wych yn ôl Truman. Roedd Gorllewin Berlin wedi goroesi ac wedi gwrthsefyll yr Undeb Sofietaidd. Roedd ei bolisi o gyfyngiant wedi gweithio.

TASGAU

1 Rydych yn ymgynghorydd i bwerau'r Gorllewin a chi sydd â'r dasg o bwyso a mesur yr opsiynau sy'n eu hwynebu i ymdopi â'r gwarchae. Pa opsiwn y byddech chi'n ei argymell?

- Beth yw manteision ac anfanteision pob opsiwn? Defnyddiwch y grid canlynol i'ch helpu:

Opsiynau	Manteision	Anfanteision
Gyrru drwy'r gwarchae		
Tynnu allan o Berlin		
Cyflenwi Berlin o'r awyr		

- Ysgrifennwch nodyn ar gyfer pwerau'r Gorllewin yn argymell camau gweithredu.
- Rhowch resymau dros eich dewis.

2 Beth yw neges Ffynhonnell A ar dudalen 135?

3 Eglurwch pam y penderfynodd y Cynghreiriaid awyrgludo cyflenwadau i Berlin yn 1948.

4 Gan weithio mewn parau, lluniwch benawdau papur newydd gwrthgyferbyniol yn cyhoeddi diwedd yr awyrgludiad (un o safbwynt Sofietaidd a'r llall o safbwynt UDA).

NATO

Roedd argyfwng Berlin wedi cadarnhau ymrwymiad Truman i'w bolisi o gyfyngiant yn Ewrop ac wedi tanlinellu bygythiad y Sofietiaid i Orllewin Ewrop. Roedd gwledydd Gorllewin Ewrop yn gwybod nad oeddent yn gallu cystadlu â'r Undeb Sofietaidd, hyd yn oed wrth ymuno â'i gilydd, ac roedd angen cymorth ffurfiol UDA arnynt. Ym mis Ebrill 1949 llofnodwyd Cyfundrefn Cytundeb Gogledd Iwerydd (*NATO*). Er ei bod yn gynghrair amddiffynnol, ei phrif nod oedd atal ymlediad y Sofietiaid.

Cytunodd y gwledydd y byddai ymosodiad arfog yn erbyn un neu fwy ohonynt yn Ewrop neu Ogledd America yn cael ei ystyried yn ymosodiad yn eu herbyn i gyd. Roedd Stalin yn ystyried *NATO* yn 'gynghrair ymosodol' a oedd yn erbyn yr Undeb Sofietaidd. O fewn chwe blynedd, yn 1955, roedd yr Undeb Sofietaidd wedi sefydlu ei sefydliad cyfatebol, sef Cytundeb Warszawa (Warsaw). Roedd yn gynghrair filwrol o wyth gwlad dan arweiniad yr Undeb Sofietaidd, a'i nod oedd gwrthwynebu bygythiad *NATO*. Byddai aelodau'n cynorthwyo ei gilydd pe bai rhywun yn ymosod arnynt. Sefydlwyd strwythur cyd-orchymyn o dan yr Uwch-gadlywydd Sofietaidd. Gwnaeth tensiwn y Rhyfel Oer ddwysáu yn sgil creu'r ddau bŵer milwrol pwerus a gelyniaethus hyn. Yn gynnar yn 1960 daeth Berlin yn fflachbwynt pwysig eto yn y Rhyfel Oer.

Argyfwng Berlin, 1961

Ym mis Awst 1961, gorchmynnodd Khrushchev, arweinydd yr UGSS, adeiladu mur i wahanu Dwyrain Berlin oddi wrth Orllewin Berlin. O fis Ionawr 1961, roedd nifer y ffoaduriaid a oedd yn gadael Dwyrain Berlin wedi cynyddu i 20,000 y mis. Roedd yn rhaid rhoi diwedd ar hyn. Hefyd, credai Khrushchev y gallai fwlio arlywydd dibrofiad newydd UDA, John F. Kennedy. O 5 p.m. ar 27 Hydref tan 11 a.m. ar 28 Hydref, bu tanciau arfog UDA a'r Sofietiaid yn herio'i gilydd. Ar ôl deunaw awr, tynnodd tanciau UDA yn ôl. Gorfodwyd Kennedy i gilio ond roedd yn grac iawn â'r UGSS.

TASG

5 Disgrifiwch sut y newidiodd y berthynas rhwng UDA a'r UGSS yn 1947–49. (Am arweiniad ar sut i ateb y math hwn o gwestiwn, edrychwch ar dudalennau 160–1.)

Beth oedd prif nodweddion Argyfwng Taflegrau Cuba?

Am ychydig ddiwrnodau ym mis Hydref 1962 daeth yr archbwerau yn agos iawn at ryfel niwclear yn sgil Argyfwng Taflegrau Cuba. Dangosodd yr argyfwng sut yr oedd y Rhyfel Oer wedi lledaenu y tu hwnt i ffiniau Ewrop i'r byd ehangach.

Ffynhonnell A Map yn dangos pwysau milwrol yr Undeb Sofietaidd ar Cuba a phellter cyrraedd y taflegrau niwclear

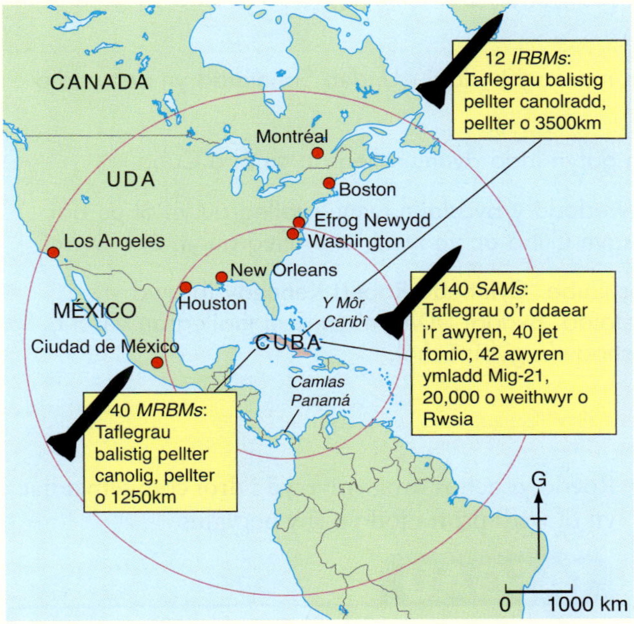

Achosion

Roedd UDA wedi bod yn rhan bwysig o faterion Cuba ers cryn amser, gan gefnogi unbennaeth filwrol Batista er 1943. Roedd Cuba wedi dod yn faes chwarae i ddynion busnes Americanaidd. Fodd bynnag, dechreuodd Cuba fod yn boen i UDA yn 1959, pan ddaeth Fidel Castro i rym ar ôl chwyldro. Roedd Castro wedi diarddel holl fusnesau a buddsoddiadau UDA. Er mwyn dial, gwrthododd UDA brynu'r nwydd yr oedd Cuba yn ei allforio fwyaf, sef siwgr. Cynigiodd yr Undeb Sofietaidd brynu siwgr Cuba. Roedd Khrushchev, arweinydd y Sofietiaid, yn awyddus i ehangu dylanwad y Sofietiaid yn y Caribî ac roedd am gael y gorau ar John F. Kennedy, arlywydd dibrofiad America.

Ym mis Ebrill 1961, gwnaeth Kennedy awdurdodi goresgyniad ar Cuba gan alltudion a oedd wedi gadael y wlad yn 1959. Roedd goresgyniad Playa Giron (*Bay of Pigs*) yn fethiant trychinebus oherwydd cynllunio gwael a diffyg cefnogaeth yn Cuba, lle'r oedd Castro yn boblogaidd. Cododd hyn gywilydd ar UDA; cryfhaodd safle Castro yn Cuba a daeth â Cuba yn nes fyth at yr Undeb Sofietaidd. Ar ddiwedd 1961, cyhoeddodd Castro ei dröedigaeth at gomiwnyddiaeth.

Gwelodd Khrushchev gyfle i ehangu dylanwad y Sofietiaid ymhellach yn Cuba. Roedd yn bryderus ynglŷn â chanolfannau taflegrau UDA yn yr Eidal a Thwrci ac roedd eisiau sefydlu canolfannau Sofietaidd yn Cuba i fod yn gyfartal. Ym mis Medi 1962, dechreuodd technegwyr Sofietaidd osod taflegrau balistig yn Cuba. Ar 14 Hydref tynnodd awyren ysbïo U-2 Americanaidd ffotograffau o Cuba a oedd yn dangos bod safleoedd lansio taflegrau pellter canolradd Sofietaidd yn cael eu hadeiladu. Gallai'r rhain daro pob dinas yn UDA bron ac roeddent yn fygythiad difrifol i ddiogelwch y wlad.

TASG

1 Eglurwch pam y bu argyfwng oherwydd Cuba ym mis Hydref 1962.

Digwyddiadau

Parhaodd yr argyfwng am dri diwrnod ar ddeg ym mis Hydref 1962.

16 Hydref	Dywedwyd wrth Kennedy bod Khrushchev yn bwriadu adeiladu safleoedd taflegrau yn Cuba.
18–19 Hydref	Cynhaliodd Kennedy drafodaethau â'i ymgynghorwyr agosaf. Roedd yr 'Hebogiaid' ('*Hawks*') am weld polisi ymosodol tra bod y 'Colomennod' ('*Doves*') yn ffafrio ateb heddychlon.
20 Hydref	Penderfynodd Kennedy weithredu gwarchae llyngesol o amgylch Cuba i atal taflegrau Sofietaidd rhag cyrraedd Cuba. Archwiliodd lluoedd UDA unrhyw longau yr amheuwyd eu bod yn cario arfau neu daflegrau.
21 Hydref	Mewn darllediad i bobl America, rhoddodd Kennedy wybod iddynt am y bygythiad posibl a'r hyn yr oedd yn bwriadu ei wneud.
23 Hydref	Anfonodd Khrushchev lythyr at Kennedy yn mynnu y byddai llongau Sofietaidd yn gorfodi eu ffordd drwy'r gwarchae.
24 Hydref	Cyhoeddodd Khrushchev ddatganiad yn mynnu y byddai'r Undeb Sofietaidd yn defnyddio arfau niwclear pe bai rhyfel.
25 Hydref	Ysgrifennodd Kennedy at Khrushchev yn gofyn iddo dynnu taflegrau yn ôl o Cuba.
26 Hydref	Atebodd Khrushchev lythyr Kennedy. Dywedodd y byddai'n tynnu'r taflegrau yn ôl pe bai UDA yn rhoi addewid na fyddai'n goresgyn Cuba ac yn tynnu ei thaflegrau yn ôl o Dwrci.
27 Hydref	Saethwyd awyren ysbïo UDA i lawr dros Cuba. Cytunodd Robert Kennedy (brawd yr Arlywydd) ar fargen gyda'r Undeb Sofietaidd. Byddai UDA yn tynnu ei thaflegrau yn ôl o Dwrci cyhyd â bod y fargen yn cael ei chadw'n gyfrinachol.
28 Hydref	Derbyniodd Khrushchev y fargen.

Canlyniadau

Cafwyd sawl canlyniad pwysig yn sgil argyfwng Cuba.

- Roedd Kennedy fel petai wedi ennill y rhyfel geiriau ac roedd yn ymddangos bod Khrushchev wedi ildio, yn enwedig o ystyried na ddatgelwyd y fargen o ran Twrci ar y pryd.
- Roedd yr archbwerau wedi bod yn **dibynfentro**. Roedd hyn yn nodweddiadol o'r Rhyfel Oer ac mae'n golygu gwthio sefyllfa o fewn trwch blewyn i ryfel, er mwyn annog neu fygwth eich gelyn i dynnu'n ôl.
- Roedd yr archbwerau wedi dod yn agos i ryfel – rhyfel a fyddai wedi dinistrio llawer o'r byd. Cafwyd rhyddhad pan ddaeth yr argyfwng i ben a lleihaodd y tensiwn. Er mwyn sicrhau na fyddai'n rhaid i'r ddau arweinydd gyfathrebu drwy lythyr mewn achos o argyfwng, sefydlwyd cysylltiad llinell ffôn frys rhwng y Tŷ Gwyn yn Washington DC a'r Kremlin ym Moskva.
- Daeth gwelliannau pellach pan arwyddwyd Cytundeb Atal Arbrofion ym mis Awst 1963. Dyma pan wnaeth UDA a'r UGSS gytuno i roi'r gorau i brofi taflegrau niwclear yn yr atmosffer.
- Roedd yr achos dros ymyrryd i droi comiwnyddiaeth yn ôl wedi profi i fod yn rhy beryglus.

TASGAU

2 Gan weithio mewn parau – un yn cynrychioli llywodraeth yr Undeb Sofietaidd a'r llall yn cynrychioli llywodraeth UDA – paratowch araith sy'n rhoi cefnogaeth glir i'ch camau gweithredu yn ystod yr argyfwng.

3 Beth oedd effeithiau Argyfwng Taflegrau Cuba ar y canlynol?

- Y berthynas rhwng yr Archbwerau
- Y byd
- Cuba
- Yr Undeb Sofietaidd
- UDA

4 A oedd Argyfwng Taflegrau Cuba yn drobwynt i'r Rhyfel Oer? (Am arweiniad ar sut i ateb y math hwn o gwestiwn, edrychwch ar dudalennau 75–6.)

Beth oedd prif nodweddion rôl UDA yn Viet Nam?

O dan yr Arlywydd Johnson, daeth UDA yn rhan uniongyrchol o'r rhyfel yn Viet Nam. Cafodd y rôl hon effaith fawr ar bolisi tramor a chartref UDA.

Rhesymau dros rôl UDA

Roedd Viet Nam wedi bod yn drefedigaeth Ffrengig ond ar ôl gorchfygiad y Ffrancwyr yn 1954 ehangodd rôl UDA. Roedd hyn yn rhan o'u polisi o gyfyngiant er mwyn atal lledaeniad comiwnyddiaeth. Y rheswm sylfaenol oedd Damcaniaeth y Dominos (gweler tudalen 133). Roedd UDA yn siŵr pe bai Viet Nam yn ildio i gomiwnyddiaeth y byddai ei chymdogion yn ei dilyn, yn enwedig Laos a Cambodia. Cynyddodd rôl UDA rhwng 1954 ac 1964.

TASGAU

1 Gwnewch gopi o'r tabl isod sy'n dangos rhesymau posibl dros rôl UDA yn Viet Nam yn y 1950au a'r 1960au. Rhowch sgôr o 1–5 i bob rheswm yn ôl pwysigrwydd (o 1 = dibwys i 5 = tyngedfennol). Rhowch esboniad cryno am bob penderfyniad.

Rhesymau	Sgôr
Cyfyngu ar gomiwnyddiaeth	
Amddiffyn democratiaeth	
Estyn dylanwad UDA	

2 Eglurwch pam yr ehangodd UDA ei rôl yn Viet Nam yn y blynyddoedd 1954–64.

Dyddiad	Rheswm	Polisi UDA
1954	Cytundeb Genefa	Roedd hyn ar ôl i'r **Vietminh** drechu'r Ffrancwyr yn Dien Bien Phu. Byddai Viet Nam yn cael ei rhannu dros dro ar hyd y 17eg paralel i Ogledd a De Viet Nam. Byddai Gogledd Viet Nam yn cael ei arwain gan Ho Chi Minh (comiwnydd) a byddai'r De yn cael ei arwain gan Ngo Dinh Diem (gwrth-gomiwnydd). Gwnaeth UDA atal etholiadau cynnar am lywodraeth newydd ym mis Gorffennaf 1956, gan sylweddoli y byddai'r comiwnyddion yn ennill.
1959	Ymgyrch arswyd y **Vietcong**	Rhoddodd Ho Chi Minh orchmynion i'r Vietminh (a ddaeth i gael ei alw yn y Vietcong) i ddechrau ymgyrch arswyd yn erbyn y De.
1963	Disodli Diem	Ym mis Tachwedd 1963, disodlwyd Diem, a oedd yn rheolwr llwgr ac amhoblogaidd, a daeth cyfres o lywodraethau gwan a dros dro i gymryd ei le. Daeth y Vietcong yn fwy poblogaidd yn y De.
1963	Methiant 'Polisi Pentrefannau Strategol'	O dan Kennedy, ceisiodd UDA leihau dylanwad comiwnyddol drwy'r polisi hwn. Roedd yn ymwneud â symud gwerinwyr i bentrefi a oedd yn cael eu hamddiffyn, ac yn cael eu gwarchod gan filwyr. Ni wnaeth hyn atal y comiwnyddion ac roedd yn amhoblogaidd iawn ymysg y gwerinwyr.
1964	Digwyddiad Gwlff Tonkin	Roedd yr Arlywydd Johnson eisiau gweld rôl filwrol fwy uniongyrchol yn Viet Nam, ond roedd angen esgus. Ar 2 Awst 1964, saethodd llongau patrolio Gogledd Viet Nam at *Maddox*, llong ryfel fechan UDA, yng Ngwlff Tonkin. Roedd Johnson yn gallu defnyddio'r ymosodiadau hyn i berswadio'r Gyngres i gefnogi rôl yn fwy gan UDA.

Dulliau rhyfela UDA yn Viet Nam

Newidiodd y dulliau a ddefnyddiwyd gan UDA yn ystod y 1960au.

'Operation Rolling Thunder'

Hon oedd ymgyrch fomio UDA yng Ngogledd Viet Nam a barodd dair blynedd a hanner, rhwng 1965 ac 1968, gyda'r gobaith o ddinistrio llwybrau cyflenwi'r Vietcong i'r De. Anogodd hyd yn oed fwy o gefnogaeth i'r rhyfel gan Ogledd Viet Nam ac ni wnaeth rhwystro'r cyflenwadau i'r Vietcong o'r Gogledd.

Rhyfela cemegol

Defnyddiwyd arfau cemegol fel **diddeilyddion** (*defoliants*) i ddinistrio lloches y jyngl ar gyfer y Vietcong.

- Un o'r arfau hyn oedd '*Agent Orange*', sef chwynladdwr gwenwynig iawn a ddefnyddiwyd i ddinistrio'r jyngl. Defnyddiodd yr Americanwyr 82 miliwn litr o *Agent Orange* i chwistrellu miloedd o gilometrau o jyngl.
- Roedd Napalm yn arf cemegol arall a ddefnyddiwyd yn eang gan UDA. Roedd yn fath o fom a oedd yn ffrwydro gyda jeli petroliwm i losgi pawb o fewn cyrraedd. Mae Napalm yn glynu wrth y croen ac yn llosgi ar wres o 800 gradd Celsius. Mewn geiriau eraill, roedd yn llosgi drwy'r croen i'r asgwrn.

'Chwilio a dinistrio'

Creodd Westmoreland, cadfridog UDA yn Viet Nam, ganolfannau Americanaidd diogel yn Ne'r wlad ger yr arfordiroedd a'u hamddiffyn yn gadarn. O'r canolfannau hyn, lansiodd milwyr UDA a De Viet Nam (*ARVN*) dactegau 'chwilio a dinistrio' drwy ddefnyddio hofrenyddion. Byddent yn disgyn ar bentref yr amheuwyd ei fod yn cynorthwyo byddinoedd y Vietcong a'i ddinistrio. Cyrchoedd '*Zippo*' y byddai'r milwyr yn galw'r ymosodiadau hyn am mai dyna oedd enw'r tanwyr a ddefnyddiwyd i gynnau'r tai to gwellt yn y pentrefi.

- Fel arfer, byddai'r cyrchoedd hyn yn lladd llond llaw o ymladdwyr gerila'r Vietcong, ond byddent yn aml yn llwyddo i dwyllo milwyr dibrofiad UDA.
- Yn aml, roedd diffyg gwybodaeth yn golygu bod pentrefi diniwed yn cael eu dinistrio.
- Lladdwyd llawer iawn o ddinasyddion yn aml. Roedd gan y dinasyddion hynny gysylltiad bach neu ddim gysylltiad o gwbl â'r Vietcong.
- Golygai hyn fod UDA a'r *ARVN* yn amhoblogaidd iawn ymysg llawer o werinwyr De Viet Nam a oedd wedyn yn fwy tebygol o gefnogi'r Vietcong.

Ffynhonnell A Adroddiad gan Doug Ramsey, dinesydd o UDA a oedd yn gweithio i'r Asiantaeth Datblygu Rhyngwladol (*AID: Agency for International Development*) yn Viet Nam. Mae'n disgrifio'r hyn a ddigwyddodd i un pentref

Roedd rwbel y pentref yn dal i losgi, ac roedd yn amlwg i bawb bod y bobl hyn newydd ddychwelyd i ddarganfod beth oedd wedi digwydd i'w cartrefi. Roedd plant yn crio. Roedd menywod yn chwilio drwy falurion y tŷ yn ceisio arbed offer coginio a phethau bach eraill a allai fod wedi dianc rhag y fflamau. Roedd y milwyr hyd yn oed wedi llosgi'r holl reis oedd ar ôl heb ei gladdu neu ei guddio. Gofynnodd ffermwr canol oed yn y grŵp i Ramsey i ba asiantaeth yr oedd yn gweithio. 'AID', atebodd Ramsey. 'AID' gwaeddodd y ffermwr. 'Edrychwch o'ch cwmpas', meddai gan bwyntio at weddillion y pentref dan domen o lwch. 'Dyma'ch AID Americanaidd!' Poerodd y ffermwr ar y llawr a cherdded i ffwrdd.

TASGAU

3 Disgrifiwch y defnydd o arfau cemegol gan fyddinoedd America wrth ymladd yn Viet Nam. (Am arweiniad ar sut i ateb y math hwn o gwestiwn, edrychwch ar dudalennau 160–1.)

4 Beth y mae Ffynhonnell B ar dudalen 141 yn ei ddangos i chi am y dulliau 'chwilio a dinistrio'? (Am arweiniad ar sut i ateb y math hwn o gwestiwn, edrychwch ar dudalen 144.)

5 Pa mor llwyddiannus oedd y dulliau 'chwilio a dinistrio' a ddefnyddiwyd gan fyddinoedd America yn y rhyfel yn Viet Nam? Efallai y byddwch eisiau defnyddio Ffynonellau A a B ar dudalennau 140–1 am wybodaeth i'ch helpu i ateb y cwestiwn hwn.

Ffynhonnell B Ffotograff yn dangos milwyr UDA yn dinistrio pentref yr amheuwyd ei fod yn cefnogi'r Vietcong

Rhesymau dros drechu UDA

Trechwyd UDA yn y pen draw yn Viet Nam oherwydd cryfder y comiwnyddion a'u gwendidau eu hunain.

Cryfderau'r comiwnyddion	Gwendidau UDA
Brwydro dros achos • Roedd Gogledd Viet Nam a'r Vietcong yn brwydro dros achos – comiwnyddiaeth ac ailuno Viet Nam. • Gwrthododd y comiwnyddion ildio hyd yn oed ar ôl ymosodiadau bomio UDA. • Roeddent yn barod i dderbyn llawer o farwolaethau. *Tactegau gerila effeithiol* • Defnyddiodd y Vietcong ddulliau rhyfela 'technoleg isel' a thactegau **gerila** llwyddiannus iawn a oedd yn osgoi brwydrau gan leihau effeithiolrwydd dulliau 'technoleg uchel' ac arfau gwell UDA. • Roedd y dulliau hyn yn hollol addas i dir jyngl De Viet Nam. *Cefnogaeth yr Undeb Sofietaidd a China* • Roedd y ddwy wlad uchod o blaid ailuno Viet Nam o dan y Gogledd comiwnyddol. Cyflenwyd rocedi, tanciau ac awyrennau brwydro i'r Gogledd a'r Vietcong. *Cefnogaeth pobl De Viet Nam* Roedd llawer yn y De yn cefnogi'r Gogledd a'r Vietcong: • Credai rhai mewn comiwnyddiaeth ac ailuno • Roedd eraill wedi'u gelyniaethu gan dactegau a chreulondeb UDA. Golygodd y gefnogaeth hon fod tactegau gerila'r Vietcong yn llawer mwy effeithiol. *Y twneli* Cloddiodd y milwyr comiwnyddol dwneli dwfn a'u defnyddio fel llochesau rhag cyrchoedd awyr. Roeddent hefyd yn hafan ddiogel i ymladdwyr gerila. Roedden nhw'n gweithredu fel trapiau i ladd milwyr UDA ac *ARVN* yn aml.	*Milwyr UDA* • Roedd llawer yn rhy ifanc ac yn ddibrofiad ac yn methu ymdopi â rhyfela gerila. Nid oedd y mwyafrif yn deall pam eu bod yn ymladd yn Viet Nam. • Golygodd hyn nad oedd y milwyr mewn hwyliau da gyda rhai'n camddefnyddio cyffuriau ac yn ymddwyn yn greulon fel yn y gyflafan ym My Lai lle, ym mis Mawrth 1968, llofruddiodd milwyr UDA 347 o ddynion, menywod a phlant. *Gwrthwynebiad gartref (gweler tudalen 52)* Roedd hyn yn tanseilio ymdrech y rhyfel ac yn deillio o: • fethiant i sicrhau buddugoliaeth gyflym • lladdwyd llawer, 58,000 i gyd • lluniau ar y teledu yn dangos erchyllterau rhyfel fel y defnydd o napalm. *Methiant tactegau UDA* • Methodd byddin UDA ddatblygu ymateb effeithiol i dactegau gerila'r Vietcong. • Roedd tactegau UDA, yn enwedig 'chwilio a dinistrio' a rhyfela cemegol wedi annog hyd yn oed mwy o gefnogaeth i'r Vietcong gan werinwyr cefn gwlad. *Ymosodiad Tet* Ar 31 Ionawr 1968, lansiodd y Vietcong ymosodiad enfawr yn ystod y Flwyddyn Newydd, neu'r gwyliau Tet, ar dros 100 o ddinasoedd yn Ne Viet Nam. Roedd hwn yn drobwynt pwysig yn y gwrthdaro: • Dangosodd y gallai'r Vietcong ymosod yng nghanol y diriogaeth a feddiannwyd gan yr Americanwyr. Cipiwyd Llysgenhadaeth UDA yn Saigon hyd yn oed. • Roedd yn arf arall i chwalu morâl milwyr UDA. • I'r cyhoedd yn UDA, nid oedd modd ennill y rhyfel mwyach ac arweiniodd at feirniadaeth bellach o rôl UDA.

Enciliad UDA

Ffynhonnell C Poster o Viet Nam yn 1968 yn dangos y dulliau rhyfela gerila a ddefnyddiwyd gan y Vietcong

Ffynhonnell CH Milwr UDA yn cofio ei frwydr gyntaf. O *Making History*, C. Culpin, 1996

Roeddem yng nghanol jyngl trwchus gyda phryfed ym mhobman. Roedd gen i gymaint o ofn! Roedd fy stumog yn corddi, fel pe bawn i eisiau chwydu a llenwi fy nhrowsus ar yr un pryd. Rwy'n cofio meddwl y byddai'n well gen i chwydu gan na fyddai hynny mor amlwg. Y peth olaf ar fy meddwl oedd ymladd.

Erbyn 1969, roedd mwy na 36,000 o aelodau byddin UDA wedi'u lladd yn y rhyfel. Ym mis Mai y flwyddyn honno, ar ôl cael ei ethol y flwyddyn gynt oherwydd ei addewid i dynnu milwyr UDA allan o Viet Nam, datgelodd yr Arlywydd Nixon ei gynllun i roi diwedd ar rôl UDA, sef **Vietnameiddio**. Y bwriad oedd y byddai milwyr De Viet Nam yn cael eu hyfforddi a'u harfogi i gymryd lle milwyr UDA wrth iddynt adael yn raddol. Ni wnaeth y strategaeth weithio gan nad oedd milwyr De Viet Nam hanner cystal â byddinoedd y comiwnyddion.

Roedd trafodaethau heddwch i roi diwedd ar y rhyfel wedi dechrau mor gynnar ag 1968, ond ni chafwyd unrhyw gynnydd gwirioneddol tan ymweliad Nixon â China yn 1972 (gweler tudalen 148). Ar ôl hynny bu China yn annog mwy o gydweithrediad gan lywodraeth Gogledd Viet Nam. Ar 23 Ionawr 1973, llofnodwyd cadoediad ym Mharis gyda chytundeb heddwch yn dilyn bedwar diwrnod yn ddiweddarach lle rhoddodd UDA addewid y byddai'n tynnu ei holl filwyr yn ôl gan ganiatáu i'r Vietcong ddal eu gafael ar yr holl ardaloedd a oedd wedi'u cipio yn Ne Viet Nam. O fewn dwy flynedd, roedd y comiwnyddion wedi trechu lluoedd arfog De Viet Nam ac wedi ailuno Viet Nam. Roedd UDA wedi methu yn ei hymgais i atal lledaeniad comiwnyddiaeth yn Ne Ddwyrain Asia. Cwympodd Cambodia a Laos i gomiwnyddiaeth hefyd, gan brofi bod Damcaniaeth y Dominos yn wir i ryw raddau.

Effeithiau'r rhyfel

- Gwariodd UDA tua $30 biliwn y flwyddyn ar y rhyfel. Roedd hyn, i raddau helaeth, wedi tanseilio gwariant Johnson ar y Gymdeithas Fawr (gweler tudalen 30).
- Roedd y rhyfel wedi gwneud yr Arlywydd Johnson yn amhoblogaidd iawn a dylanwadodd yn fawr ar ei benderfyniad i beidio ag ailsefyll am yr arlywyddiaeth yn 1968.
- Roedd polisi o gyfyngiant America wedi methu. Roedd y rhyfel wedi dangos nad oedd cryfder milwrol sylweddol UDA hyd yn oed yn gallu atal lledaeniad comiwnyddiaeth. Nid yn unig bod UDA wedi methu atal Viet Nam rhag troi'n wlad gomiwnyddol, ond roedd y bomio trwm yn Laos a Cambodia, cymdogion Viet Nam, wedi cynyddu'r gefnogaeth i gomiwnyddiaeth yn y ddwy wlad. Yn wir, erbyn 1975 roedd gan Laos a Cambodia lywodraethau comiwnyddol. Yn hytrach nag arafu'r effaith domino, roedd polisïau UDA wedi cyflymu'r broses yn Ne Ddwyrain Asia.
- Roedd Rhyfel Viet Nam hefyd yn drychineb o ran propaganda i UDA ac wedi lleihau dylanwad UDA ar faterion y byd. Gwelwyd bod y rhyfel wedi bod yn cefnogi llywodraeth lwgr yn Ne Viet Nam. Hefyd, bu'r erchyllterau a gyflawnwyd gan filwyr America a'u defnydd o arfau cemegol yn niweidiol i enw da UDA a'i chefnogaeth o gyfalafiaeth.
- Am nad oedd wedi ennill y rhyfel, bu'n rhaid i Nixon ystyried strategaethau diplomyddol gwahanol a effeithiodd ar y Rhyfel Oer. Roedd ei benderfyniad i ymweld â China i greu cysylltiadau agosach, gan hefyd ddatblygu ***détente*** (gweler tudalennau 146–7) gyda'r Undeb Sofietaidd, yn ymdrechion i wanhau'r berthynas rhwng dau brif gefnogwr Gogledd Viet Nam.
- Ar ôl y rhyfel, ymddangosodd Athrawiaeth Nixon, sef bod UDA yn disgwyl i'w chynghreiriaid fod yn gyfrifol am eu hamddiffynfa filwrol eu hunain. Rhyfel Viet Nam oedd y rhyfel cyntaf i UDA ei golli ac roedd yn amharod i fod yn rhan o unrhyw wrthdaro yn y dyfodol.

TASGAU

6 Lluniwch fap meddwl yn dangos pam y cafodd UDA ei threchu yn Viet Nam. Tynnwch linellau i ddangos y cysylltiad rhwng y rhesymau, gan ysgrifennu esboniad cryno am y cysylltiad ar hyd bob llinell.

7 Eglurwch pam y trechwyd milwyr UDA yn y gwrthdaro yn Viet Nam. Efallai y byddwch eisiau defnyddio Ffynonellau C ac CH i gael gwybodaeth i'ch helpu i ateb y cwestiwn hwn.

8 Beth oedd y ffactorau pwysicaf a achosodd newid i bolisi tramor UDA rhwng 1945 ac 1974? Efallai y byddwch eisiau trafod y canlynol yn eich ateb:

- Athrawiaeth Truman a Chynllun Marshall
- Argyfwng Berlin, 1948–49
- Argyfwng Taflegrau Cuba, 1962
- y rhyfel yn Viet Nam

ac unrhyw ffactorau perthnasol eraill.

(Am arweiniad ar sut i ateb y math hwn o gwestiwn, edrychwch ar dudalennau 108–10.)

Arweiniad ar arholiadau

Mae'r adran hon yn rhoi arweiniad ar sut i ateb cwestiynau 1(a), 2(a) a 3(a) o Uned 3. Mae'n gwestiwn **deall ffynhonnell** sy'n werth 2 farc. Gallai'r ffynhonnell fod yn ffotograff, cartŵn, map, graff neu adroddiad ysgrifenedig.

Cwestiynau 1(a), 2(a), 3(a) – deall ffynhonnell

Beth y mae Ffynhonnell A yn ei ddangos i chi am Argyfwng Taflegrau Cuba?

Ffynhonnell A Y Cadeirydd Khrushchev a'r Arlywydd Kennedy yn ystod Argyfwng Taflegrau Cuba 1962

Cyngor ar sut i ateb

Cwestiwn dod i gasgliad yw hwn sy'n ymwneud â deall ffynhonnell.

- Gofynnir i chi **dynnu gwybodaeth berthnasol** o'r ffynhonnell.
- Gallwch hefyd **ddefnyddio'r pennawd sydd wedi'i ysgrifennu uwchben y ffynhonnell** sy'n ceisio rhoi mwy o wybodaeth i chi.
- Dylech roi **sylwadau ar y wybodaeth y gallwch ei thynnu o'r ffynhonnell yn unig** a'r hyn sydd wedi'i ysgrifennu uwchben.
- I gael marciau llawn bydd angen i chi **nodi o leiaf ddau bwynt perthnasol** sydd wedi'u datblygu a'u cefnogi'n dda.

Ymateb yr ymgeisydd

Mae Ffynhonnell A yn dangos arweinwyr UDA a'r UGSS, yr Arlywydd Kennedy a'r Cadeirydd Khrushchev, yn ystod cyfnod Argyfwng Taflegrau Cuba yn 1962. Mae'r ddau ddyn yn eistedd ar daflegrau niwclear ac mae gan Kennedy ei fys ar fotwm a fyddai'n tanio taflegrau UDA at yr UGSS. Mae'r cartŵn yn dangos bod America a'r UGSS yn agos iawn at ryfel niwclear yn 1962.

Sylw'r arholwr

Mae'r ymgeisydd wedi nodi nifer o bwyntiau dilys o'r ffynhonnell, gan ddefnyddio'r cartŵn a'r wybodaeth uwchben. Gwelir dealltwriaeth glir o ddifrifoldeb y dirywiad yn y berthynas rhwng UDA a'r UGSS a oedd yn bygwth datblygu'n rhyfel niwclear. Mae hwn yn ateb cynhwysfawr sy'n haeddu'r marciau llawn [2].

9 Pa rôl fu gan UDA yn yr ymgais am heddwch byd-eang er 1970?

Ffynhonnell A Cartŵn yn 1982 yn dangos yr Arlywydd Reagan ar y chwith a Brezhnev, arweinydd yr Undeb Sofietaidd, ar y dde

Yn ystod y 1970au, roedd gan UDA bolisi o wella'i pherthynas â'r Undeb Sofietaidd, sef *détente*. Prif nodweddion y polisi hwn oedd Cytundebau Helsinki ac ymweliad Nixon â China. Daeth diwedd sydyn i'r cyfeillgarwch hwn pan ymosododd yr Undeb Sofietaidd ar Afghanistan yn 1979 gan arwain y byd i ail gyfnod y Rhyfel Oer. Fodd bynnag, tua diwedd yr 1980au, gwellodd y cydweithredu rhwng UDA a'r UGSS eto oherwydd y berthynas waith agos rhwng Reagan a Gorbachev a daeth y Rhyfel Oer i ben wedi hynny. Ar y llaw arall, yn ystod ugain mlynedd olaf yr ugeinfed ganrif, daeth UDA yn fwyfwy pryderus am ddatblygiadau yn y Dwyrain Canol, yn enwedig Iran ac Iraq.

Mae'r bennod hon yn trafod y materion canlynol:

- Beth oedd prif nodweddion *détente*?
- Sut yr oedd Nixon wedi newid y berthynas â China?
- Beth oedd arwyddocâd ymosodiad yr Undeb Sofietaidd ar Afghanistan?
- Sut y newidiodd y Rhyfel Oer o dan Reagan a Gorbachev?
- Pam y daeth y Rhyfel Oer i ben?
- Beth oedd prif nodweddion rôl UDA yn Iran, Iraq a Rhyfel y Gwlff?

Arweiniad ar arholiadau

Drwy'r bennod hon, byddwch yn cael cyfle i ymarfer cwestiynau arholiad o wahanol arddull a rhoddir arweiniad manwl ar sut i ateb cwestiynau 1(b), 2(b) a 3(b) o Uned 3 y papur arholiad. Cwestiwn **disgrifio** yw hwn sy'n werth 4 marc.

TASG

Beth y mae Ffynhonnell A yn ei ddangos i chi am y berthynas rhwng UDA a'r UGSS yn yr 1980au cynnar? (Am arweiniad ar sut i ateb y math hwn o gwestiwn, edrychwch ar dudalen 144.)

Beth oedd prif nodweddion *détente*?

Galwyd y gwelliant yn y berthynas rhwng UDA a'r Undeb Sofietaidd ar ôl Argyfwng Taflegrau Cuba (gweler tudalennau 137–9) yn *détente* – gair Ffrangeg sy'n golygu lleihau'r tensiwn.

Y rhesymau dros *détente*

Roedd sawl rheswm dros wella'r berthynas hon.

- Bu'r bygythiad o ryfel niwclear yn ystod Argyfwng Taflegrau Cuba yn boen meddwl i bawb. Roedd modd cyfathrebu'n gynt rhwng y Tŷ Gwyn a'r Kremlin oherwydd y llinell ffôn frys, a dangosodd y Cytundeb Atal Arbrofion (gweler tudalen 138) fod parodrwydd i drafod y mater o ddatblygu taflegrau niwclear.
- Roedd UDA a'r UGSS yn awyddus i gynnal trafodaethau i gyfyngu ar arfau fel ffordd o ostwng eu gwariant cynyddol ar amddiffyn.
- Nid oedd rôl UDA yn Viet Nam wedi bod yn llwyddiannus ac, erbyn 1968, roedd UDA yn dymuno dod â'r rhyfel i ben. Ar ôl i Nixon ddod yn Arlywydd roedd UDA yn gobeithio y gallai Leonid Brezhnev, arweinydd yr Undeb Sofietaidd, berswadio'i gynghreiriad yng Ngogledd Viet Nam i drafod dod â'r rhyfel i ben pe bai UDA yn gwella cysylltiadau masnach a thechnoleg a chynnig gostwng eu harfau. '**Cysylltedd**' (*linkage*) oedd yr enw a roddwyd gan ymgynghorwyr Nixon ar y syniad o gynnig consesiynau. Ymwelodd Nixon â Moskva yn 1972 gan ddweud yn glir nad oedd yn ystyried Viet Nam yn rhwystr i *détente*.
- Roedd Nixon wedi ymweld â China dri mis yn gynharach (gweler tudalen 148) ac nid oedd Brezhnev am weld cynghrair China-UDA yn datblygu. Roedd yr arweinydd Sofietaidd yn awyddus i gael gafael ar dechnoleg UDA a chynyddu'r gwerthiant grawn.
- Ar ôl i'r Undeb Sofietaidd ymosod ar Tsiecoslofacia yn 1968, datblygwyd Athrawiaeth Brezhnev. Roedd yr athrawiaeth hon yn mynnu bod yn rhaid i bob aelod barhau yn rhan o Gytundeb Warszawa (Warsaw). Mewn geiriau eraill, byddai'r UGSS yn rhoi terfyn ar unrhyw ymgais i drechu rheolaeth gomiwnyddol. Roedd hyn wedi dychryn UDA a dangosodd fod angen i'r ddau archbŵer drafod.

Détente ar waith

Cytundebau *SALT*

SALT (*Strategic Arms Limitation Treaty*) oedd y Cytundeb Cyfyngu ar Arfau Strategol. Roedd dau gytundeb o'r fath.

	SALT I	*SALT II*
Telerau	Yn gynnar yn arlywyddiaeth Nixon, penderfynwyd y dylid trafod arfau niwclear. Ar ôl y trafodaethau a gynhaliwyd yn Helsinki a Wien am gyfnod o dair blynedd bron, llwyddwyd i gynhyrchu *SALT I*, y Cytundeb Cyfyngu ar Arfau Strategol cyntaf. Roedd y Cytundeb yn rhoi cyfyngiadau ar allu niwclear yr UGSS ac UDA. • Cytunodd y ddau archbŵer na fyddai mwy o daflegrau balistig strategol (taflegrau pellter byr, ysgafn) yn cael eu cynhyrchu. • Cytunodd y ddau bŵer y byddai llongau tanfor a oedd yn cludo arfau niwclear ond yn cael eu cyflwyno pan fyddai cyflenwadau cyfredol o daflegrau balistig rhyng-gyfandirol (*ICBM*) wedi dod i ben.	Cytunwyd yn derfynol ar *SALT II* ym mis Mehefin 1979. Roedd y telerau'n cynnwys y canlynol: • uchafswm o 2400 o gerbydau dosbarthu niwclear strategol ar gyfer bob ochr • uchafswm o 1320 o systemau *MIRV* (*multiple independently targetable reentry vehicle*) ar gyfer bob ochr • gwahardd adeiladu offer lansio newydd ar gyfer taflegrau balistig rhyng-gyfandirol ar y tir (*ICBM*) • byddai'r cytundeb yn para tan 1985.
Arwyddocâd	Roedd *SALT I* yn arwyddocaol oherwydd mai dyma oedd y cytundeb cyntaf rhwng yr archbwerau a lwyddodd i gyfyngu ar nifer eu harfau niwclear.	Gwrthododd Senedd UDA gadarnhau cytundebau *SALT II* ar ôl i'r Undeb Sofietaidd ymosod ar Afghanistan ym mis Rhagfyr 1979.

Ffynhonnell A Brezhnev (chwith) a Nixon (dde) yn llofnodi *SALT I* yn 1972

Cytundebau Helsinki, 1975

Ym mis Gorffennaf 1974, aeth Nixon i gyfarfod ym Moskva. Ar ôl y cyfarfod cytunodd y ddau arweinydd i ddatblygu cydweithrediad eang a oedd yn fanteisiol i'r naill a'r llall mewn meysydd masnachol, economaidd, gwyddonol, technegol a diwylliannol. Y nod oedd hyrwyddo dealltwriaeth a hyder rhwng pobl y ddwy wlad. Datblygwyd Cytundebau Helsinki 1975 er mwyn gwneud hyn. Cafwyd datganiadau gan UDA, yr UGSS a 33 o wledydd eraill am dri maes rhyngwladol penodol (a labelwyd yn 'fasgedi' gan y llofnodyddion).

Taith Apollo-Soyuz, 1975

Taith ofod ar y cyd oedd Apollo-Soyuz pan unodd y llong ofod Americanaidd Apollo â'r llong ofod Sofietaidd Soyuz yn uchel uwchben y Ddaear. Dyma ddechrau'r cydweithio rhwng y ddau archbŵer yn y gofod.

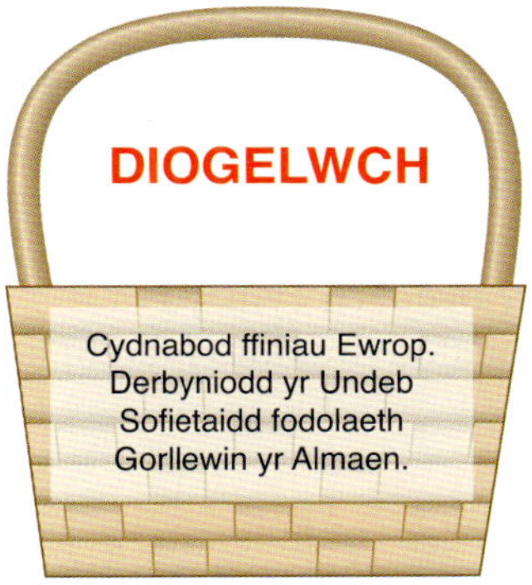

Y tri maes (neu 'fasgedi') a drafodwyd gan Gytundebau Helsinki, 1975

TASGAU

1 Copïwch y diagram Venn isod gan ddangos y rhesymau dros *détente*. Cwblhewch bob rhan o'r diagram.

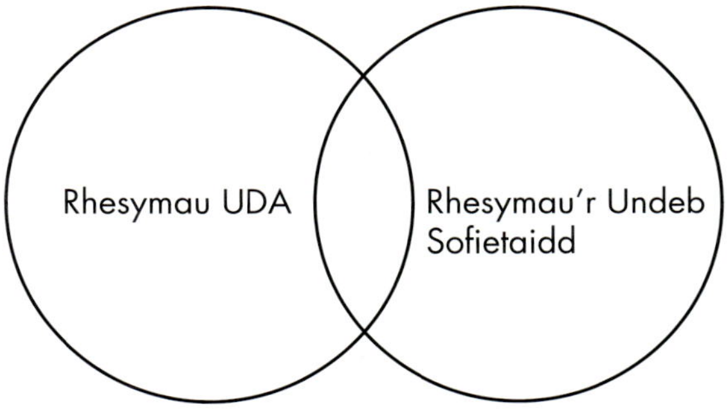

2 Disgrifiwch Gytundebau Helsinki. (Am arweiniad ar sut i ateb y math hwn o gwestiwn, edrychwch ar dudalennau 160–1.)

3 Beth y mae Ffynhonnell A yn ei ddangos i chi am *détente*? (Am arweiniad ar sut i ateb y math hwn o gwestiwn, edrychwch ar dudalen 144.)

Sut yr oedd Nixon wedi newid y berthynas â China?

Ym mis Hydref 1970, mewn cyfweliad â'r cylchgrawn *Time*, dywedodd Nixon: 'Os oes unrhyw beth yr wyf eisiau ei wneud cyn marw, mynd i China yw hynny.' Yn y 1970au cynnar, daeth ei freuddwyd yn wir.

Rhesymau

Roedd y berthynas rhwng UDA a China wedi gwella am nifer o resymau.

- Roedd y berthynas rhwng China a'r UGSS wedi gwaethygu yn y 1960au hwyr, yn enwedig ar ôl i'r Tsieineaid gondemnio ymosodiad yr Undeb Sofietaidd ar Tsiecoslofacia yn 1968. Gwelodd Nixon gyfle i fanteisio ar yr anghytuno rhwng y ddwy brif wlad gomiwnyddol.
- Roedd Nixon hefyd yn gobeithio y byddai perthynas agosach â China yn helpu i ddod â'r rhyfel yn Viet Nam i ben, gan fod y Tsieineaid yn gynghreiriaid agos â Gogledd Viet Nam (gweler tudalen 141). Dyma enghraifft arall o'r polisi cysylltedd.
- Ym mis Ebrill 1971, cododd UDA ei **gwaharddiad masnach** 21 mlynedd oed gyda China.

'Diplomyddiaeth ping-pong'

Dechreuodd 'diplomyddiaeth ping-pong' ym Mhencampwriaeth Tennis Bwrdd y Byd yn Japan ar 6 Ebrill 1971, pan wahoddwyd tîm tennis bwrdd UDA yn ffurfiol gan dîm China i ymweld â'u gwlad i chwarae tennis bwrdd gan dalu eu costau'n llawn. Roedd Glenn Cowan, chwaraewr Americanaidd wedi colli'r bws ar ôl ymarfer gyda'r tîm, a chynigiodd Zhuang Zedong, chwaraewr Tsieineaidd, lifft iddo yn ôl i'r gwesty. Cafodd yr arwydd cyfeillgar o ewyllys da gyhoeddusrwydd eang a chyn diwedd y dydd estynnwyd gwahoddiad ffurfiol i'r Americanwyr i China. Nhw oedd un o'r grwpiau cyntaf o ddinasyddion UDA i gael caniatâd i ymweld â China er 1949.

Ar 14 Ebrill 1971, cododd llywodraeth UDA waharddiad ar fasnachu gyda China a oedd wedi bodoli ers dros ugain mlynedd. Dechreuodd trafodaethau i drefnu cyfarfod rhwng prif swyddogion y llywodraethau a chynhaliwyd cyfarfod yn y pen draw rhwng Mao Zedong, arweinydd China, a'r Arlywydd Richard Nixon. Ym mis Chwefror 1972, Nixon fyddai'r arlywydd Americanaidd cyntaf i ymweld â China. Roedd y cyfarfod yn gymorth i wella'r berthynas rhwng y ddwy wlad a lleihau'r tensiwn ynglŷn â Viet Nam.

Roedd 'diplomyddiaeth ping-pong' felly'n bwysig am ei bod wedi arwain at adfer cysylltiadau Sino-UDA ar ôl cyfnod digyswllt o ugain mlynedd a mwy. Sbardunodd hyn gyfres o ddigwyddiadau eraill, gan gynnwys adfer hawliau cyfreithlon China yn y **Cenhedloedd Unedig** gan fwyafrif llethol mewn pleidlais ym mis Hydref 1971 a sefydlu cysylltiadau diplomyddol rhwng China a gwledydd eraill. Hefyd, ar ôl codi'r gwaharddiad â China, gallai'r ddwy wlad ddechrau masnachu â'i gilydd unwaith eto. Fodd bynnag, roedd y manteision economaidd hyn yn araf gan y byddai'n cymryd degawdau i nwyddau Americanaidd dreiddio i farchnad eang China.

TASG

Eglurwch pam yr oedd UDA eisiau gwella'r berthynas â China.

Ffotograff o dîm tennis bwrdd UDA gyda'u tywyswyr o flaen pagoda yn y Summer Palace ger Beijing, China ym mis Ebrill 1971

Beth oedd arwyddocâd ymosodiad yr Undeb Sofietaidd ar Afghanistan?

Rhwng 25 Rhagfyr 1979 ac 1 Ionawr 1980, anfonwyd mwy na 50,000 o filwyr Sofietaidd i Afghanistan i adfer trefn ac amddiffyn Plaid Ddemocrataidd Pobl Afghanistan (*PDPA: People's Democratic Party of Afghanistan*) rhag y *mujahideen*, sef mudiad gerila Mwslimaidd. Byddai'r ymosodiad yn newid y Rhyfel Oer a'r berthynas rhwng yr archbwerau yn llwyr.

Ymateb yr Arlywydd Carter

Gweithredodd yr Arlywydd Carter yn gadarn i ddelio ag ymosodiad yr Undeb Sofietaidd. Roedd hyn oherwydd ei fod eisoes dan bwysau ym mis Tachwedd 1979 ar ôl i staff llysgenhadaeth UDA gael eu cipio fel gwystlon yn Iran (gweler tudalennau 156–8). Roedd wedi methu datrys y broblem erbyn diwedd y flwyddyn, ac roedd rhai yn UDA yn ei gyhuddo o fod yn arweinydd gwan. Hefyd, roedd yn credu y byddai hyn yn gwella'r berthynas â China, a oedd hefyd yn gwrthwynebu'r ymosodiad. Felly, gweithredodd yn gadarn i ddelio ag ymosodiad yr Undeb Sofietaidd.

- Roedd Athrawiaeth Carter yn datgan y byddai UDA yn defnyddio grym milwrol pe bai angen i amddiffyn ei buddiannau cenedlaethol yn rhanbarth Gwlff Persia. Rhoddodd addewid hefyd o gymorth milwrol UDA i bob gwlad oedd yn ffinio ag Afghanistan.
- Parhawyd â'r agwedd gadarn pan ofynnodd Carter i'r Senedd oedi cyn pasio cytundeb *SALT II* (gweler tudalen 146).
- Rhoddwyd y gorau i allforio grawn i'r Undeb Sofietaidd a gwaharddwyd cwmnïau UDA rhag gwerthu nwyddau uwch dechnoleg, fel cyfrifiaduron a chyfarpar tyllu am olew.
- Rhoddodd Carter bwysau ar Bwyllgor Gemau Olympaidd yr Unol Daleithiau i foicotio Gemau Olympaidd Moskva yn 1980. Dilynodd chwe deg un o wledydd eraill esiampl Carter.

Ffynhonnell A O araith Carter ar Gyflwr yr Undeb (araith flynyddol gan yr Arlywydd i'r wlad) ar 23 Ionawr 1980

Gadewch i ni fod yn hollol glir: ystyrir unrhyw ymgais gan unrhyw rym allanol i gipio rheolaeth ar ranbarth Gwlff Persia fel ymosodiad ar fuddiannau sylfaenol UDA. Byddwn felly'n talu'n ôl am ymosodiad o'r fath drwy unrhyw ddull angenrheidiol, gan gynnwys grym milwrol.

Ffynhonnell B Map yn dangos pwysigrwydd daearyddol Afghanistan

Ffynhonnell C O erthygl papur newydd yn *Beijing People's Daily*, papur newydd Tsieineaidd, 1 Ionawr 1980. Roedd yn trafod ymosodiad yr Undeb Sofietaidd ar Afghanistan

Yr ymosodiad yw'r cam cyntaf wrth wthio ymlaen tua'r de, tuag at Pakistan ac India. Ni fydd heddwch yn Ne Asia tra bod milwyr Sofietaidd yn meddiannu'r Afghanistan strategol.

Reagan a'r 'Ail Ryfel Oer'

Ar ôl trechu Carter yn etholiad arlywyddol 1980, credai Ronald Reagan fod angen agwedd llawer caletach tuag at yr Undeb Sofietaidd nag agwedd Carter. Dywedodd yn glir nad oedd ganddo unrhyw ddiddordeb mewn *détente* a'i fod yn barod i herio'r UGSS ar bob cyfle. Mewn araith i Dŷ'r Cyffredin yn Llundain ar 8 Mehefin 1982, galwodd Reagan yr UGSS yn 'ymerodraeth ddieflig'. Roedd yn benderfynol o ennill y Rhyfel Oer a chredai y gellid gorfodi'r UGSS i ddiarfogi drwy ei fenter newydd: *SDI* (*Strategic Defence Initiative*/Menter Amddiffyn Strategol).

SDI

Aeth y Fenter Amddiffyn Strategol (*SDI*), neu '*Star Wars*', â'r ras arfau niwclear gam ymhellach. Roedd yn cynnig 'ymbarél niwclear', a fyddai'n atal bomiau niwclear Sofietaidd rhag cyrraedd tir America. Bwriad Reagan oedd lansio lloerenni gyda laserau pwerus, a fyddai'n dal taflegrau Sofietaidd yn y gofod a'u dinistrio cyn iddynt allu gwneud unrhyw niwed i UDA. Credai y byddai technoleg '*Star Wars*' yn gwneud taflegrau niwclear Sofietaidd yn ddiwerth ac yn gorfodi'r UGSS i ddiarfogi.

Bu'r *SDI* yn drobwynt yn y ras arfau. Yn ystod *détente*, roedd yr archbwerau yn gyfartal ac wedi cydweithio i gyfyngu ar dwf arfau niwclear. Roedd yr *SDI* yn troi cefn yn llwyr ar y polisi hwn. Roedd arweinwyr Sofietaidd yn gwybod na allent gystadlu â chynllun '*Star Wars*' Reagan. Nid oedd eu datblygiadau ym maes technoleg gyfrifiadurol a'r gofod cystal ag UDA ac nid oedd economi'r Undeb Sofietaidd yn cynhyrchu digon o gyfoeth i allu ariannu mwy o wariant ar amddiffyn.

Ffynhonnell CH O gynhadledd gyntaf yr Arlywydd Reagan i'r wasg yn y Tŷ Gwyn, 31 Ionawr 1981

Hyd yma, mae détente wedi bod yn unochrog gyda'r Undeb Sofietaidd yn ei ddefnyddio at ei ddibenion ei hun. Nid wyf yn gwybod am unrhyw arweinydd Sofietaidd sydd heb ailadrodd dro ar ôl tro yn y gyngres gomiwnyddol mai eu nod yw hyrwyddo chwyldro byd-eang a gwladwriaeth gomiwnyddol fyd-eang.

Ffynhonnell D Dau sylw am y Rhyfel Oer a chomiwnyddiaeth a wnaeth yr Arlywydd Reagan yn ystod ei arlywyddiaeth gyntaf

Dyma fy strategaeth ar y Rhyfel Oer. Ni fydd yn ennill, nhw fydd yn colli.

Mae comiwnyddiaeth yn gweithio yn y nefoedd yn unig, lle nad oes ei angen, ac yn uffern, lle mae'n bodoli eisoes.

Erbyn yr 1980au cynnar, roedd cysylltiadau rhwng y ddau archbŵer wedi dirywio i'r fath raddau nes bod y cyfnod hwn yn cael ei ddisgrifio'n aml fel dechrau'r ail Ryfel Oer.

TASGAU

1. Eglurwch pam yr oedd yr Arlywyddion Carter a Reagan wedi mabwysiadu agwedd galed tuag at yr UGSS. Efallai y byddwch eisiau defnyddio Ffynhonnell A (tudalen 149) a Ffynhonnell CH (chwith) er gwybodaeth.
2. Astudiwch Ffynhonnell C. Beth sydd i'w ddysgu am ymateb China i ymosodiad y Sofietiaid?
3. Disgrifiwch y Fenter Amddiffyn Strategol (*SDI*). (Am arweiniad ar sut i ateb y math hwn o gwestiwn, edrychwch ar dudalennau 160–1.)
4. Defnyddiwch Ffynhonnell A (tudalen 149) a Ffynhonnell D (uchod) a'ch gwybodaeth eich hun i egluro pam y newidiodd y berthynas rhwng UDA a'r UGSS rhwng 1972 ac 1984. (Am arweiniad ar sut i ateb y math hwn o gwestiwn, edrychwch ar dudalennau 126–8.)

Sut y newidiodd y Rhyfel Oer o dan Reagan a Gorbachev?

Newidiodd y berthynas rhwng UDA a'r Undeb Sofietaidd eto yng nghanol yr 1980au oherwydd polisïau newydd Gorbachev a'i berthynas â Reagan.

Polisïau newydd Gorbachev

Mikhail Gorbachev oedd arweinydd olaf yr UGSS. Bu'n gwasanaethu fel yr Ysgrifennydd Cyffredinol o 1985 tan gwymp yr Undeb Sofietaidd yn 1991. Yn ystod y cyfnod gwelwyd diwedd y Rhyfel Oer, cwymp **Mur Berlin** a diwedd comiwnyddiaeth yn yr UGSS. Roedd Gorbachev yn cydnabod bod comiwnyddiaeth yn yr UGSS yn wynebu sawl problem. Er enghraifft, nid oedd yr economi hanner mor effeithlon ag economi America. Tra bo'r mwyafrif o Americanwyr yn yr 1980au yn mwynhau safon byw uchel, roedd prinder ym mywyd pob dydd pobl yr Undeb Sofietaidd. Felly, roedd llawer o Sofietiaid wedi colli ffydd mewn comiwnyddiaeth.

Cyflwynodd Gorbachev dair strategaeth bwysig a newidiodd y berthynas â'r Gorllewin, yn enwedig UDA, yn sylweddol.

- Cyflwynodd ddiwygiadau sylweddol i'r Blaid Gomiwnyddol a'r system Sofietaidd yn yr UGSS. Roedd y rhain yn cynnwys *perestroika* (ailstrwythuro) a oedd yn golygu gwelliannau economaidd oedd â'r nod o wneud yr economi Sofietaidd yn fwy effeithlon, a *glasnost* (trafodaeth agored) lle cafodd rheolau sensoriaeth y wasg eu llacio.
- Gorffennodd y ras arfau gydag UDA a llofnododd gytundebau amrywiol i leihau arfau.
- Rhoddwyd y gorau i ymyrraeth y Sofietiaid yng ngwladwriaethau dibynnol dwyrain Ewrop fel Gwlad Pwyl a Tsiecoslofacia.

Ffynhonnell A O erthygl yn y *Sunday Times*, 27 Rhagfyr 1987, yn trafod yr effaith a gafodd Gorbachev ar yr Undeb Sofietaidd a'r byd

Mae'r Undeb Sofietaidd yn wahanol, ac i Gorbachev y mae'r diolch am hynny. Yn y byd y tu hwnt i'r Undeb Sofietaidd, ef sydd wedi sbarduno newid. Gartref mae'r newidiadau'n anhygoel. O gymharu â dim ond blwyddyn yn ôl, gall dinasyddion Sofietaidd yn awr feddwl yn fwy rhydd heb ofni dial. Mae mwy ohonynt yn cael ymfudo. Nid yw gwylio a darllen dramâu, ffilmiau a nofelau penodol a oedd wedi'u gwahardd yn y gorffennol yn cael ei ystyried yn beryglus nawr. Fodd bynnag, mae gwaharddiad ar rai gorsafoedd tramor o hyd ac mae carcharorion gwleidyddol yn bodoli o hyd.

Yn y lle cyntaf, roedd ymateb Reagan i ddiwygiadau Gorbachev yn negyddol. Mewn gwirionedd, gwnaeth ddiwygiadau Gorbachev yn llawer anoddach drwy ddweud yn ei areithiau y dylai'r Ysgrifennydd Cyffredinol 'ddymchwel y mur'. Fodd bynnag, yn y pen draw daeth Reagan i gefnogi'r diwygiadau ond gwrthododd 'wobrwyo' Gorbachev gyda chonsesiynau economaidd, gan ei fod yn credu y gallai'r rhain annog yr Undeb Sofietaidd i adfywio.

Roedd Gorbachev eisiau cynnal rôl yr Undeb Sofietaidd fel un o'r archbwerau. Gwyddai y byddai'n rhaid iddo ennill cefnogaeth pobl yr Undeb Sofietaidd a dangos i'r byd na fyddai'n bygwth heddwch byd. Roedd yn rhaid iddo fod yn bopeth i bawb. Tybiodd y byddai *perestroika* a *glasnost* yn cryfhau pŵer y Blaid Gomiwnyddol Sofietaidd. Fodd bynnag, roedd *glasnost* yn gleddyf dau ben i Gorbachev. Po fwyaf o ryddid yr enillai pobl, y mwyaf o ryddid yr oeddent yn ei fynnu a dechreuodd pobl feirniadu Gorbachev – gan ei gwneud yn anoddach i gadw'r Blaid Gomiwnyddol mewn grym.

Roedd yr economi wedi'i niweidio gan y ras arfau, y ras ofod, y rhyfel yn Afghanistan ac, uwchlaw popeth arall, gan system nad oedd yn annog cymhelliant. Arweiniodd *perestroika* at rai newidiadau sylweddol, a chyflwynwyd agweddau penodol ar economi rydd. Fodd bynnag, nid oedd y rhain yn ddigon cyflym i fodloni llawer o bobl yr Undeb Sofietaidd nac i wneud llawer o wahaniaeth i'w safon byw.

Diwedd y ras arfau

Ailddechreuwyd y trafodaethau ar gyfyngu arfau ar ôl iddi ddod yn glir bod Gorbachev yn awyddus i newid y berthynas â'r Gorllewin. Cynhaliwyd uwchgynhadledd rhwng Gorbachev a Reagan yn Genefa am ddau ddiwrnod ym mis Tachwedd 1985. Er na phenderfynwyd ar ddim, sefydlwyd Cydsyniad

Genefa a oedd yn ymrwymo'r ddwy wlad i gyflymu eu trafodaethau ar arfau. Rhoddodd y ddau arweinydd addewid i gyfarfod yn y dyfodol agos ac roedd yn glir i lawer o arsylwyr fod y ddau ddyn wedi dod ymlaen yn dda.

Er na chafwyd cytundeb ar gyfyngu ar arfau yn yr ail uwchgynhadledd yn Reykjavík yn 1986, bu'r trydydd uwchgynhadledd yn Washington ym mis Rhagfyr 1987 yn fwy llwyddiannus a llofnodwyd y Cytundeb Grymoedd Niwclear Canolradd (*INF: Intermediate Nuclear Forces Treaty*). Roedd y cytundeb yn dileu taflegrau *Cruise* a thaflegrau balistig confensiynol a niwclear a oedd yn cael eu lansio o'r ddaear gyda phellter o 500–5500 cilometr (300–3400 milltir). Erbyn dyddiad terfynol y cytundeb, sef 1 Mehefin 1991, roedd cyfanswm o 2692 o arfau o'r fath wedi'u dinistrio; 846 gan UDA ac 1846 gan yr Undeb Sofietaidd. Hefyd, caniatawyd i'r ddwy wlad archwilio canolfannau milwrol ei gilydd o dan y cytundeb.

Roedd y Cytundeb *INF* yn bwysig oherwydd mai dyma oedd y cytundeb cyntaf i leihau nifer y taflegrau niwclear a oedd gan yr archbwerau. Felly, roedd yn mynd llawer ymhellach na *SALT I*, a oedd ond yn cyfyngu ar dwf arfau niwclear yr Undeb Sofietaidd ac UDA.

Ffynhonnell B O *Memoirs of Mikhail Gorbachev*, a ysgrifennwyd yn 1995. Yma, roedd yn trafod pam yr oedd yr Undeb Sofietaidd eisiau gwella'r berthynas ag UDA

Sylweddolais ei bod yn hollbwysig cywiro syniadau anghywir yr Undeb Sofietaidd am wledydd eraill. Roedd y camargraffiadau hyn wedi gwneud i ni wrthwynebu gweddill y byd am lawer o ddegawdau. Roeddem wedi deall nad oedd modd i unrhyw gymdeithas wneud unrhyw gynnydd mewn byd o gyd-ddibyniaeth, os oedd y gymdeithas honno wedi'i hynysu oddi wrth y byd gan ffiniau taleithiol anhreiddiadwy a rhwystrau ideolegol. Roeddem yn gwybod mewn oes niwclear na allem adeiladu system ddiogelwch ddiogel ar sail dulliau milwrol yn unig. Roedd hyn wedi ein hannog ni i gynnig syniad cwbl newydd o ddiogelwch byd-eang, a allai gynnwys pob agwedd ar gysylltiadau rhyngwladol.

Ffynhonnell C Ffotograff o'r Arlywydd Reagan (canol) a'r Ysgrifennydd Cyffredinol Gorbachev (chwith) yn llofnodi'r Cytundeb *INF* yn y Tŷ Gwyn ar 8 Rhagfyr 1987

Ffynhonnell CH Raisa Gorbachev a Nancy Reagan yn y Tŷ Gwyn, Washington DC

Ar ôl llofnodi'r Cytundeb *INF*, cynhaliwyd yr uwchgynhadledd derfynol ym Moskva ym mis Mai 1988. Roedd llawer o'r Gorllewin wedi'i hudo gan yr hyn a alwyd yn 'Gorbymania'. Roedd poblogrwydd Gorbachev i'w gymharu â sêr y byd canu pop. Hefyd, roedd yn amlwg bod gwragedd Gorbachev a Reagan wedi cyfrannu at wthio'r ddau arweinydd at ei gilydd.

Yn uwchgynhadledd Moskva cynhaliwyd mwy o drafodaethau am reoli arfau. Arweiniodd yr uwchgynhadledd at y Cytundeb Lluoedd Confensiynol yn Ewrop (*CFE: Conventional Forces in Europe Treaty*) a lofnodwyd gan *NATO* a chynrychiolwyr Cytundeb Warszawa (Warsaw) ym mis Tachwedd 1990. Cytunodd y gwledydd a lofnododd y cytundeb i leihau nifer eu tanciau, taflegrau ac awyrennau.

Parhaodd perthynas dda rhwng UDA a'r Undeb Sofietaidd. Cyhoeddodd George Bush yr hynaf, Arlywydd newydd UDA, a Gorbachev, fod y Rhyfel Oer wedi dod i ben mewn uwchgynhadledd ym Malta yn 1989. Pan ymosododd Saddam Hussein ar Kuwait yn 1990 (gweler tudalen 158), cydweithiodd y ddau archbŵer yn agos a dilyn cyfarwyddiadau'r Cenhedloedd Unedig. Fodd bynnag, ni wnaeth Gorbachev ymrwymo unrhyw filwyr i Fyddin y Cynghreiriaid pan ymosodwyd ar Iraq.

Yn uwchgynhadledd Washington rhwng 31 Mai a 3 Mehefin 1990, trafododd Bush a Gorbachev y Cyfyngu ar Arfau Strategol (*START*) gan lofnodi'r Cytundeb yn y pen draw i Ostwng a Chyfyngu ar Arfau Strategol (*START I*), ar 31 Gorffennaf 1991. Galwodd ar y ddwy ochr i leihau eu harfau niwclear strategol dros y saith mlynedd nesaf. Roedd hyn yn golygu lleihau 25 i 35 y cant o'u holl bennau ffrwydrol strategol. Llofnododd Bush a Gorbachev y cytundeb gydag ysgrifbinnau a oedd wedi'u gwneud o hen daflegrau.

TASGAU

1. Disgrifiwch bolisïau newydd Gorbachev yn yr Undeb Sofietaidd. (Am arweiniad ar sut i ateb y math hwn o gwestiwn, edrychwch ar dudalennau 160–1.)
2. Beth allwch chi ei ddysgu o Ffynhonnell A (tudalen 151) am effaith polisïau Gorbachev?
3. Dyfeisiwch bennawd addas ar gyfer Ffynhonnell A (tudalen 151).
4. Defnyddiwch Ffynonellau B ac C ar dudalen 152 a'ch gwybodaeth eich hun i egluro pam y newidiodd cysylltiadau rhwng UDA a'r UGSS rhwng 1985 ac 1990. (Am arweiniad ar sut i ateb y math hwn o gwestiwn, edrychwch ar dudalennau 126–8.)
5. Beth y mae Ffynhonnell CH yn ei ddangos i chi am y berthynas rhwng UDA a'r UGSS yn yr 1980au hwyr? (Am arweiniad ar sut i ateb y math hwn o gwestiwn, edrychwch ar dudalen 144.)
6. Lluniwch linell amser i ddangos y datblygiadau allweddol yn y berthynas rhwng UDA a'r Undeb Sofietaidd rhwng 1985 ac 1990. Dylech gynnwys yr uwchgynadleddau a'r cytundebau diarfogi ar eich llinell amser. Rhowch ddatblygiadau cadarnhaol uwchben y llinell a datblygiadau negyddol o dan y llinell. Eglurwch pam yr oeddent yn ddatblygiad cadarnhaol neu negyddol.

Pam y daeth y Rhyfel Oer i ben?

Yng Nghynhadledd Malta yn 1989, cyhoeddodd George Bush yr hynaf, Arlywydd UDA, bod y Rhyfel Oer wedi dod i ben. Fodd bynnag, ni wnaeth yr elyniaeth rhwng yr archbwerau orffen mewn gwirionedd tan 1991 gyda diwedd rheolaeth gomiwnyddol yn Nwyrain Ewrop a chwymp yr Undeb Sofietaidd.

Newidiadau yn Nwyrain Ewrop

Ym mis Rhagfyr 1988, tynnodd Gorbachev y milwyr Sofietaidd yn ôl o Ddwyrain Ewrop i arbed arian. Yn y flwyddyn ganlynol cyhoeddodd yr hyn a alwyd yn Athrawiaeth Sinatra – y gallai aelodau **Cytundeb**

Map yn dangos cwymp yr Ymerodraeth Sofietaidd, 1988–91

Warszawa (Warsaw) wneud newidiadau i'w gwledydd heb ddisgwyl ymyrraeth allanol. Yr oedd yn gobeithio cryfhau comiwnyddiaeth yn Nwyrain Ewrop, ond y cwbl a wnaeth oedd ei gwanhau. Unwaith y cydiodd y diwygiadau yn y gwledydd hyn, nid oedd modd eu hatal.

Cwymp Mur Berlin

Mae'r digwyddiad hwn wedi dod yn symbol o ddiwedd y Rhyfel Oer. Fodd bynnag, nid cwymp y mur oedd diwedd y rhyfel. Ar 9 Tachwedd 1989, cyhoeddodd llywodraeth Dwyrain Ewrop fod croesfannau'r ffin i Orllewin yr Almaen ar agor. Aeth pobl ati i ddatgymalu Mur Berlin. O fewn ychydig ddyddiau, roedd dros 1 miliwn o bobl wedi achub ar y cyfle i weld eu perthnasau a phrofi bywyd yng Ngorllewin yr Almaen. Ailunwyd Gorllewin a Dwyrain yr Almaen yn ffurfiol ym mis Hydref 1990.

Roedd tensiwn y byd fel petai'n lleihau'n ddyddiol a phŵer yr Undeb Sofietaidd i'w weld yn diflannu'n gyflym iawn. Ymunodd yr Almaen newydd â *NATO* ac, yn 1991, diddymwyd Cytundeb Warszawa.

Cwymp yr Undeb Sofietaidd

Cafodd y digwyddiadau yn Nwyrain Ewrop effaith drychinebus ar yr Undeb Sofietaidd. Roedd y gwahanol genhedloedd a grwpiau ethnig wedi gweld sut yr oedd y gwledydd dibynnol wedi llwyddo i dorri'n rhydd oddi wrth Moskva. Yn 1990, aeth tair o wledydd y Môr Baltig – Estonia, Latvia a Lithuania – ati i gyhoeddi eu hannibyniaeth, a derbyniodd Moskva'r sefyllfa yn 1991. Arweiniodd hyn at geisiadau eraill am annibyniaeth o fewn yr Undeb Sofietaidd.

Gwelodd Gorbachev fod y rhan fwyaf o garfanau'r gymdeithas Sofietaidd yn ei wrthwynebu. Ym mis Awst 1991, ceisiwyd ei ddisodli gan ***coup d'etat*** ond llwyddodd Boris Yeltsin, sef Arlywydd Gweriniaeth Sosialaidd Rwsia i orchfygu'r *coup*. Ailbenodwyd Gorbachev yn Ysgrifennydd Cyffredinol ond roedd wedi colli ei awdurdod. Ymddiswyddodd Gorbachev ym mis Rhagfyr 1991 a rhannodd yr Undeb Sofietaidd yn sawl gwladwriaeth annibynnol (gweler y map isod). Dim ond un archbŵer oedd ar ôl nawr – UDA.

Map yn dangos rhannu'r Undeb Sofietaidd yn Gymanwlad o Wladwriaethau Annibynnol

TASGAU

1 Lluniwch siart llif i ddangos sut y rhannwyd yr Undeb Sofietaidd (dechreuwch a gorffennwch fel hyn):

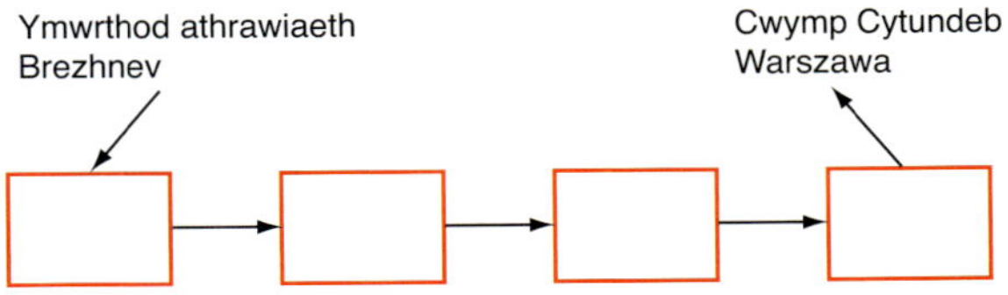

2 Pam yr oedd cwymp Mur Berlin mor bwysig?

3 Eglurwch pam y croesawodd UDA y newidiadau a ddigwyddodd yn Nwyrain Ewrop ar ôl 1988.

4 Disgrifiwch gwymp yr Undeb Sofietaidd. (Am arweiniad ar sut i ateb y math hwn o gwestiwn, edrychwch ar dudalennau 160–1.)

5 A oedd arweinyddiaeth Gorbachev yn drobwynt yn y Rhyfel Oer? (Am arweiniad ar sut i ateb y math hwn o gwestiwn, edrychwch ar dudalennau 75–6.)

Beth oedd prif nodweddion rôl UDA yn Iran, Iraq a Rhyfel y Gwlff?

Bu UDA yn ymwneud fwyfwy â'r Dwyrain Canol yn chwarter olaf yr ugeinfed ganrif, yn enwedig yn Iran ac Iraq.

Map o'r Dwyrain Canol yn dangos y prif ardaloedd cynhyrchu olew

Iran

Cynghreiriaid agosaf America yn ardal Gwlff Persia oedd Mohammed Reza Pahlavi, sef Shah Iran. Am 25 mlynedd roedd y Shah wedi ceisio moderneiddio Iran drwy ddatblygiadau diwydiannol cyflym a thrwy sicrhau rhyddid i fenywod. Fodd bynnag, oherwydd ei foderneiddio a'i lywodraethu cynyddol ormesol fe'i gorfodwyd i ymddiorseddu ym mis Ionawr 1979. O ganlyniad, aeth y rhanbarth cyfan yn ansefydlog.

- Roedd gan UDA fuddiannau olew hollbwysig yn ardal y Gwlff ac yn Iran yn arbennig.
- Yn ystod y cyfnod hwn cynyddodd ffwndamentaliaeth grefyddol yn y rhanbarth a oedd yn mynnu rhoi diwedd ar imperialaeth Orllewinol (yn enwedig Americanaidd) ac roedd hyn yn fygythiad difrifol i fuddiannau olew UDA yn y Dwyrain Canol.
- Roedd Iran nawr yn cael ei rheoli gan Ayatollah Ruhollah Khomeini, arweinydd crefyddol **ffwndamentalaidd**. Yn ei farn ef, UDA oedd y 'Diafol Mawr' ac aeth ati i gyhoeddi Iran yn weriniaeth Islamaidd a oedd yn benderfynol o ddinistrio pob dylanwad gorllewinol.

Gwystlon Iran

Ar 4 Tachwedd 1979, meddiannodd myfyrwyr **milwriaethus** o Iran Lysgenhadaeth UDA yn Tehran. Cymerwyd chwe deg chwech o Americanwyr, gan gynnwys diplomyddion a'u gwarchodwyr, yn wystlon. Yn gyfnewid am ryddhau'r gwystlon, gofynnodd yr Ayatollah Khomeini i'r Unol Daleithiau gytuno i **estraddodi**'r cyn Shah a oedd yn derbyn triniaeth feddygol yn Efrog Newydd. Parhaodd yr argyfwng am fwy na blwyddyn:

- Gwrthododd llywodraeth UDA drosglwyddo'r Shah a gwaharddwyd mewnforio olew o Iran. Dywedodd Carter y byddai'n defnyddio grym milwrol yn Iran pe na bai'r gwystlon yn cael eu rhyddhau.
- Gwrthododd yr Ayatollah symud a dywedodd y byddai'n rhoi rhai o'r gwystlon ar brawf ar gyhuddiad o ysbïo ar Iran ar gyfer UDA.
- Ym mis Ebrill 1980, mewn cyrch i achub y gwystlon gan fyddinoedd UDA yn niffeithwch Iran, bu gwrthdrawiad rhwng hofrennydd ac awyren danwydd mewn man ymgynnull. Lladdwyd wyth milwr a daeth yr ymgyrch i ben.
- Gwnaeth hyn Carter yn fwy amhoblogaidd byth oherwydd ei fethiant i ryddhau'r gwystlon a'r ymgais achub aflwyddiannus.

Ffynhonnell A O gyfweliad yn 2004 gydag Ebrahim Asgharzadeh, un o drefnwyr y cynllun i gipio Llysgenhadaeth UDA yn Tehran, 4 Tachwedd 1979

Nid oeddem wedi pwyso a mesur holl agweddau'r camau hyn, na'u goblygiadau. Ein hunig fwriad oedd i'r byd glywed ein protest. Ein hunig bryder oedd y byddai arweinydd y Chwyldro yn gwrthwynebu'r camau, ond pan feddiannwyd y llysgenhadaeth, newidiodd popeth o fewn ychydig oriau. Roedd yr arweinydd yn ein cefnogi a daeth sawl grŵp o bobl i'r llysgenhadaeth i ddangos eu cefnogaeth, gan achosi i ni golli pob rheolaeth ar yr hyn a ddigwyddodd wedyn.

Nid oedd gennym unrhyw ddewis ond aros yn y llysgenhadaeth a gofalu am ei staff.

Ffynhonnell B Myfyrwyr o Iran yn ymgynnull y tu allan i Lysgenhadaeth UDA yn Tehran

Ailddechreuwyd ar y trafodaethau i ryddhau'r gwystlon ar ôl marwolaeth y Shah ym mis Gorffennaf 1980. Ar 20 Ionawr 1981, ugain munud ar ôl i Reagan dynnu llw fel Arlywydd, rhyddhawyd 52 o wystlon Americanaidd gan Iran i ofal UDA, ar ôl treulio 444 diwrnod mewn caethiwed.

TASGAU

1. Beth y mae Ffynhonnell B yn ei ddangos i chi am gipio Llysgenhadaeth UDA yn Tehran yn 1979? (Am arweiniad ar sut i ateb y math hwn o gwestiwn, edrychwch ar dudalen 144.)
2. Gan weithio mewn parau, lluniwch ddau bennawd gwahanol ar gyfer Ffynhonnell B:
   - un ar gyfer papur newydd UDA
   - a'r llall ar gyfer papur newydd yn Iran.
3. Defnyddiwch Ffyonellau A a B a'ch gwybodaeth eich hun i egluro pam y newidiodd y berthynas rhwng UDA ac Iran ar ôl 1979. (Am arweiniad ar sut i ateb y math hwn o gwestiwn, edrychwch ar dudalennau 126–8.)

Rhyfel y Gwlff, 1990–91

Ar 2 Awst 1990, rhoddodd Saddam Hussein, arweinydd Iraq, orchymyn i ymosod ar Kuwait, un o brif wledydd cynhyrchu olew y Dwyrain Canol. O fewn 24 awr, roedd y wlad dan reolaeth Iraq. Aeth Saddam i mewn i Kuwait am sawl rheswm:

- Oherwydd dyledion yn sgil rhyfel Iraq gydag Iran, roedd Kuwait yn wobr gyfoethog i Saddam.
- Honnodd Saddam fod Kuwait yn hanesyddol yn rhan o Iraq, er bod Kuwait wedi bodoli fel tiriogaeth ar wahân er 1899.
- Nid oedd Saddam yn disgwyl i UDA ddefnyddio ei phŵer milwrol i gefnogi Kuwait. Wedi'r cwbl, roedd UDA wedi cefnogi Saddam drwy gydol y rhyfel yn erbyn Iran. Credai fod UDA yn ei werthfawrogi fel dylanwad sefydlog yn y rhanbarth ac yn Iraq ei hun. Nid oeddent wedi gweithredu yn ei erbyn ar ôl iddo drechu gwrthryfel y **Cwrdiaid** yng ngogledd Iraq yn 1988.

Aeth Arlywydd Bush yr hynaf ati i bwyso am gamau i symud yr Iraciaid o Kuwait. Defnyddiodd y ddadl ei bod yn weithred amlwg o ormes yn erbyn gwlad gyfagos lai. Mewn gwirionedd, roedd Bush eisiau amddiffyn buddiannau economaidd UDA yn yr ardal, yn enwedig buddiannau olew.

Ffynhonnell C O araith George Bush yr hynaf i'r Gyngres, 11 Medi 1990

Felly heno, yr wyf eisiau siarad gyda chi am yr hyn sydd yn y fantol – yr hyn sy'n rhaid i ni ei wneud gyda'n gilydd i amddiffyn gwerthoedd gwâr (civilized values) o amgylch y byd a chynnal ein cryfder economaidd gartref.

Mae ein hamcanion yng Ngwlff Persia yn glir, mae ein nodau wedi'u diffinio ac yn gyfarwydd: mae'n rhaid i Iraq adael Kuwait yn gyfan gwbl, ar unwaith ac yn ddiamod. [Cymeradwyaeth.] Mae'n rhaid adfer llywodraeth gyfreithlon Kuwait. Mae'n rhaid sicrhau diogelwch a sefydlogrwydd Gwlff Persia. Ac mae'n rhaid amddiffyn Americanwyr dramor. [Cymeradwyaeth.]

Rhoddwyd sancsiynau llym ar Iraq gan y Cenhedloedd Unedig ac yna anfonodd UDA, Prydain a gwladwriaethau eraill fyddinoedd i Saudi Arabia. Galwyd y cyrch yn *Operation Desert Shield*, a'r nod oedd amddiffyn Saudi Arabia a'i hadnoddau olew cyfoethog rhag cyrch posibl o gyfeiriad Iraq a gyrru'r Iraciaid allan o Kuwait. Ym mis Tachwedd 1990, cynyddodd UDA a'i chynghreiriaid eu byddinoedd yn sylweddol yn yr ardal.

Ffynhonnell CH Milwyr UDA yn Kuwait, 1991

Gyda tua 2,000 o awyrennau, lansiodd y Cadfridog Norman Schwartkopf, comander Americanaidd **lluoedd y Cynghreiriaid** yn y Gwlff, yr ymgyrch gydag ymosodiad o'r awyr. Lansiwyd *Operation Desert Storm*, yr ymosodiad awyr yn erbyn Iraq, ar 16 Ionawr 1991. Yn y deg awr gyntaf, lloriwyd isadeiledd milwrol Iraq a drylliwyd ei byddinoedd ar y tir gan ddefnyddio cyfuniad o awyrennau dirgel, taflegrau *Cruise*, offer rhyfel electronig ac arfau rhyfel cywrain.

Ar ôl mwy na mis o wanhau'r gelyn, lansiwyd *Operation Desert Saber*, yr ymosodiad ar y ddaear i ryddhau Kuwait, ar 23 Chwefror 1991. Erbyn 27 Chwefror, roedd Dinas Kuwait wedi'i chipio gan fyddin y cynghreiriaid a'r diwrnod canlynol gorchmynodd UDA gadoediad.

Canlyniadau'r rhyfel

Rhoddwyd cyfle i Saddam adael gyda llawer o'i fyddin yn ddiogel. Wrth adael, roedd milwyr Iraq ar drugaredd y Cynghreiriaid, ond galwodd Bush am gadoediad oherwydd:

- roedd yn ofni y byddai'r cynghreiriaid yn colli cefnogaeth y cenhedloedd Arabaidd eraill pe bai'r lladd yn parhau
- roedd llawer y tu allan i Iraq yn disgwyl y byddai Saddam Hussein yn cael ei ddymchwel yn fuan ar ôl y fath fethiant.

Pan orffennodd Rhyfel y Gwlff gyda Saddam wedi'i drechu, roedd Bush wedi ennill enw da iddo'i hun. Fodd bynnag, gydag amser, fe'i beirniadwyd fwyfwy am beidio â manteisio ar ei gyfle ac am adael i Saddam, a'i ddulliau creulon, oroesi a pharhau mewn grym. Nid yn unig bod Saddam wedi goroesi ond roedd ganddo ddigon o filwyr, tanciau ac awyrennau i roi terfyn ar wrthryfeloedd gan Fwslimiaid Shia yn y de a'r Cwrdiaid yn y gogledd, a hynny mewn modd creulon.

Datblygiadau yn y polisi tramor – casgliad

Gwelwyd newidiadau sylweddol ym mholisi tramor America yn ugain mlynedd olaf yr ugeinfed ganrif. Ar ôl *détente* dan Carter cafwyd yr 'ail Ryfel Oer' dan Reagan. Fodd bynnag, arweiniodd diwygiadau Gorbachev at ddiwedd y Rhyfel Oer. Dechreuodd UDA ymwneud fwyfwy â'r Dwyrain Canol gyda dyfodiad ffwndamentaliaeth Islamaidd yn Iran ac uchelgeisiau Saddam Hussein, unben Iraq.

TASGAU

4 Eglurwch pam y newidiodd y berthynas rhwng UDA ac Iraq rhwng 1980 ac 1991. (Efallai y byddwch eisiau defnyddio Ffynhonnell C er gwybodaeth.)

5 Beth y mae Ffynhonnell CH yn ei ddangos i chi am bolisi tramor UDA yn y Dwyrain Canol? (Am arweiniad ar sut i ateb y math hwn o gwestiwn, edrychwch ar dudalen 144.)

6 Lluniwch fap meddwl i grynhoi prif nodweddion Rhyfel y Gwlff cyntaf. Dylai eich map meddwl gynnwys rhesymau dros ymosodiad Saddam ar Kuwait, ymateb UDA a'r byd, gorchfygiad Iraq a chanlyniadau'r rhyfel.

7 Beth oedd y ffactorau pwysicaf a newidiodd rôl UDA ym materion y byd yn y blynyddoedd 1979–2000? Efallai y byddwch eisiau trafod y canlynol yn eich ateb:

- Reagan a Gorbachev
- diwedd y Rhyfel Oer
- gwystlon Iran
- Rhyfel y Gwlff cyntaf

ac unrhyw ffactorau perthnasol eraill.

(Am arweiniad ar sut i ateb y math hwn o gwestiwn, edrychwch ar dudalennau 108–10.)

Arweiniad ar arholiadau

Mae'r adran hon yn rhoi arweiniad ar sut i ateb cwestiynau 1(b), 2(b) a 3(b) o Uned 3. Mae'n gwestiwn **disgrifio** sy'n werth 4 marc.

Cwestiynau 1(b), 2(b), 3(b) – deall nodwedd allweddol drwy ddethol gwybodaeth briodol

Disgrifiwch sut y newidiodd perthynas America â'r UGSS a China yn ystod y 1970au.

Cyngor ar sut i ateb

- Dylech sicrhau eich bod yn cynnwys gwybodaeth sy'n **uniongyrchol berthnasol** yn unig.
- Nodwch eich syniadau cychwynnol, gan **lunio rhestr gryno** o'r pwyntiau yr ydych yn bwriadu eu cynnwys.
- Ar ôl gorffen eich rhestr, dylech geisio rhoi'r pwyntiau mewn **trefn gronolegol** drwy eu rhifo.
- Mae'n syniad da **defnyddio geiriau'r cwestiwn** i ddechrau eich ateb. Er enghraifft: 'Gwellodd y berthynas rhwng China a'r UGSS ag America ...'.
- Dylech geisio cynnwys **manylion ffeithiol penodol** fel dyddiadau, digwyddiadau, enwau pobl allweddol, polisïau pwysig. I ennill marciau uchel, mae angen cynnwys cymaint o wybodaeth ag y gallwch.
- Dylech ysgrifennu **paragraff llawn**.

Ymateb Ymgeisydd A

Gwellodd perthynas America â China a'r UGSS yn ystod y 1970au a daeth y gwledydd yn fwy cyfeillgar. Bu arlywydd UDA yn ymweld ag arweinwyr China a'r UGSS. Llofnodwyd cytundebau ac arweiniodd hyn at wella'r berthynas. Hefyd, ceisiodd y gwledydd ostwng nifer eu harfau.

Sylw'r arholwr

Mae'r ymgeisydd yn dangos dealltwriaeth sylfaenol bod y 1970au wedi gweld cyfnod o berthynas well rhwng yr archbwerau. Cyfeirir at lofnodi cytundebau ac at ymdrechion i leihau arfau. Fodd bynnag, nid yw'r eglurhad yn cynnwys cefnogaeth ffeithiol benodol ac mae'r sylwadau'n gyffredinol iawn. Ymateb Lefel Un yw hwn sy'n haeddu dim mwy na hanner y marciau.

Ymateb Ymgeisydd B

[Nodiadau gan yr ymgeisydd: • *détente*[1] • ras arfau[4] • ymweliadau Nixon[2] • ping-pong[3] • *Salt I*[5] • *Salt II*[6] • Afghanistan[7]]

Yn ystod y 1970au dilynodd America bolisi détente, a arweiniodd at wella sefyllfa'r Rhyfel Oer. I wella cysylltiadau â China, cytunodd UDA i China gymryd sedd yn y Cenhedloedd Unedig. Dilynwyd hyn gan gysylltiadau chwaraeon a diplomyddiaeth 'ping-pong'. Yn 1972, teithiodd yr Arlywydd Nixon i Peking i gyfarfod â'r Cadeirydd Mao. Arweiniodd hyn at well cysylltiadau masnachol rhwng y ddwy wlad.

Hefyd, ceisiodd America wella'r berthynas â'r UGSS. Yn 1972, teithiodd Nixon i Moskva am drafodaethau gyda Brezhnev, arweinydd yr Undeb Sofietaidd. Arweiniodd hyn at lofnodi cytundeb SALT I yn 1972 a oedd yn cyfyngu ar nifer y taflegrau rhyng-gyfandirol a thaflegrau gwrth-falistig a oedd gan y ddwy wlad. Hefyd, llofnododd UDA a'r UGSS Gytundeb Helsinki yn 1975 a dechreuwyd trafodaethau ar gyfer cytundeb SALT II. Fodd bynnag, daeth y cyfeillgarwch i ben pan ymosododd yr UGSS ar Afghanistan yn 1979.

Sylw'r arholwr

Yn wahanol i Ymgeisydd A, dyma ddisgrifiad manwl a chywir o'r berthynas well rhwng yr archbwerau yn y 1970au. Mae'r ymgeisydd wedi nodi ffeithiau penodol ar ffurf pwyntiau bwled sy'n helpu strwythur a manylder yr ateb terfynol. Mae ymgais glir i ddangos sut y llwyddodd ymdrechion Nixon i wella'r berthynas â China, a hefyd gyda'r UGSS. Defnyddir terminoleg benodol fel *détente*, *Salt*, Helsinki a diplomyddiaeth ping-pong. Mae'r ateb yn gorffen drwy ddangos sut y daeth yr ymdrechion i leihau arfau i ben yn sydyn yn dilyn digwyddiadau 1979. Mae gan yr ymgeisydd ddealltwriaeth ddigon dwfn o'r pwnc ac mae'r manylion ffeithiol ategol yn haeddu'r marciau uchaf (4).

Rhowch gynnig arni:

Disgrifiwch bolisi tramor America yn ystod yr 1980au a'r 1990au. (4 marc)

GEIRFA

Actorion arddull Yr enw a roddwyd ar fath o actorion ffilm a oedd yn ceisio meddwl yn union fel y cymeriad yr oeddent yn ei bortreadu

Adran Wladol Yr adran ffederal yn yr Unol Daleithiau sy'n gosod a rheoli polisïau tramor

Ail ffrynt Pan gafwyd ymosodiad gan Brydain ac UDA ar dir mawr Ewrop yn ystod yr Ail Ryfel Byd i ysgafnhau'r pwysau ar yr Undeb Sofietaidd

Araith Cyflwr yr Undeb Araith flynyddol a gyflwynir gan Arlywydd yr Unol Daleithiau i Gyngres yr Unol Daleithiau

Archbŵer Term a ddefnyddir ar gyfer y ddwy wlad fwyaf pwerus yn y byd ar ôl 1945 – UDA a'r UGSS

Arfau rhyfel Arfau a ddefnyddir mewn rhyfel

'Ar wahân ond cyfartal' Dyma'r cyfiawnhad cyfreithiol yn UDA dros arwahanu, yn enwedig ym myd addysg

Arwahanu (*Segregation*) Gorfodi grwpiau o wahanol hil o fewn cymunedau i fod ar wahân

Asiantaethau cymorth Mudiadau a sefydlwyd i gynorthwyo pobl dlawd a di-waith. Fe'i cysylltir yn fwy cyffredinol â'r Fargen Newydd, er i Herbert Hoover sefydlu rhai ohonynt

Baby boom Cynnydd nodedig dros dro yn y gyfradd enedigaethau

Bargen Newydd Yr enw a roddwyd ar bolisïau'r Arlywydd Franklin Roosevelt i ymdrin ag effeithiau'r Dirwasgiad Mawr

Beatniks Aelodau'r Genhedlaeth 'Beat'

Bondiau Tystysgrif a gynhyrchwyd gan y llywodraeth yn addo ad-dalu arian benthyg

Brains Trust Caiff hefyd ei alw'n *brain trust*. Dechreuodd hyn fel term am grŵp o ymgynghorwyr a oedd yn agos at ymgeisydd neu weinidog gwleidyddol, ac a oedd yn cael eu parchu am eu harbenigedd mewn meysydd penodol. Cysylltir y term yn bennaf â grŵp o ymgynghorwyr Franklin Roosevelt yn ystod ei gyfnod fel Arlywydd. Yn fwy diweddar mae'r term yn cael ei ddefnyddio'n ehangach ar gyfer unrhyw grŵp o bobl sy'n rhoi cyngor i berson sy'n gwneud penderfyniad, mewn meysydd o bob math yn ogystal â gwleidyddiaeth

Brwydr y Bulge Y llysenw a roddwyd ar Ail Frwydr yr Ardennes, Rhagfyr 1944

Bwlch rhwng y cenedlaethau Y safbwyntiau a'r daliadau gwahanol sydd gan aelodau o ddwy genhedlaeth wahanol

Byddin Goch Yr enw a roddwyd ar luoedd arfog yr Undeb Sofietaidd

Bygythiad Coch Yr enw a roddwyd ar y cynnydd mewn ofn comiwnyddiaeth yn UDA, yn enwedig yn y blynyddoedd ar ôl yr Ail Ryfel Byd

Cenhedloedd Unedig Mudiad rhyngwladol a sefydlwyd ar ôl yr Ail Ryfel Byd i geisio atal rhyfeloedd a chynorthwyo gwledydd difreintiedig

Comiwnyddiaeth Damcaniaeth wleidyddol sy'n argymell mai'r wladwriaeth ddylai fod yn berchen ar y prosesau cynhyrchu i gyd gyda phawb yn cael eu talu yn ôl eu hanghenion a'u galluoedd

Consgripsiwn Cyfraith sy'n ei gwneud yn ofynnol i bob dyn a menyw o oed penodol ymuno â'r lluoedd arfog

CORE Y Gyngres Cydraddoldeb Hiliol, a sefydlwyd yn 1942 i ymgyrchu dros hawliau sifil pobl ddu

Coridor awyr Llwybr awyr sy'n caniatáu i awyrennau hedfan

Coup d'etat Gwrthryfel neu chwyldro arfog yn erbyn llywodraeth

Cwrdiaid Grŵp sy'n siarad Iraneg sydd wedi byw'n hanesyddol yn ardaloedd mynyddig de y Cawcasws

Cwymp Wall Street Y term a ddefnyddir i ddisgrifio cwymp marchnad stoc America ym mis Hydref 1929

Cyd-fargeinio Trafodaethau rhwng gweithwyr, trwy gyfrwng arweinwyr undeb, a chyflogwyr

Cyfalafiaeth Cynhyrchu o dan berchenogaeth breifat

Cyfansoddiadol Gweithredoedd sy'n dilyn cyfundrefn gyfansoddiadol y llywodraeth

Cyfradd marwolaethau babanod Nifer y babanod sy'n marw yn eu blwyddyn gyntaf ym mhob 1000 o enedigaethau

Cyfran-gnydwr (*Sharecropper*) Gweithwyr fferm, pan mae perchennog y tir yn gadael iddynt ffermio'r tir yn gyfnewid am gyfran o gnwd a gynhyrchir ar y tir

Cyfyngiant Gweithredoedd llywodraeth UDA er mwyn atal comiwnyddiaeth rhag lledu i wledydd eraill

Cynghrair y Cenhedloedd Mudiad rhyngwladol a sefydlwyd yn 1920 i geisio cynnal heddwch byd

Cyngres Llywodraeth UDA sydd wedi'i rhannu'n ddwy ran, y Senedd a Thŷ'r Cynrychiolwyr

Cymdeithas Fawr Yr enw a roddwyd gan yr Arlywydd Johnson ar ei raglen ddiwygio yn y 1960au

Cysylltedd Yr enw a roddwyd ar ymdrechion Nixon i greu cysylltiadau rhwng polisïau tramor amrywiol, yn enwedig yn Viet Nam

Cytundeb Warszawa (Warsaw) Cynghrair filwrol a sefydlwyd yn 1955 a oedd yn cynnwys yr Undeb Sofietaidd a gwledydd Dwyrain Ewrop

Chwyldro Bolsieficaidd Y Bolsieficiaid (comiwnyddion) yn cipio pŵer yn Rwsia ym mis Hydref 1917

Dadryddfreinio Colli'r hawl i bleidleisio

Damcaniaeth y Dominos Y gred pe bai un wlad yn ildio i gomiwnyddiaeth y byddai gwledydd cyfagos yn ei dilyn yn gyflym

Deg Hollywood Yr enw a roddwyd ar ddeg o gynhyrchwyr, cyfarwyddwyr ac ysgrifenwyr ffilmiau blaenllaw a gyhuddwyd o fod yn gomiwnyddion yn 1947

Democrat Cefnogwr neu aelod o blaid wleidyddol mwy diwygiol UDA, y Blaid Ddemocrataidd

Détente Lleihau tensiwn rhwng gwledydd

Dibynfentro Y polisi o wthio sefyllfa beryglus o fewn trwch blewyn i drychineb

Dicsicratiaid Aelod o'r Blaid Ddemocrataidd a oedd yn gwrthwynebu hawliau sifil i Americanwyr du

Diddeilyddion Cemegau a chwistrellir ar blanhigion i gael gwared ar eu dail. Defnyddiodd byddin UDA y cemegau hyn i ddinistrio'r jyngls yn Ne Viet Nam yn ystod Rhyfel Viet Nam

Diffygion cyllidol Gorwario

Dirwasgiad (*Recession*) Mae hyn yn golygu bod twf economaidd yn arafu

Dirwasgiad Mawr (*Great Depression*) Y cwymp economaidd a chymdeithasol ar ôl Cwymp Wall Street yn 1929

Diwydiannwr Rhywun sy'n berchen ar fusnes ac/neu'n rhedeg busnes

Diwylliant ieuenctid Credoau, agweddau a diddordebau plant yn eu harddegau

Dyled genedlaethol Yr arian a oedd yn ddyledus gan y llywodraeth

Estraddodi Y broses swyddogol lle mae un genedl neu wlad yn ildio troseddwr dan amheuaeth neu droseddwr sydd wedi'i gael yn euog

FBI Y Biwro Ymchwilio Ffederal, a sefydlwyd i ymchwilio i droseddau cyfundrefnol

Ffeminist Cefnogwr hawliau menywod sy'n credu bod dynion a menywod yn gyfartal ym mhob maes

Ffwndamentalydd Rhywun sy'n cydymffurfio'n llwyr â chredoau crefydd penodol

General Motors Cwmni cynhyrchu ceir blaenllaw

Gerila Aelod o lu arfog afreolaidd sy'n ymladd llu cryfach drwy ddifrodi ac aflonyddu

Goddefgarwch rhywiol Rhyddid i gael perthynas y tu allan i briodas, yn aml gyda mwy nag un partner

Goror Newydd Yr enw a roddwyd ar bolisïau diwygio'r Arlywydd Kennedy yn y 1960au cynnar

Goruchafiaeth dynion Y grêd y dylai cymdeithas gael ei rheoli gan ddynion

Goruchafiaeth y dyn gwyn Y syniad y dylai Americanwyr gwyn reoli cymdeithas UDA

Gorymdeithiau rhyddid Gorymdeithiau a drefnwyd gan Martin Luther King ac eraill i ymgyrchu dros hawliau sifil

Gwaharddiad masnach Llywodraeth yn gwahardd masnachu gyda gwlad arall

Gwarchae Amgylchynu neu rwystro mynediad i rywle

Gweithredu uniongyrchol Gweithredoedd fel streicio neu brotestiadau eistedd

Gweriniaethwr Aelod o un o bleidiau gwleidyddol mwyaf ceidwadol UDA, y Blaid Weriniaethol

Gwrth-arwr Cymeriad canolog mewn ffilm sydd heb nodweddion arwr cyffredin

Gwrth-ddiwylliant Ffordd o fyw sy'n groes i'r ffordd o fyw arferol

Hawliau sifil Hawliau dinasyddion i gydraddoldeb cymdeithasol a gwleidyddol

Hobo Crwydryn di-waith yn chwilio am waith

Hooverville Tref sianti a adeiladwyd ar gyrion dinasoedd America gan bobl ddi-waith yn ystod blynyddoedd cynnar y Dirwasgiad Mawr

Iawndaliadau Iawndal a dalwyd i wledydd buddugoliaethus am ddifrod a achoswyd gan wledydd gorchfygedig

Irangate Y llysenw a roddwyd ar sgandal gwleidyddol yn UDA yn 1987 a oedd yn ymwneud ag uwch aelodau gweinyddiaeth Reagan

Isafswm cyflog Y cyflog cyfreithlon isaf yr awr y gellir talu rhywun

Islam Milwriaethus Dilynwyr Islam sy'n barod i ddefnyddio dulliau eithafol

Ku Klux Klan Neu KKK; cymdeithas gudd hiliol o bobl wyn yn UDA

Laissez-faire Y gred y dylai pobl helpu eu hunain yn hytrach na derbyn cymorth gan y wladwriaeth

Lynsio (*Lynching*) Lladd anghyfreithlon gan dorf trwy ddienyddio, crogi fel arfer, person a gyhuddwyd

Llen Haearn Rhwystr dychmygol i drosglwyddo pobl a gwybodaeth rhwng Dwyrain Ewrop a reolwyd gan y Sofietiaid a'r Gorllewin

Lluoedd y Cynghreiriaid Y gwledydd a fu'n ymladd yn erbyn Saddam Hussein yn ystod Rhyfel y Gwlff cyntaf

Llys Goruchaf Y corff cyfreithiol uchaf yn yr Unol Daleithiau

Llywodraethau'r taleithiau Llywodraethau sy'n cael eu hethol yn lleol i redeg materion y taleithiau

Mantoli'r gyllideb Sicrhau bod gwariant y llywodraeth yn cyfateb i'r refeniw

Marchnad stoc Marchnad gyhoeddus ar gyfer prynu a gwerthu cyfranddaliadau cwmni

Milwriaethwr Safbwyntiau eithafol rhywun sy'n barod i ddefnyddio dulliau eithafol, treisgar hyd yn oed

Montgomery Improvement Association Neu *MIA*; mudiad a sefydlwyd i drefnu'r boicot ar fysiau Montgomery

Mudiad ffeministaidd Mudiad a sefydlwyd i ymgyrchu dros hawliau cyfartal i fenywod

Mudiad hawliau sifil Mudiad yn UDA dros hawliau cyfartal i bobl ddu

Mudo Symud o un lle i le arall

Mur Berlin Mur a adeiladwyd gan Ddwyrain yr Almaen yn 1961 i wahanu Dwyrain a Gorllewin Berlin

National Association for the Advancement of Colored People Neu *NAACP*; mudiad a sefydlwyd yn 1909 i ymgyrchu dros hawliau sifil

NATO Cyfundrefn Cytundeb Gogledd Iwerydd a sefydlwyd yn 1949, cynghrair amddiffynnol o wledydd a oedd yn cael eu dominyddu gan UDA

Parti Tupperware Parti sy'n cael ei drefnu i werthu amrywiaeth o offer plastig ar gyfer storio bwyd

Protestiadau eistedd Math o weithredu uniongyrchol lle mae un person neu fwy yn meddiannu lleoliad i brotestio heb ddefnyddio trais

Pumed Gwelliant Gwelliant i Gyfansoddiad yr Unol Daleithiau sy'n rhoi cyfyngiadau ar y llywodraeth i erlyn pobl sy'n cael eu cyhuddo o droseddau

Pwerau'r Cynghreiriaid Gwledydd oedd yn ymladd ar yr un ochr yn ystod yr Ail Ryfel Byd

Reaganomeg Y llysenw a roddwyd ar bolisïau economaidd yr Arlywydd Reagan

Rhyfel Cartref America Rhyfel rhwng taleithiau'r de (Cydffederal) a thaleithiau'r gogledd, 1861–65

Rhyfel Oer Y berthynas elyniaethus rhwng UDA a'r UGSS heb ymladd go iawn

Sancsiynau masnachu Un neu ragor o rwystrau masnachu y mae gwlad yn eu gosod ar wlad arall fel cosb

Senedd Tŷ uchaf Cyngres UDA

Seneddwr Cynrychiolydd sy'n cael ei ethol i'r tŷ uchaf, neu'r Senedd. Mae gan bob talaith ddau seneddwr

Sgyrsiau o flaen y tân Sgyrsiau radio a roddwyd gan yr Arlywydd Roosevelt i godi hwyliau'r Americanwyr

Sinema awyr agored Sinema lle gellid eistedd yn eich car i wylio ffilmiau

Sinemâu aml-sgrin Sinema gyda mwy na thair sgrin i ddangos ffilmiau

Sosialydd Rhywun sy'n credu mai'r gymdeithas yn gyffredinol ddylai reoli dulliau cynhyrchu, dosbarthu a chyfnewid gwlad

Southern Christian Leadership Conference Neu *SCLC*, mudiad a sefydlwyd yn 1957 i ymgyrchu dros hawliau sifil Americanwyr du

Student Non-violent Coordinating Committee Neu *SNCC*; mudiad a sefydlwyd yn 1960 i ymgyrchu dros hawliau sifil pobl ddu

Taeogaeth (*Peonage*) System lle mae'n rhaid i ddyledwr weithio i gredydwr tan i'r ddyled gael ei thalu

Talu a chario Ar ôl newidiadau i'r Ddeddf Niwtraliaeth, gallai gwledydd a oedd yn rhyfela brynu deunydd rhyfel oddi wrth UDA cyhyd â'u bod yn trefnu cludiant drwy ddefnyddio eu llongau eu hunain ac yn talu ar unwaith mewn arian parod

Teithiau rhyddid Byddai ymgyrchwyr hawliau sifil yn teithio ar fysiau rhyngdaleithiol i ardaloedd deheuol yr Unol Daleithiau lle'r oedd polisïau arwahanu er mwyn profi penderfyniad Llys Goruchaf yr Unol Daleithiau

Tollau mewnforio Trethi ar nwyddau sy'n dod i mewn i'r wlad

Totalitariaeth Ffurf ar lywodraeth lle mae'r llywodraethwr yn unben llwyr

Treth y pen Treth a gyflwynwyd mewn taleithiau penodol o UDA. Roedd yn rhaid talu'r dreth hon cyn i'r person gael hawl i bleidleisio

Trethi anuniongyrchol Treth, fel treth ar werthiant neu dreth ar werth, sy'n cael ei chodi ar nwyddau neu wasanaethau yn hytrach nag ar unigolion

Tŷ'r Cynrychiolwyr Tŷ isaf Cyngres UDA

Uchelgyhuddo Rhoi arlywydd UDA ar brawf am frad

UGSS Undeb y Gweriniaethwyr Sosialaidd Sofietaidd oedd yr enw arall ar yr Undeb Sofietaidd

Undeb Sofietaidd Undeb y Gweriniaethwyr Sosialaidd Sofietaidd, a alwyd yn anffurfiol yn Undeb Sofietaidd, a sefydlwyd yn 1924 ond a ddaeth i ben yn 1991

Undebau llafur Undebau'r gweithwyr yn UDA

Unigolyddiaeth rymus Y delfryd Americanaidd fod unigolion yn gyfrifol am eu bywydau eu hunain heb gymorth gan unrhyw un arall, yn enwedig y llywodraeth

Vietcong Llu gerila comiwnyddol a geisiodd ddymchwel llywodraeth De Viet Nam

Vietminh Y Gynghrair ar gyfer Annibyniaeth Viet Nam, mudiad cenedlaetholgar a chomiwnyddol

Vietnameiddio Polisi llywodraeth UDA o drosglwyddo'r gwaith o ymladd y rhyfel yn Viet Nam o luoedd America i filwyr De Viet Nam

Ynysiaeth Y polisi o beidio ag ymyrryd ym materion gwledydd eraill

Yswiriant iechyd cyffredinol Yswiriant iechyd sydd ar gael i holl boblogaeth y wlad

MYNEGAI